현대 **한국**의 **인간** 재생산

현대 한국의 인간 재생산
Human Reproduction in the Korean Modernity

초판1쇄 발행 | 2012년 6월 28일

지은이 | 배은경
펴낸이 | 김경배
펴낸곳 | 시간여행
편 집 | 서울그래픽스 (02-2272-8809)

등 록 | 제313-2010-125호 (2010년 4월 28일)
주 소 | 서울시 마포구 서교동 394-66 동우빌딩 3층
전 화 | 070-4032-3664
팩 스 | 02-332-4111
이메일 | jisubala@hanmail.net

ISBN 978-89-967828-5-8 (93330)
값 15,000원

이 책의 내용에 대한 재사용은 저작권자와 시간여행의 서면 동의를 받아야만 가능합니다.
잘못 만들어진 도서는 구입한 곳에서 바꾸어 드립니다.

이 도서의 국립중앙도서관 출판시 도서목록(CIP)은 e-CIP 홈페이지(http://www.nl.go.kr/ecip)와 국가자료공동목록시스템(http://www.nl.go.kr/kolisnet)에서 이용하실 수 있습니다.
(CIP 제어번호 : CIP2012003133)

이 저서는 2010년도 정부재원(교육과학기술부 인문사회연구역량강화사업비)으로 한국연구재단의 지원을 받아 연구되었음 (NRF-2010-330-H00010)

This work was supported by the National Research Foundation of Korea Grant funded by the Korean Government (NRF-2010-330-H00010)

서울대 여성연구소 총서 7

현대 한국의 인간 재생산

여성, 모성, 가족계획사업

배은경 지음

시간
여행

책을 펴내면서

'인간 재생산'이라는 제목이 붙은 책을 펴낸다. 한국연구재단 SSK〈인간 재생산 연구단〉의 연구성과 중 단행본으로 출간된 첫 번째 책이다.

우리 연구단은 임신-출산-양육이라는 인간 재생산(human reproduction)의 전체 과정이 분절적으로 이해되어서는 안 되며, 이 과정의 주된 담지자인 여성의 입장에서 총체적으로 접근하는 사회과학적 연구가 필요하다는 문제의식에서 출발하였다. 자연과학이나 의료에서는 이 과정을 '생식'으로 이해하고, 인구학적 접근에서는 '출산'으로만 다루어 출생아 수의 변동에만 초점을 맞추지만, 여성학자들은 '재생산'이라는 번역어에 섹슈얼리티-임신-출산-양육을 폭넓게 담아냄으로써 각각의 계기들을 분리시켜 이해하는 기존 사회과학의 관행에 문제를 제기한다.

우리 연구단은 임신-출산-양육 뿐만 아니라 그 이전 단계의 섹슈얼리티, 피임, 불임치료 등의 문제가 모두 일련의 연결된 사건 혹은 과정으로 다루어져야 한다고 본다. 이 일련의 과정을 몸으로 통과하는 여성들의 입장을 중시하고, 각각의 계기들을 모두 역사·사회적으로 구성된 사회현상으로 바라보면서 구조적 접근과 행위적 접근을 통합해내는 연구가 필요하다고 생각한다. 현대 한국 사회라는 특정한 시공간 속에서 '인간 재생산'을 둘러싼 국가정책, 정치적 상상, 지식-기술의 체제가 어떻게 변화해왔으며, 그 속에 작동한 여성들의 행위성은 어떻게 위치지워져 왔는지를 입체적으로 포착해 내는 것이 본 연구단의 목표이다.

이 책은 국가정책의 영역에서 해방 이후 현대 한국의 전 시기를 거쳐 이같은 분석을 시도해 본 첫 결과물이다. 필자의 박사학위논문 작업을 기초로 하여, 자료를 보완하고 이후의 이론적 연구 결과를 반영하여 전체적으로 새로 썼다. 가족계획사업과 여성의 출산조절에만 맞춰져 있던 학위논문의 초점을 넓혀, 개발국가의 근대화 프로젝트와 여성의 현실이 만나는 지점을 좀더 복합적이고 다각적으로 포착하기 위해 노력하였다. 압축적 근대화 시기에 돌진적이고 공격적으로 이루어졌던 국민 동원 프로젝트 속에서 여성들이 어떻게 모성으로 환원되고 도구적 모성의 실천자로 위치지워졌는지, 그럼에도 불구하고 그 틈새에서 그들은 어떻게 자신들의 행위성을 발휘할 여지를 찾아냈는지를 살펴본다. 여성들은 이 과정에서 '근대적 어머니'가 되어 핵가족 내의 주부로서 아내권을 갖게 되지만, 사회 전체적으로 공적인 인정이나 평등한 시민적 권리를 얻어내는 쪽으로 나아가지는 못했다. 정상가족 내의 여성들은 과거에 비해 안정적인 지위를 얻었지만, 노동시장이나 시민사회에서 여성의 권리는 그 후로도 십수년 이상 제대로 제기되지 못했다. 모성의 내재적 가치가 무시되고 도구화된 모성 경험만 남은 가족계획사업 시기의 유산은 현재의 저출산으로 이어지고 있다.[1]

SSK 인간 재생산 연구단의 공동연구자이신 서울대 간호학과 박영숙 교수님, 서울대 여성연구소 하정옥 박사님, 그리고 네덜란드 인문학 대학의 죠츠나 굽타(Jyotsna A. Gupta) 교수님께 감사드린다. 연구보조원으로 참여해 준 서울대 간호학과 대학원생 이은주(박사과정), 여성학협동과정 대학원생 강석주, 홍정아, 박소현(이상 석사과정), 김향수, 김원정, 이선형(이상 박사과정)에게도 고마운 마음을 전한다. 인류학과 석사 강지연과 여성학협동과정 대학원생 위선주(박사과정)는 세미나 팀에 결합하여 문제의식의 발전과 연구 과정을 함께 해 주었고, 사회학과 대학원생 유현미(박사과정)는 이 책을 위한 자료 정리와 원고 수정에 많은 도움을 주었다. 이들의 수고가 없었다면 이 책은 나오지 못했을 것이다.

이 책을 〈서울대학교 여성연구소 총서 7〉로 발간할 수 있게 해 주신 서울대 여성연구소 소장 서양사학과 한정숙 교수님과, 서울대 여성학협

---

[1] 가족계획사업의 유산이 현재에 어떻게 이르고 있는가에 대한 이 마지막 논점은 5장에서 주로 다루어지는데, 5장의 내용은 필자가 2010년에 발표한 다음 논문을 수정, 발전시킨 것이다. 배은경(2010), "현재의 저출산이 여성들 때문일까?: 저출산 담론의 여성주의적 전유를 위하여", 젠더와 문화 제 3권 2호, 계명대학교 여성학연구소.

동과정의 전 주임교수로서 본 연구단의 활동에 언제나 든든한 버팀목이 되어 주시는 사회학과 정진성 교수님께도 깊은 감사의 마음을 전한다. 복잡한 원고를 깔끔하고 읽기 쉬운 책으로 만들어주신 출판사 〈시간여행〉의 김경배 사장님과 〈서울그래픽스〉 김상모 사장님의 노고에 사의를 표하며, 이 모든 분들의 도움에 부끄럽지 않은 작업이 되었기를 떨리는 마음으로 기대해 본다.

- 2012년 6월, 관악에서

배은경

차례

책을 펴내면서 • 4

1장 인간 재생산과 여성의 모성
1. 여성의 삶과 모성 • 14
2. 인간 재생산(Human Reproduction)의 개념 • 15
3. 가족계획사업과 한국 여성의 인간 재생산 • 18
4. 1950년대부터 오늘날까지, 출산 억제의 욕구와 저출산 추세 • 20

2장 전후의 혼란상과 출산조절 여성운동의 모색
1. 1950년대 한국사회와 여성 • 26
   1) 정치적 격변과 한국 여성
   2) 출산에 관한 여성의 욕구
2. 1950년대 출산조절의 실태와 담론 • 45
   1) 출산조절 수단 불비와 인공유산 만연
   2) 출산조절 찬반론의 전개와 근거
3. 여성들에 의한 출산조절 보급 활동 : 대한어머니회 • 55
   1) 여성운동으로서의 출산조절운동
   2) 대한어머니회의 출산조절 보급운동
   3) 한국적 출산조절 여성운동의 좌절

3장 조국 근대화를 위한 가족계획

1. 1960년대 한국 사회와 여성 • 70
   1) 박정희 집권과 '조국 근대화'를 향한 돌진
   2) 주부와 여성노동자 : 조국 근대화를 이끈 여성상
2. 1960년대의 가족계획사업 • 84
   1) 가족계획의 국책사업화 주장 등장
   2) 한국 가족계획사업의 국제정치적 배경
   3) 가족계획사업의 출발 : 1961년~1963년
   4) 가족계획사업의 본격 추진 : 1964년~1971년
3. 가족계획사업의 여성 수행자들 • 109
   1) 가족계획 요원
   2) 가족계획어머니회

4장 모성의 왜곡과 출산의 가족전략화

1. 1970년대 한국사회와 여성 • 134
   1) 유신체제와 새마을운동 : 개발독재로 유지된 경제성장
   2) 딸에서 주부로 : 가족역할 속에서 이뤄진 여성 노동
2. 1970년대의 가족계획사업 • 144
   1) 사업 방식의 전환
   2) 끼우거나 먹거나 수술 받거나 : 가족계획사업이 보급한 출산조절 수단들
   3) 가족계획사업의 자기표상과 담론들

3. 출산율 급락의 비밀 : 가족전략으로서의 출산과 '근대적 모성'
 • 194

  1) 국가의 동원인가 여성의 선택인가

  2) 계층상승 및 가족지위생산 전략으로서의 '가족계획'

  3) 낳는 어머니에서 기르는 어머니로

  4) '여자가 알아서' : 가부장제 권력과 여성 자율성의 이중성

5장 '저출산'과 가족계획사업의 유산

1. 저출산의 사회문제화와 정책영역화 • 224

2. 저출산 문제의 국가주의적 전유 • 227

3. 가족계획사업의 성공 신화 벗겨내기 • 231

  1) 1960년대 초의 출산율 저하

  2) 1960년대 중반~1970년대 초의 출산율 저하

  3) 1970년대 중반 이후의 출산율 저하

4. 1990년대 말 이후 출산율 저하는 여성들 탓인가? • 239

  1) 아직도 여성들 대부분은 어머니가 된다.

  2) 20~30대 여성들의 현실: 만혼화와 일-가족의 이중부담

5. 가족계획사업의 유산과 저출산 담론에서 여성의 위치 • 248

6. 저출산 담론의 여성주의적 전유를 위하여 : 모성 경험의 사회적 인정을 고민하자 • 254

참고문헌 • 259

표차례

[표 1] 자녀가 없다면 어떻게 하겠는가에 대한 응답(1950년대 말) • 36
[표 2] 가족계획사업 발전 단계 • 102
[표 3] 방법별 피임실천율 변동추이 : 1964-1988 • 159
[표 4] 도시·농촌의 합계출산율 차이 : 1960-198 • 235
[표 5] 출생아 수 및 합계출산율 (한국) • 241
[표 6] 연령별 미혼율 (1975~2005) • 242
[표 7] 성별 학교급별 진학률 추이(1985~2009) • 243

그림차례

[그림 1] "백년해로란 이런 것인가요" • 40
[그림 2] "앗다! 어지간히도 많이 낳네" • 41
[그림 3] 만시지탄 • 41
[그림 4] "혁명부부: 이제 아이 낳기 질색" • 42
[그림 5] 대한어머니회의 국내쵀초 가족계획 교육 (1958. 4. 15) • 59
[그림 6] 재건국민운동본부 주최 신생활간소복패션쇼 (1961. 9. 30.제주) • 78
[그림 7] 1960년대 서울의 만원버스와 어린 여차장 • 79
[그림 8] 가족계획 지도원에 대한 신문기사 (1962. 9. 12.) • 110
[그림 9] 모범 가족계획어머니회에 관한 기사 (조선일보 1970. 5. 31.) • 124
[그림 10] 가족계획사업 재원의 변화 (출처: 대한가족계획협회, 1991b: 69) • 147
[그림 11] 1975년의 '남성피임' 포스터 • 172
[그림 12] 잉꼬부부 • 176
[그림 13] 가정만평 : 여성이 앞장서서 병든 지구를 구출하자 • 192
[그림 14] '가정부의 눈물', 『가정의 벗』, 74/1. • 202
[그림 15] 1970년대 가족계획 포스터 • 207
[그림 16] 1970년대 가족계획 포스터2 • 213
[그림 17] 합계출산율의 변화 추이(출처: 김두섭 외, 2002: 83) • 226
[그림 18] 합계출산율 및 출생아수 추이(1970~2008, 한국) • 233
[그림 19] 연도별 출생아수 추이 • 241
[그림 20] 연령별 여성 경제활동참가율 • 244
[그림 21] 여성근로자 연령별 근무형태 현황 • 246
[그림 22] 남성근로자 연령별 근무형태 현황 • 247

1장. 인간 재생산과 여성의 모성

1. 여성의 삶과 모성
2. 인간 재생산(Human Reproduction)의 개념
3. 가족계획사업과 한국 여성의 인간 재생산
4. 1950년대부터 오늘날까지, 출산 억제의 욕구와 저출산 추세

여성의 삶을 이야기할 때 모성은 어디쯤 있을까? 여성에게 임신-출산-육아의 의미는 모든 사회에서 동일할까? 한국 여성의 출산과 모성은 한국 사회의 역사적 발전과 무관하게 파악될 수 있을까? 이 책은 이러한 질문에서 출발한다.

1. 여성의 삶과 모성

여성이 곧 어머니인 것은 아니어도, 개별 여성의 삶에 있어 어머니됨의 문제가 무엇보다 중요한 관건적 사실임은 부인할 수 없다. 물론 어떤 여성이 어머니가 되고 안되고는 그녀의 선택일 것이다. 여러 명의 아이들에게 어머니가 되어 주는 여성도 있고, 자녀 한두 명만 길러내는 여성도 있으며, 혹은 아예 출산이나 어머니 되기를 선택하지 않는 여성도 있다. 그러나 어떤 경우에도 '어머니됨'과의 관계는 그 여성의 삶을 규정하는 중요한 요인이 된다. 여성은 기본적으로 남성은 못하는, 생명 잉태와 출산의 기능을 가진 몸을 입은 존재이기 때문이다. 여성이라는 인간적 존재의 모든 것을 생식력 하나로 환원하는 시각이 옳지 않은 만큼이나, 여성의 삶을 여성과 모성의 관계를 배제해 버린 채 이해하려는 시각 역시 옳지 않다. 유성생식을 하는 포유동물로서 인류의 사회적 삶과 젠더 현실은 기본적으로 여성과 모성의 관계를 둘러싸고 구성되어 있기 때문이다.

아이를 임신하여 태중에서 기르고, 몸으로 낳아 어엿한 어른으로 키워내는 과정을 거치며 여성들은 생명의 신비에 대한 경외와 행복, 때로는 삶과 죽음을 넘나드는 시련을 겪으며 어머니로서의 삶을 경험한다. 그러나 이 과정이 단지 한 여성의 개인적인 체험에만 머무르는 것은 아니다. 여성이 아이를 낳고 길러 성인으로 키워내는 과정은 가족과 공동체, 국가와 사회, 나아가 인류 전체의 새로운 구성원을 만들어내는 과정이기도 하다. 그러므로 임신과 출산은 단지 남녀 두 사람의 유전 정보를 한 아이 속에 재생산하는 개인적인 생식 과정일 뿐 아니라, 구성원의 확대와 갱신을 통해 집단을 재생산하는 과정이기도 하다. 인류의 역사는 한 개인의 수명 또는 한 세대라는 제한된 시간적 한계를 넘어서는 연속성 속에서만 가능한데, 그러한 연속성은 새로운 인간이 태어나 세대를 이어감으로써만 비로소 확보될 수 있다. 그러므로 어린이의 양육 과정에 필수적인 훈육과 사회화는 인류 문명의 역사적 재생산이 이루어지는 과정이기도 하다.

2. 인간 재생산(Human Reproduction)의 개념

현대 한국 여성의 모성, 즉 임신-출산-양육이 역사적으로 변화해 온 과정을 다루는 이 책에서는 이 모든 과정이 결코 개인적인 일이 아니며, 여성만의 일도 아니고, 하나하나의 분절된 사건으로 따로 다루어져서도 안 되는 총체적인 인류의 재생산 과정임을 강조하기 위해서 '인간 재생산(human reproduction)'이라는 용어를 제안하고자 한다.

인간 재생산은 임신과 출산이라는 생물학적 생식의 과정과, 초기 양육 및 아동기 이후의 돌봄을 통해 자녀를 어엿한 성인으로 길러내는 노동의 과정을 모두 아울러 포괄적으로 지칭한다. 생물학적 생식이 가능하기 위한 전제적 조건인 이성애적 섹슈얼리티와, 피임이나(인공유산 혹은 자연적인) 임신중단 역시 인간 재생산의 전체 과정 속에 포함될 것이다. 따라서 한 사회 인간 재생산의 역사적 변화를 다루는 연구는 섹슈얼리티와 피임, 임신, 임신중단, 출산 및 양육의 전체 과정이 어떤 방식으로 구조화되어 왔는지에 대한 총체적인 관점을 가질 필요가 있다. 또한 이 모든 과정이 남녀의 몸을 경유하여 일어나고, 인간의 의식적인 행위성과 노동을 통해 실현되므로, 젠더 관점과 행위자 관점을 모두 갖춘 접근이 유용할 것이다. 경험적 자료의 축적과 이론적 해석이 새롭게 요구되기도 할 것이다. '인간 재생산'이라는 새로운 렌즈로 시작되는 사회과학 연구는 그만큼 방대하고 지난한 작업이 될 것이다.

이 책에서는 우선 이 모든 작업을 시작하기 위한 출발점으로, 여성의 삶과 그것을 둘러싼 제도적 환경의 변화를 중심으로 현대 한국사회의 인간 재생산 문제를 다루어보고자 한다. 인간 재생산 과정 중 특정한 어떤 부분, 즉 잉태, 출산, 수유 등은 전적으로 여성의 몸이 행하는 모성 노동을 통해 이루어진다. 그 외 여타의 다양한 양육 노동들도 여성들에게 맡겨지는 경우가 대부분이다. 최근 몇몇 사회에서 아동기 이후의 양육과 교육에서 아버지의 역할을 강조하는 흐름도 나타나고 있지만, 그래도 여전히 인간 재생산의 많은 부분이 어머니의 일로 여겨지고 있는 것이다. 여성과 모성의 관계, 어머니됨의 문제가 개별 여성들에게 갖는 의미, 여성들이 실제로 행하는 어머니노릇의 내용, 그것들을 구조화하는 사회·역사적 경험의 구성등이 인간 재생산을 이해하기 위해 가장 먼저 다루어져야 할 중요 주제가 되는 이유다.

 이 책은 해방 후 현재까지의 현대 한국 사회라는 특정한 시공간에서 벌어진 인간 재생산의 변화 과정을 '여성'과 '모성'을 키워드로 하여 추적하고자 한다. 시대적 조건과 사회 상황은 임신·출산·육아라는 인간 재생산 행위를 둘러싼 여성들의 삶을 근본적으로 틀지운다. 어머니됨(motherhood)의 의미와 내용은 사회적으로 구성된다. 여성이 모성을 수행하는 방식이 어떻게 제도화되는가에 따라 한 사회의 여성 지위나 젠더관계의 구조 자체가 결정되기도 한다. 최근 수십년 동안 세계적으로 유례없는 압축적 근대화를 겪으며 사회적 삶의 모든 영역이 급격하고도 독특한 방식으로 변화해 온 한국 사회에서, 인간 재생산 역시 압축적 변화라 할 만한 과정을 통과해왔다. 50년 전 까지만 해도 대여섯 명의 자식을 낳는 것이 당연하던 사회가, 하나나 둘을 낳는 것이 보통인 사회로 변화하였고, 아예 아이를 낳지 않는 경우도 드물지 않게 되었다. 낳기만 하면 알아서 잘 클 거라 믿어 의심치 않는 존재였던 자녀는, 이제 부모의 능력 여하에 따라 낳을지 낳지 말아야 할지를 고려해야 할 선택적인 존재가 되었다. 출산의 수와 시기는 당연하게도 부모의 의지에 따라 조절되어야 한다고 여겨지고 있다. 이 모든 변화의 중심에 박정희 정권 하 개발국가가 주도한 가족계획사업이 있었다. 한국 여성의 인간 재생산을 둘러싼 제도적 조건을 가장 많이 변화시킨 것이 바로 가족계획사업인 것이다.

3. 가족계획사업과 한국 여성의 인간 재생산

한국의 가족계획사업은 강력한 군사정부의 주도에 의해 실시되었고, 즉각적으로 출산율의 저하가 뒤따랐다는 이유로 세계에서 가장 '성공한' 인구정책으로 평가되기도 한다. 출산율의 감소가 목표였는데, 실시 후에 과연 출산율이 감소했다는 단순한 이유가 '성공' 평가의 근거다. 그러나 이러한 평가는 여성의 출산 행위 변화를 국가 정책의 단순한 효과로 간주한다는 점에서 한계가 있다. 개별 여성과 남성들이 자신의 출산을 단지 정책에 설득당하여 결정하지는 않기 때문이다. 기실 인류는 근대적인 피임 수단이 등장하기 전에도 다양한 방식으로 자신의 자녀 출산을 통제했으며,[1] 한국 여성들은 이미 1950년대부터 다양한 방식으로 자녀 수를 줄이고자 하는 욕구를 드러내고 있었다.

이 책은 국가정책과 가족계획사업을 독립변수로 여성의 출산을 종속변수로 삼는 평면적인 서술을 벗어나, 한국 가족계획사업의 역사적 궤적을 따라가면서 현대 한국 여성의 모성이 변화·발전해 온 과정을 입체적으로 추적하는 방식을 택한다. 가족계획사업과 그것을 통해 만들어진 출산의 사회적 조건을 한국 여성의 모성과 출산에 대한 행위성이 작동하는 일종의 환경으로 보고, 그 속에서 개별 여성들이 취했던 행위적 전략과 선택들이 한국 사회의 출산율과 모성의 사회적 역사적 변화를 축조해 왔음을 밝힌다. 출산과 모성에 관련한 여성의 행위와 선택의 누적이 한국 여성의 어머니됨과 어머니노릇에 대한 집합적 경험을 구성해 왔으며, 또한 여성의 사회적 지위와 시민권의 제도화 방식에도 영향을

---

[1] 가장 흔한 방법은 성관계 거부, 혹은 파트너의 다수화 등 섹슈얼리티 그 자체를 조절하는 것이었다. 그 외에 초보적인 형태의 콘돔이나 삽입식 피임 기구들, 질외사정법 등이 이미 고대 이집트 시대부터 등장하고 있었다고 알려져 있다(McLaren, 1990[1998]; Green, 1971[1993]).

주었다는 것이 이 책의 주장이다.

가족계획사업의 진행과정에서 개발국가는 어머니들을 광범위하게 동원하여 위로부터 조직화하였고, 다른 한편으로 여성과 모성을 국가 정책의 대상이자 도구로 활용하고자 했다. 여성들에게 자기 출산력을 가능한 한 줄이도록 요구하고, 그럼에도 불구하고 어머니로 살 것을 요구했으며, 그러면서도 자기 가족만을 위해 일해서도 안되고 지역사회개발과 '조국 근대화'를 위해 헌신하는 '어머니'가 되어야 한다고 몰아붙였다. 여성을 모성으로 환원하면서도 모성의 본질적이고 내재적인 가치는 묵살하고, 모성과 여성을 모두 가족과 국가·사회를 위한 도구로 위치지운 이러한 국가 담론은 개별 여성들의 인간 재생산에 대단히 모순적인 조건을 부과하였다.

여성들 또한 자신의 출산과 (다임, 단산 등)출산조절을 사적인 일로 여겼을 뿐 아니라, 피임을 위해 위험한 약품과 기구들 앞에 자기 몸을 내어주고도 그로 인한 고통과 부작용들을 '알아서 참아야 하는 것' 쯤으로 수용하고 말았다. 그럼에도 불구하고 이 모든 과정이 여성들의 단순한 순응이었던 것만은 아니었다. 여성들이 즉각 자신의 출산력을 줄이며 일견 국가정책에 순응한 것처럼 보이는 이면에는 이 여성들의 행위성과 기획이 치열하게 작동하고 있다. 1960~70년대 한국 여성들은 국가가 제공한 출산조절의 정당화 담론과 수단들을 활용하여 시부모의 압력에 대항하고 남편을 설득하며, 가족 경제를 꾸리는 전략적 기획자로서의 입지를 점점 더 공고히 하였다. 이 과정을 통해 한국사회에서 여성의 지위는 봉건적 가부장제 하의 '며느리'에서 근대적 성별 분업 체계 하의 '아내이자 어머니'로 이동하였다. 하지만 이 '아내이자 어머니'는 가족과 국가의 경제적 발전을 위해 스스로의 모성을 도구화함으로써만 자신의 지위를 확고히 할 수 있었다는 점이 중요하다. 여성들이 시민 혹은 개인으로서의 지위를 인정받거나 스스로 주장한 집합적 경험이 부재한채, 국가의 경제발전 프로젝트에 동원된 특정한 모성 역할의 수행을 통해 개별적으로 지위 향상과 삶의 자율성을 추구했던 것은 이후 한국사회 젠더관계를 틀 짓는 역사적 유산으로 작용했다.

4. 1950년대부터 오늘날까지, 출산 억제의 욕구와 저출산 추세

이 책의 구성은 다음과 같다. 2장에서 4장까지는 1950년대부터 1970년대까지의 한국 여성의 출산과 출산조절이 변화해 온 과정을 10년 단위로 나누어 세밀하게 추적하고, 5장에서는 가족계획사업의 유산이 현대에 이어지는 방식을 다룬다. 2, 3, 4장의 주요내용은 가족계획사업의 입안과 실시 과정, 내용의 변화 과정을 살피고, 이것이 어떤 사회세력과 정치경제적 요인에 의해 추동되었는지를 밝히는 것이다. 이를 통해 당시 개발국가가 가족계획사업을 통해 관철하고자 했던 근대화 프로젝트가 어떤 성격을 가졌으며, 그 효과는 무엇이었는지를 살핀다.

각 장의 첫 부분은 1950년대, 60년대, 70년대의 한국 사회의 정치경제적 상황과 여성의 처지를 간략히 개관하는 내용으로 이루어져 있다. 이는 하나의 정책으로서 가족계획사업이 어떤 지반에서 이뤄졌으며 이것이 여성들에게 어떻게 다가갔을지를 이해하기 위해 필수적인 배경 지식이 된다. 당시 여성들이 가졌던 생활상의 필요는 어떠했었는지, 국가와 사회와 가족이 여성들에게 요구한 역할은 무엇이었는지, 그녀들이 활용할 수 있는 행위의 자원은 어떤 수준이었는지를 짐작할 수 있어야 비로소 우리는 가족계획사업이 만들어낸 변화된 환경과 제한된 자율성 속에서 여성들이 행한 삶의 선택과 인간 재생산 행위들이 갖는 의미를 가늠할수 있게 된다.

각 장의 마지막 부분은 여성들의 활동에 대한 소개이다. 1950년대 한국사회에서 독자적인 출산조절 보급운동을 벌였던 〈대한어머니회〉의 활동, 1960년대 가족계획사업의 수행자 혹은 대상자로서 사업의 '성공'에 누구보다 큰 역할을 했던 가족계획요원들과 〈가족계획어머니회〉, 그리고 실제로 1960~70년대 가족계획사업 시기를 통과하면서 자신의 출산력을 조절하고 아이를 낳고 키우며 삶을 꾸려간 일반 여성들의 이야기가 생생하게 펼쳐질 것이다.

구체적으로 각 장의 내용은 다음과 같다. 2장에서는 가족계획사업이 국가정책적으로 시행되기 전부터 존재했던 산아제한에 대한 여성들의 욕구와 실태, 담론을 살펴보고, 가족계획사업이 국가정책화되기 전에 민간에서 일어났던 〈대한어머니회〉와 〈대한여자의사회〉의 연합 활동을 소개한다. 1950년대 한국 여성단체의 출산조절 보급 활동은 한국 인간 재생산의 역사 속에서 페미니즘적인 성격을 가진 것으로 평가할 수 있는 거의 유일한 출산조절 운동이었으며, 그런 의미에서 출산조절운동의 선구자라 할 미국의 마가렛 생어(Magaret Sanger)의 초기 활동에 비견할 만하였다. 그러나 이들은 1961년 쿠데타 세력에 의해 가족계획사업이 국가정책화할 때 사업으로부터 배제되었으며, 이후 한국 사회에서 여성들의 욕구에 기반한 아래로부터의 출산조절 운동의 가능성은 사라지고 말았다.

3장에서는 5.16 쿠데타 직후 '조국 근대화'를 위한 군사정부의 거대 프로젝트 중의 하나로 가족계획사업이 채택되는 과정을 추적한다. 당시의 국제정치적 맥락, 국내의 정치경제적 상황과 젠더 현실들이 가족계획 사업 속에 어떻게 맞물리며 여성과 모성을 특정한 방식으로 배치해 갔는지를 본다. 가족계획사업은 과잉인구라는 경제발전의 장애요인을 국가 차원에서 미리 없애기 위해 채택된 거시적인 국가정책인 동시에, 무계획과 무질서로 규정된 전통적인 출산 관념을 버리고 미리 준비하고 계획하는 근대적 태도를 갖출 것을 권유하는 국민 계몽 담론이기도 했다. 재건국민운동과 가족계획요원들의 활동, 〈가족계획어머니회〉의 조직은 한국의 가족계획사업이 단순한 인구억제 정책이 아니라 지역사회 모든 여성들의 역량을 '조국 근대화'라는 목적 아래 집중시키는 거대한 국민동원 프로젝트였음을 드러낸다. 그러나 그런 가운데서도 여성들은 봉건적인 가부장적 확대가족 내의 '며느리'로부터 벗어나 지역사회의 일꾼이자 빈곤 극복의 역군으로서 자신의 입지를 세울 가능성을 찾았다. 마을 단위 어머니회와 마을금고 운영 등과 관련한 여성들의 목소리는 그녀들이 어떻게 국가동원 프로젝트의 틈새에서 해방과 연대의 기회를 발견했는지를 잘 보여주고 있다.

4장에서는 유신 체제의 등장과 새마을운동, 근대적 핵가족의 등장으로 특징지워지는 1970년대의 가족계획사업과, 이를 통해 보급된 출산조절의 실태, 그리고 여성들의 행위성 표출 양상들을 살핀다. 가족계획사업은 출산 억제를 위한 '확실한' 효과 이외에 그 어떤 요소도 제대로 고려하지 않은 채 의료적 출산조절 수단들을 마구 보급했다. 여성용 피임법이 사용자들의 자율성이나 심리적 안녕은 물론 신체적 안전조차 전혀 보장되지 않은 가운데 대량으로 뿌려진 반면, 남성의 불임수술은 상대적으로 안전한 방법이었는데도 소극적으로 보급되었을 뿐 아니라 남성의 기피심리를 존중해야 한다는 발언이 국회에서 나오는 등 조심스러운 접근방식을 보였다. 이런 가운데서도 한국 여성들은 정확하게 '가족계획'을 실천하는 모습을 보였는데, 이것은 출산조절을 통해 계층상승과 가족지위 생산을 노리고 '근대적 어머니'로서 자신의 지위를 확보해 간 젊은 세대 아내들의 삶의 기획이 작동한 결과였다.

5장에서는 가족계획사업 시기 만들어진 인간 재생산의 유제가 어떻게 지금의 저출산 문제와 연결되는지를 살핀다. 여성의 모성화와 모성의 도구화가 산업화시기 한국의 압축적 근대화 내내 지속된 인간 재생산의 특징이었다. 이러한 역사적 경험은 모성의 경험을 여성 자신의 성장이나 어머니와 자녀의 관계 그 자체에서 해석되고 상상할 여지를 봉쇄하였다. 현재의 저출산 담론이 쉽게 발전주의와 성장주의라는 국가주의 담론에 전유되어버리는 것은 이러한 이유에서이다. 여기에 IMF 위기 이후 변화된 한국의 근대적 성별분업 양상이 더해져, 일과 가족을 양립하기 어려운 사회적 조건 하에 있는 젊은 여성들에게 출산을 지연하거나 회피하는 것을 강요된 합리적 선택으로 만들고 있다. 2004년 이후 한국 사회에서 저출산이 사회문제화하면서 다양한 저출산 대응 정책이 추진되고 있지만, 노동시장에서의 일-가족 양립 가능성이 증진되지 않고 어머니노릇이 어머니인 여성 개인에게 의미 있는 경험으로 인식되고 수행될 수 있도록 하는 사회적 변화가 수반되지 않는 한 그러한 정책들의 효과를 기대하기 어려울 것으로 본다. 모성이 더 이상 도구화되지 않고, 어머니와 자녀 사이의 관계맺음과 보살핌 교류로 양쪽 모두가 인간적 성숙에 이르는 내재적 가치의 관점에서 경험될 수 있을 때에야 진정 저출산 문제의 해결책을 찾을수 있을 것이다.

2장. 전후의 혼란상과 출산조절 여성운동의 모색

1. 1950년대 한국사회와 여성
   1) 정치적 격변과 한국 여성 / 2) 출산에 관한 여성의 욕구

2. 1950년대 출산조절의 실태와 담론
   1) 출산조절 수단 불비와 인공유산 만연 / 2) 출산조절 찬반론의 전개와 근거

3. 여성들에 의한 출산조절 보급 활동 : 대한어머니회
   1) 여성운동으로서의 출산조절운동 / 2) 대한어머니회의 출산조절 보급운동
   3) 한국적 출산조절 여성운동의 좌절

1. 1950년대 한국사회와 여성

1) 정치적 격변과 한국 여성

　1950년대의 한국사회는 해방과 분단 그리고 한국전쟁이라는 정치적 격변을 빼고서 설명할 수 없다. 제2차 세계대전이 끝나면서 다가온 해방은 한국인들에게 국가 체계 정립에 대한 기대와 이데올로기적 대립을 동시에 가져다주었다. 어느 편인가를 정해야 하는 긴박함이 있었고, 일본에서 미국으로 대체된 외국 세력의 협조를 받기 위해 갈등을 겪어야 했다(전경옥 외, 2011: 21). 분단은 한반도를 냉전 시대 체제 간 힘겨루기가 가장 뜨겁게 벌어지는 현장으로 만들었고, 남북에서 벌어진 통치의 정당성 과시와 이데올로기 경쟁은 결국 전쟁으로 귀결되었다. 한국전쟁은 이후 40여년 동안 세계적으로 지속된 냉전 체제를 굳힌 국지적 열전이자, 대다수 한국인에게는 생활기반의 파괴와 절대빈곤으로 이어진 재앙이었다. 해방의 감동은 삽시간에 지나갔고, 식민지 수탈의 고통과 대동아전쟁의 기억이 다시 한 번 반복되면서 가난과 고난이 되풀이되었다. 전쟁의 피해는 오롯이 국민의 것이었다.

　한국전쟁에서 사망한 사람은 남한의 공식통계로 집계된 것만도 52만

여명이었고(국방군사연구소, 1996), 부상자, 실종자, 전쟁고아, 전쟁미망인, 이산가족 등은 통계를 내기조차 어려울 만큼 많이 발생했다. 폭격으로 주택과 건물이 파괴되어 많은 사람들이 생활터전을 상실했으며, 폐허가 된 도시에서 사람들은 허무적 실존주의에 빠졌다(김은경, 2006). 이러한 정신적 공황 상태가 미국 문화의 유입과 어우러져 여러 가지 혼란을 낳기도 했다. '아프레 걸'이니 '자유부인'이니 하는 여성 집단의 명칭이 도시 문화의 퇴폐성을 비난하는 유행어로 자리잡기도 했다.

경제적으로는 빈곤이 극에 달했다. 도시와 농촌에서 대다수의 국민이 식량 부족, 열악한 주거환경, 영양결핍, 높은 유아사망률에 시달리고 있었다(이재경, 2003: 154). 파괴된 경제기반 속에서도 생활을 꾸려가야 했던 많은 여성들이 행상, 식모, 삯바느질, 음식장사 등 다양한 일거리를 찾아야 했다. 전쟁으로 인한 남성의 사망과 부상, 가족 이산이 극심해졌으므로 그만큼 여성들이 짊어져야 할 부담도 컸다. 이런 상황에서 '억척어멈'이라는 또다른 이름이 1950년대 한국 여성의 대표적 이미지로 부상하기도 했다.

그러나 실제로 이 시기 여성들의 삶이 어떠했는가에 대한 연구는 많지 않다. 명망가나 정치가가 아닌 일반 민중 여성들의 삶을 다룬 작업은 더욱 드물다. 한국사회에서 현대사 연구 자체가 1980년대 들어서야 본격적으로 진행되었을 뿐 아니라, 정치사회와 경제발전의 관점에만 집중되고 민중사나 여성사 연구는 거의 이뤄지지 않았던 것이 그 이유의 하나일 것이다. 1950년대는 국가건설이라는 당면 과제 앞에서 미군정 과도입법의원에 의해 통과된 보통선거법이 남녀에게 동등한 참정권을 부여했을 뿐 아니라, 제헌헌법 제 8조가 성차별을 포함한 모든 차별의 금지를 명시함으로써 법적으로 성평등이 선언된 한국 역사상 첫 번째 시기였지만, 현실은 법조문과 전혀 달랐다(전경옥 외, 2011: 20~21). 남성들은 식민지 시기를 지나면서 왜곡된 형태로 지속된 가부장적 관념을 바꿀 생각이 전혀 없었으며, 심지어 여성 엘리트들이나 여성운동가들조차 여성문제보다는 국가 건설을 최우선 과제로 인식하며 여성을 계몽의 대상으로 간주하는 모습을 보였던 것이다.

이런 상황이었기에 여성정책이나 여성운동 연구자들은 1950년대를 '여성운동의 암흑기(이승희, 1994: 22)', 또는 기껏해야 잔여적이거나 과도기적인 시대로 규정하는 경향이 있다(신영숙, 2000; 황정미, 2001). 국가정책이나 여성단체에서 여성들의 활동이 상당히 제한적이고 편향적이었다는 평가 때문이다. 실제로 당시 여성단체는 부녀행정과 상호 연계되어 성장하였으며, 여성계의 지도적 인사들은 여성의 정치참여를 부르짖으면서도 남녀의 영역이 분명히 구분된다는 입장을 견지하고 있었다.[1]

최근에는 '전쟁미망인', '이산가족' 등에 초점을 맞추어 이 시기 여성들을 다루는 연구들도 나오고 있는데, 이 연구들은 전쟁으로 인한 여성들의 희생을 강조함과 더불어, 전사(戰死) 혹은 전쟁동원으로 인한 '남성(가장)의 빈자리'를 메워야 했던 여성들의 역할을 드러낸다(김귀옥, 2004; 이임하, 2010). 여기서 그려지는 1950년대 여성들의 모습은 가난과 고난으로 점철된 비참함으로 요약된다. 이런 이미지는 앞의 연구들이 담고 있는 1950년대의

---

[1] 해방 이후 1950년대까지의 여성 명망가들은 정치나 교육 등 근대적인 공적 영역에 여성의 참여를 증대시킬 것을 주장하였지만, 공적 영역 내에서 남성의 영역과 여성의 영역이 분리되는 것을 반대하지 않았다. 권력자원에 대한 여성의 접근성을 확보하기 위한 그들의 전략은 오히려, 공적 영역 내부에 여성의 영역을 만들고 이 영역에 대한 관리자 혹은 대표자를 여성으로 임명하도록 요구하는 것이었다. 이러한 전략은 해방 직후부터 나타났다. 예컨대 1945년 최은희, 손정규, 박정식 등 10여명은 〈여권실천운동자클럽〉을 조직하여 "여학교의 교장은 여자로"라는 슬로건을 내걸고 '의자 점령하기 운동'을 벌였으며, 1개월 만에 고황경이 경기여중고 교장에, 손정규가 여자사범학교 교장에, 차마리아가 무학여학교 교장에 임명되는 개가를 올렸다고 한다(한국부인회총본부, 1985: 17, 154).

모습과 크게 모순되지는 않는다. 전쟁에서 기인한 민중 여성의 비참한 삶과, 이러한 민중 여성들을 구호하고 계도하는 데 급급했던 엘리트 여성이라는 하나의 일관된 사회상을 형성하기 때문이다.

그러나 문학이나 연극학, 영화학 분야에서 제출되고 있는 연구들은 이와는 전혀 다른, 역동적인 여성의 이미지를 담고 있다. 흥행 영화 〈자유부인〉 등에 주목하는 이 연구들에서 1950년대는 여전히 전통적 질서와 가부장의 절대권력, 반공이라는 새로운 이데올로기가 강요되면서도 가부장권에 도전하는 여성들이 등장한 양가적 시대라거나, 혹은 전쟁·궁핍·독재·남북대립이라는 부정적 현상 속에서도 새로운 사회를 구조화하는 거대한 에너지가 분출되면서 여성들이 주체성을 형성하기 위한 새로운 가능성이 등장한 시기로 규정된다(김옥란, 1998; 변재란, 2000).

어떻게 1950년대라는 동일한 시기를 살았던 한국 여성들의 삶이 이렇게 이질적인 평가를 받을 수 있을까? 이것은 사실 당시 한국사회의 도농 간, 계층 간 이질성을 그대로 반영한 것이다. 1950년대 한국사회에서는 전쟁으로 인한 대거 월남과 격심한 이촌향도, 농촌의 절대빈곤 등으로 인해 과잉도시화가 진행되고 있었는데, 이렇게 갑자기 비대해진 도시에서는 여성의 서구화 내지 자유화 바람이 기존의 가부장적 가족문화와 대체로 무난하게 동거하고 있었다. 둘 사이에 때로 불편한 충돌이 벌어지기도 했지만, 그것 역시 당시 도시문화의 한 특징으로 자리잡고 있었다는 것이다(강인철, 1999: 265). 전후 원조물자와 미국문화의 범람 속에서 도시인들이 경험했던 여러 가지 새로운 근대적 경험들, 특히 학교와 교회를 중심으로 미국적·기독교적 남녀평등의식이 널리 전파된 것이 이러한 새로운 바람에 중요하게 작용했을 것으로 보인다.[2]

---

2) 한국전쟁과 1950년대를 거치면서 한국 기독교는 두드러지게 성장하였는데, 이것에는 교회

하지만 이러한 경험을 가능하게 했던 근대적 자원은 철저하게 도시에 집중되어 있었고,[3] 대부분의 인구가 거주하고 있던 농촌사회는 근대적 경험으로부터 철저하게 격리되어 있었다. 도시가 근대화하는 만큼 농촌은 더욱 강하게 '재(再)전통화'하고 있었다고 지적된다(강인철, 1999; 고원, 2008). 전쟁이 농촌 사회에 끼친 영향은 도시와는 달랐다. 구지배층의 세력 회복, 맑스주의적 지식층으로부터 유교적 지식층으로의 지적 권위의 재역전, 농촌 인구의 문화적 동질성 강화 등과 함께 도시문화에 대한 반발적 선택이 이루어져, 신분 및 동족을 중심으로 한 전통적 질서가 부활하였던 것이다. 이는 여성들의 삶을 둘러싼 가부장적·유교적 질서의 속박을 강화하는 것으로 작용하였다. 조선시대로부터 식민지 시기를 거쳐 지속적으로 여성들에게 부과되던 며느리로서의 의무와 부담은 더욱 커져갔다.

2) 출산에 관한 여성의 욕구

이렇게 도농 간에, 계층 간에 가부장제와 여성 지위에 관한 경험이 이질화되고 있었음에도 불구하고, 당시 한국 여성들은 출산 문제에 대해서만큼은 상당히 유사한 욕구를 지니고 있었다. 이는 전쟁 후의 사회상황에서 빈곤에 시달렸던 대다수 한국 가족의 경제 상황과, 결혼한 여성

를 통한 원조가 한몫을 단단히 하였다. 당시 일반인들은 교회를 통하여 의류나 식료품을 얻을 수 있었다. 교회는 의료기관이나 교육기관의 역할도 하였으며, 보육원, 양로원, 요양원도 운영하여 일반인들에게 '구제기관'으로 인식될 정도였다. 이런 상황에서 여성들은 교회를 통하여 미국식 세계관, 자유주의적 세계관, 기독교적 남녀평등관을 자연스럽게 내면화시킬 수 있었다(김귀옥, 2004b: 21).

[3] 예컨대 근대적 경험의 가장 중요한 진원지인 학교의 경우 1955년 전국 85개의 초급대학 이상 대학교육기관 중 29개가 서울에 소재해 있었고, 전국적으로 9만명 수준의 대학생 중 50%에 해당하는 42,666명이 서울에 집중해 있었다. 서울의 문맹자 비율은 1958년 1월 당시 전체 시민의 0.73%에 불과했으며, 1960년 당시 농촌주민의 평균 수학 기간이 1.9년인데 비해 도시 주민은 5.2년에 달하고 있었다.(오유석, 1998: 296-297; 302).

들이 놓여있던 열악한 가족 내 지위와 관련된다.

식민지 시대의 수탈과 전쟁의 여파가 낳은 절대빈곤 속에서 많은 여성들은 어린 자녀들을 끌어안고, 다치거나 병든 남편과 시댁 식구까지 봉양하며 살아가야 했다. 어머니의 역할이 가족생활이 유지되는데 있어 무엇보다 중요했고, 그런 의미에서 이 시기 한국 가족은 전형적인 모중심 가족(matrifocal family)이었다(문소정, 1995; 배은경, 2004c 김순영, 2010). 1950년대 한국 여성들의 경제활동을 단지 전쟁에 동원되고 희생된 남성의 자리를 여성들이 메운 일시적이고 예외적인 일로 여기는 것은 잘못이다. 남편이 전쟁터에서 죽거나 피난길에 헤어진 전쟁미망인[4] 혹은 이산가족 여성들 뿐 아니라, 당시의 낮은 경제발전 상황에서 대부분의 여성들이 자기 가족의 부양을 책임지는 인물이 되고 있었기 때문이다. 그러나 그럼에도 불구하고 전통적인 부계 혈통주의 가족구성 원리와 가부장적 가족문화가 공고히 유지되고 있었고, 여성들은 여전히 낮은 지위에 머물러 있었다.

생활난 속에서 여성들은 제한된 직업 기회에도 닥치는 대로 일할 수밖에 없었다. 피난 시절에 구멍가게를 차려 장사를 하거나 사람들이 많이 모인 곳에서 하는 음식장사 등은 대부분 여성이 하는 경우가 많았고, 이외에도 급한 돈의 마련, 귀금속류의 저축과 판매 등이 모두 여성이 주로 하는 임무였다(정성호, 1999: 51). 미군정 시기 공창폐지령과 인신매매금지령 등이 입법화되었으나, 외국군 주둔이 역설적으로 수요를 늘

---

[4] 이임하는 내무부 통계국에서 매년 연말상주인구조사를 토대로 작성한 〈대한민국통계연감〉과 1955년 9월에 실시된 〈제 1회 간이인구조사보고〉, 그리고 1962년판 〈보건사회통계연보〉 자료를 이용하여 1950년대 전쟁미망인의 규모를 최소 30만명 이상으로 추산하였다. 미망인에 의해 부양되는 아동의 수 역시 매우 많았다. 전쟁중인 1952년의 공식집계로도 516,668명에 달하는 아동들이 미망인들에 의해 부양되고 있었으며, 특히 40세 미만의 미망인들은 1인당 2.07명의 아동을 부양하고 있었다(이임하, 2002: 18-21).

려 일부 여성들은 성매매를 생계대책으로 삼기도 하였다. 많은 여성들이 다방, 미장원, 요리점, 양장점 등에 취업하거나 소규모로 직접 운영 하고 있었으며, 도시 가정에서 식모로 일하는 여성들의 수도 늘어났다.

이렇게 여러 가지 일을 하면서 생계 책임과 자녀 양육, 시부모 봉양까지 떠맡은 상황에서 여성들은, 며느리의 절대적 의무였던 대를 잇기 위해 필요한 수의 아들을 낳은 다음에는 가능한 한 아이를 낳지 않고자 하는 욕구를 갖고 있었다. 전쟁과 절대빈곤의 상황을 헤쳐나와야 했던 여성들의 입장에서 출산억제 욕구는 어떤 의미에서 당연하고도 합리적인 것이었다. 병원 등 의료기관이 절대 부족 상태였음에도 높게 나타난 인공유산 시술율은 당시 출산에 관한 여성들의 욕구가 어떤 방향으로 구조화되고 있었는지를 명백히 보여준다. 아들을 낳고 길러 집안의 대를 이어야 하는 동시에 가족의 생계까지 책임져야 하는 이중의 과제를 요구받았던 당시 여성들에게, 많은 수의 자녀는 부담이 될 뿐이었다.

(1) 아들을 낳아야 한다

적은 수의 아이를 낳고 싶은 것이 1950년대 여성의 욕구였다고 해도, 그것은 일단 아들을 낳아 놓은 후의 일이었다. 이는 당시의 한국 여성들이 가족 내에서 절대적으로 낮은 지위에 있었기 때문이다. 가족생활이 실질적으로 여성을 중심으로 전개되고 또한 가족에 대한 여성의 절대적인 기여가 있었다 하더라도, 한국 사회에서 여성의 가족 지위는 여전히 열악했다. 가족 구성이나 친족 구성의 원리에서 부계 혈통주의 직계 원리는 법적, 문화적으로 강력한 지배력을 유지하고 있었으며, 가족생활에 있어서도 시부모의 권위가 절대적으로 존중되는 조선시대 이래의 규범이 지속되고 있었다. 여성들은 아내이자 어머니이기 이전에 일차적으로 '며느리'로 규정되었다.

조선시대 한국 가족에서 어머니들은 대개의 계층에서 소농경영체제 가족노동의 중요한 구성원으로서 생계담당자 역할을 했다. 반촌에서는 봉제사 접빈객(奉祭祀 接賓客), 민촌에서는 길쌈 잘하는 것이 여성이 해야 할 노동이자 덕목으로 받아들여졌으며, 아들을 낳아 대를 잇는 것이 며느리의 가장 중요한 의무였다(강혜경, 1996; 박용옥 외, 1996).

식민지 시대와 해방, 분단, 전쟁 등 정치적 격변으로 인한 다수의 사망과 격심한 인구이동으로 한국 가족은 형해화라고 해도 좋을 정도로 심한 분산과 해체를 겪었지만, 그럼에도 불구하고 여성의 가족 의무에 대한 규범적 기대는 크게 바뀌지 않았다. 오히려 가족생활의 물질적 기반이 극도로 취약해졌다는 바로 그 조건 속에서 경제적 공동체로서 가족을 유지하고 대를 잇는다는 전통적인 열망이 더욱 강해졌으며, 그것이 여성의 가족 내 역할에 더 큰 부담과 의무를 부과하였다.

역설적인 것은 여성의 가족 역할이 과중해지면서도 결혼한 여성의 지위가 갖는 취약성은 그대로였다는 사실이다. 당시 한국사회에서 여성의 혼인 지위는 결혼식을 올렸다고 해서, 혹은 실제로 아내로서 며느리로서 살고 있다고 해서 보장될 만큼 그렇게 안정적인 것은 아니었다. 결혼을 하고도 혼인신고를 하지 못한 여성은 법적 보호를 받지 못했으며, 당시 여성잡지에 실렸던 다음 고민 상담에서 드러나듯이 그나마 결혼했다고 해서 여성이 혼인신고를 마음대로 할 수 있는 것도 아니었다. 결혼한 여성의 지위는 그야말로 '며느리', 시부모의 권위에 복속된 불안정한 존재에 불과했다. 대를 이을 아들을 낳기 전까지는 말이다.

문: 결혼계는 며느리의 소행을 적어도 반년 동안은 보고 난 후에 내고 싶습니다만 며느리는 결혼 당일에 내는 것을 여태까지 안 냈다고 하면서 매일같이 내려고 하고 있습니다. 어떻게 하면 좋겠습니까? (시내 돈암동 ○가 박○○)

답: 며느리의 소행을 적어도 반년 동안은 보고한 후에 혼인신고를 내겠다는 생각은 얼핏 생각에 퍽 조심성 있고 신중한 생각인 듯 하지마는 그럴 바에는 결혼 전에 미리부터 잘 알아보아 두었어야 할 노릇이 아니었던가 합니다. 그렇지 않고 이미 결혼을 해서 정조까지 남편에게 바치고 있는 며느리의 소행을 의심쩍게 생각하므로서 더 시간을 두고 보아야 하겠다는 것은 점잖은 처사라 할 수 없습니다. 이런 경우 며느리의 주장은 정당한 것이오,… 뿐만 아니라 결혼계 제출을 재촉하는 며느리의 심리는 퍽이나 안타까워 보이는데 그런 며느리의 어디가 '반년을 두고 보아야지' 하는 생각을 일으키게 하는지 답 쓰는 사람으론 궁금합니다. -『여원』, 1956년 3월호 "딱한 사정".

성인 여성이 결혼을 벗어나 생계를 유지하고 정당한 사회성원으로 살아갈 가능성이 경제적으로도 문화적으로도 매우 적었던 사회에서, 혼인 후 안정적인 가족 내 지위를 확보하는 것은 여성들에게 무엇보다 중요한 삶의 과제가 될 수밖에 없다.[5] 이같은 정황은 당시의 사회과학자들에 의해서도 파악되고 있었다. 1959년에 실시한 농촌가족에 대한 조사연구[6] 결과를 해석하면서 사회학자 이만갑은 당시 여성들에게 출산이 갖는 의미를 정확하게 지적하였다. 그는 "어떤 사람이 복 있는 사람인

---

[5] 1950년대의 여성잡지들에 나타난 당시 여성들의 가장 큰 고민은 남편의 외도였다. 여전히 남아있는 축첩의 관습과 가족법의 미비 등은 당시 결혼한 여성들을 버림받는 것에 대한 공포에 휩싸이게 하였다(배은경, 1999b: 154). 형법상의 간통쌍벌죄 조항이 일부 남성들의 반대에도 불구하고 여성계의 강력하고 끊임없는 주장과 운동을 통해 1953년 7월, 논란 끝에 국회를 통과하였던 사실은 일단 결혼한 여성의 혼인 내 지위를 안정화하는 것이 '여성의 이익'이 되었던 당시 상황을 반영한 것이었다.
[6] 사회학자인 고황경, 이만갑, 이해영, 이효재 교수가 합동으로 1959년에 경기도 천안군, 경상북도 군위군, 전라남도 담양군에서 남자 711명, 여자 833명을 대상으로 실시한 조사이다 (이만갑, 1961: 116).

가?"라는 질문에 남자는 가정이 화목한 사람 23.8%, 자식이 많은 사람 22.5%, 돈 있는 사람 14.3%, 건강한 사람 13.5%의 순으로 답한 반면 여자는 자식이 많은 사람 27.5%, 돈 있는 사람 19.4%, 가정이 화목한 사람 19.0%, 내외 금슬이 좋은 사람 12.8%의 순으로 답했다는 결과를 인용하면서, 다음과 같은 설명을 덧붙였다.

> 여자가 남자보다 자식의 다과(多寡)를 복의 첫째 기준으로 여기게 되는 것은 자식이 있고 없고가 가족에 있어서의 여자의 지위를 결정하는 가장 중요한 원인이며, 자식이 없으면 주부의 지위조차 상실할 위험성이 크기 때문일 것이다. … 특히 여자에게만 질문해 본 것이지만 첫 애기가 아들이기를 원하는 사람은 84%이고 딸이기를 원하는 사람은 12.5%, 아무 것이나 좋다는 것이 1.6%이다. 결국 우선 아들부터 낳아야만 마음을 놓을 수가 있다는 것이다. … 그러니까 여성들은 시집가서 기달려지기 전에 아들을 낳기를 원하며, 아들만 낳아 놓으면 안심하고 남편과 시부모에게 대할 수 있게 된다. - 이만갑, 1961: 116-119.

이 해석은 당시의 아들선호를 단순한 남아선호 사상으로 치부해 버리지 않고, 개별 여성이 정당한 사회적 성원권(membership)을 인정받을 수 있는 통로 혹은 자원의 문제로 접근하고 있다. 아들을 낳고자 하는 욕망은 단순히 고루한 고정관념이거나 혹은 아들의 어머니가 되고자 하는 여성의 모성적 욕망이라기보다는, 여성들이 자신의 가족 내 '주부 지위'를 안정화하려는 목표를 가진 전략적 욕망이었다. 따라서 여성들은 만약 자신이 혼인 후 몇 년이 지나도 아들을 낳지 못할 때에는, 남편이 첩을 통해서라도 부계 혈통을 이을 아들을 낳도록 용인하려는 태도를 보였다. 그것이 최소한 '본부인'으로서의 자기 위치라도 안정적으로 확보하는 길이 되었기 때문이다.

[표 1] 자녀가 없다면 어떻게 하겠는가에 대한 응답(1950년대 말)

	서울시		농촌			
	자녀가 전혀 없을 때	딸만 있고 아들이 없을 때	자녀가 전혀 없을 때		딸만 있고 아들이 없을 때	
	응답자는 모두 여자		남자	여자	남자	여자
소실을 얻게한다	38.4	27.2	58.3	64.9	40.7	44.6
양자를 들인다	27.2	16.1	27.5	25.3	34.4	31.5
그대로 살아간다	25.1	44.3	11.0	7.4	16.5	11.1
이혼을 허가한다	4.9	1.4	1.4	0.2	0.4	-
데릴사위 얻는다	-	9.1	-	0.4	6.2	10.0
기타	2.1	1.0	0.6	0.6	0.4	0.4
모르겠다·무응답	2.4	1.0	1.2	1.2	1.4	1.4
계	287명(100%)		711명(100%)			

출처: 이만갑, "한국에서의 가족계획", 『사상계』, 64/10: 157.

[표 1]에서 나타나듯이 1958년 서울시 가족조사와 1959년 농촌가족조사 결과, 자신이 아이를 낳지 못한 경우에 소실을 얻게 하겠다는 여성들의 응답은 65%에 육박하는 높은 비율을 보였다. 여성잡지 『여원』 1956년 2월호 특집 "산아제한 찬부토론"에서 한 필자가 쓴 다음과 같은 구절은 당시 여성들의 삶에서 아들 낳기가 의미하는 바가 무엇이었는지 정확히 짚어내고 있다.

새로 결혼하는 처녀들은 「부귀다남」, 「백자천손」의 그 복된 글월을 정성들여 비단에 수놓아 가지고 가는 것이었으며, 바느질 그릇, 수저집, 베개보, 비단보, 칠보반상, 대야, 요강에 이르기까지 이 글자를 아로새김으로써 최상급의 복을 결혼하는 새 부부에게 빌어 왔던 것이다. 아무리 수(壽)하고 부(富)하고 귀하되 다남(多男)하지 못하면 그 여자는 오복을 갖추지 못했을 뿐 아니라, 완전히 한 여성으로서의 자격을 상실하게 되며 일가의 문중에 대하여 가정에서나 부부간에 있어서 용서받지 못할 큰 죄인이 되고 마는 것이었다. - 이예행, "사회학적 견지에서의 찬성론", 『여원』, 56/2.

1950년대 여성들이 갖고 있던 출산 관련 욕구 중 가장 중요한 것이 '아들을 낳아야 한다'라는 것이었음은 분명하다. 아들을 한 명만 낳는다고 해서 되는 것도 아니었다. 유아기 및 성장기의 높은 사망률이라는 조건 하에서, 아들을 하나만 낳았다고 해서 안심이 되는 것이 아니었기 때문이다. 결혼하여 아들을 낳고, 그 아들이 무사히 자라 집안의 대를 잇게 만드는 것이야말로 당시 한국 여성이 자신의 삶을 안정화할 수 있는 거의 유일한 길이었다. 경제적인 안정과 많은 아들, 즉 부귀다남(富貴多男)은 당시 모든 한국인들의 꿈이었지만, 특히 빈곤과 불안정한 지위에 시달리던 여성들에겐 무엇보다 부러운 안정적인 삶의 표상으로 자리 잡고 있었다.

(2) 적은 수의 아이를 낳고 싶다

한국 가족계획사업의 성과를 얘기하기 위해 자주 인용되는 수치 중의 하나가 1960년의 합계출산율 6.3명이다. 그때까지만 해도 한국 여성들이 일생에 6명이 넘는 아이를 낳는 다산(多産) 경향을 갖고 있었고, 사람들은 아이를(특히 아들을) 많이 갖기만을 원했을 뿐 출산억제나 출산조절에 대해서는 관심도 정보도 욕구도 없었다는 것이 일반적인 통념이다. 그러나 실제 1950년대 한국사회의 모습은 상당히 달랐다. 당시의 한국인들은 이미 상당한 출산억제 욕구를 갖고 있었던 것이다.

> 전쟁이 끝난 다음 전쟁 중에 대량으로 도입된 항생물질의 영향으로 사망률은 다시 빠르게 떨어지기 시작한다. 그리고 1953-60년 사이에 전후 베이비붐이 일어 출산력은 크게 올라간다. … 농촌, 도시 가릴 것 없이 사람들의 생활은 극도로 어려웠으며, 각 가정은 영아와 아동 사망률의 급격한 저하로 많은 수의 자녀를 부양하지 않으면 안되는 상황에 이르렀다. 이러한 긴박한 처지에서 벗어나기 위한 수단으로 출산억제에 대한 욕구는 빠르게 확산되었다. - 권태환, 1997b: 27~28.

다산지향을 장려하고 피임 기구의 국내생산이나 수입을 금지했던 것은 오히려 식민지 시기 말부터의 출산장려 입장을 버리지 않은 국가 쪽이었다. 한국에서 국가가 인구문제에 관심을 가지기 시작한 것은 구한말부터였는데, 이 때는 민족의 자강을 위해 인구 증대가 필요하다고 주장되었다(소현숙, 2000: 224). 한국 사회에 산아제한 혹은 산아조절이라는 용어가 등장하게 된 것은 1920년대 이후였다. 우생학의 보급, 미국의 출산조절운동가 마가렛 생어(Magaret Sanger)의 방한[7] 등을 계기로 조선 지식인들 사이에서도 출산문제에 대한 담론이 형성되기 시작했던 것이다. 특히 사회주의자 단체인 〈서울청년회〉, 〈조선여성동우회〉 등에서 관심을 가지고 이 문제에 대한 토론회를 개최하기도 하였다. 1933년에는 〈조선우생협회〉가 발기되어 우생학 담론을 적극 유포하기도 했다(윤정란, 2008: 61). 그러나 이러한 출산조절 담론은 어디까지나 민간의 일각에서 유통되었고, 국가의 관심은 언제나 인구의 증대와 출산장려에 있었다. 일제 당국은 법률로 피임을 금지하고 있었고, 특히 식민지 시기 말 전쟁 시

---

[7] 일기자, "사회일지", 『개벽』 제23호, 1922년 5월, 127쪽. 마가렛 생어는 일본을 거쳐 1922년 4월 6일 한국을 방문한 후 중국으로 떠났다.

기에는 병력의 확충을 위해 출산을 늘려야 한다며 강력한 캠페인을 펼치기도 했다.

해방 후의 한국사회에서도 이런 분위기는 별다른 변화를 보이지 않았다. 국가는 인구의 수를 국력과 동일시하는 입장을 답습하고 있었으며, 대부분의 지식인들 역시 마찬가지였다. 대통령 이승만은 남북대결 상황에서 통일 후 총선에 대비하려면 인구가 많아야 한다는 논리로 출산조절의 보급에 반대하였으며,[8] 한국전쟁 중이던 1952년 5월 8일에 〈대한부인회〉[9] 주최로 치러진 제 1회 어머니날 행사에서는 자식을 가장 많이 출산한 어머니에 대한 표창이 이루어졌다(대한어머니회, 1998: 58). 1985년 한국부인회총본부가 발간한 『한국여성운동약사』는 어머니날 행사에 대하여 다음과 같이 서술하고 있다. 이 행사 내용에서도 드러나듯이 많은 자녀를 출산하는 것은 아들을 군대에 보내는 것과 더불어 1950년대 국가가 인정한 바 민족과 사회에 대한 여성의 가장 훌륭한 기여 방식이었다.

---

8) 이승만의 출산조절에 대한 태도에 대해, 한국전쟁 당시부터 피난민 구호 등을 담당하는 공무원으로 일하다가 4.19 이후 장면 정부에서 사회부 차관을 지냈고 나중에 대한가족계획협회 2, 3, 4대 부회장을 역임한 바 있는 김학묵은 이승만의 출산조절에 대한 태도에 대해 이렇게 회고하였다. "그러니까 환도 후의 일이었다. 나는 그 무렵 당시 사회부차관으로 계셨던 김용택 선생님께 가족계획(산아제한)의 필요성을 얘기 드린 바 있었는데, 그는 이 필요성을 이승만 대통령께 진언했다고 한다. 그랬더니 이박사께서도 '나도 대찬성이야. 하지만 뭐든지 다 시기가 있는 법. 지금은 할 수가 없어. 남북이 하나로 되어 총선거를 실시해야 하니까 그때까지 인구가 줄어서는 안 돼. 총선 다음에는 꼭 해야 해.' 라고 말씀하셨다는 것이다(대한가족계획협회, 1991: 350)".
9) 〈대한부인회〉는 1948년 남한만의 단독정부가 수립되기 직전에 〈독립촉성애국부인회〉와 〈서울시부인회〉가 통합되어 만들어진 단체로, 좌익 여성 단체들이 거의 완전히 파괴된 후 만들어진 우익적 여성단체들의 통합조직이었다. 대한부인회는 조직의 결성에서부터 정비에 이르기까지 행정관서와 밀접한 관련을 가지고 있었으며, 1950년대의 주된 활동은 여성에 대한 반공교육과 선전이었다(신영숙, 2000: 133). 4.19 이후 대한부인회의 간부 대부분이 부정선거 혐의로 체포된 것에서 대표적으로 드러나듯, 대한부인회는 여성운동 단체였다기보다는 이승만과 자유당을 위해 여성대중을 동원하는 친여(親與) 정치단체였다고 할 수 있다.

1952년 4월 9일 대한부인회 정기이사회에서 최은희씨가 어머니날 제정을 제안하여 만장일치로 채택되어 그해 5월 8일부터 제 1회 어머니날 행사를 덕수궁에서 8,000여명의 어머니와 시민들이 참석한 가운데 성대히 거행되었다. 이는 유사 이래 최초의 대규모 여성 집회로서 독립유공자 3명, 아들 3명 이상을 군대에 출정시킨 어머니 130명, 최다 다산 13명 이상을 출산한 어머니 3명을 표창하였다. 또한 각종 경기로서 어머니릴레이, 유아경기, 할머니경기, 변장경기, 내빈 등 다채로운 경기를 대한부인회가 주최하여 4년 동안 계속하다 1955년 8월 30일 이대통령이 정식으로 한국의 어머니날로 선포한 후로부터는 행사의 주최가 대한부인회에서 행정기관으로 넘어갔다. - 한국부인회 총본부, 1985: 27.

그러나 아무리 국가가 출산을 장려해도, 일반 여성들의 삶은 아이를 많이 낳아 기르는 것이 현실적으로 불가능한 상황에 놓여 있었다. 1950년대 말의 한 보건 잡지에서 한 남성 의사가 언급했듯이, "피난 생활을 다니는 동안에 자

[그림 1] "백년해로란 이런 것인가요"

녀를 많이 가진 가정에서 누구나 다 산아제한의 필요를 절실히 느꼈을"10) 뿐 아니라, 전쟁 후에도 농촌에선 농업노동, 도시에선 상업과 삯바느질 등으로 생계를 책임졌던 여성들이 많은 자녀를 원할 수는 없었다. 어린 자녀는 그 아이에게 들어갈 직접적인 부양비를 필요로 했을 아니라, 이런 저런 일을 해서 돈을 벌어 다른 가족원을 먹여 살릴 수 있는 어머니의 노동력을 소모하게 만든다는 점에서도 가족 전체에게 큰

---

10) 김성진, "우생학적 이상론-의학적 입장에서", 『보건세계』, 58/8 (이임하, 2004: 192에서 재인용.)

부담이 되었다.11)

당시 한국 여성들에게 퍼져 있던 출산억제의 욕구는 이 시기 여성잡지에 실린 만화들에서도 발견할 수 있다. 가령 『주부생활』 1959년 2월호에는 '산아제한에 전연 소극적인 남편' 때문에 백년해로에 회의를 느끼는 여성을 그린 만화가 실려 있으며(그림 1 "백년해로란 이런 것인가요", 『주부생활』 59/2), 같은 잡지 1958년 1월호에서는 다산은 부끄러운 일이며 가능한 한 적게 낳는 것이 바람직하다는 관념이 형성되고 있었음을 보여주는 만화

[그림 2] "앗다! 어지간히도 많이 낳네"

[그림 3] 만시지탄

역시 발견할 수 있다(그림 2 "앗다! 어지간히도 많이 낳네", 『주부생활』 58/1).

이 시기 여성잡지 만화에 나타난 여성들은 출산조절을 강하게 원하고

---

11) 1950년대의 대표적인 출산조절 찬성자였던 고황경은 새로 태어난 어린 자녀를 기존의 가족 구성원의 생존에 위협이 되는 존재로 묘사하기도 했다. "후진국가의 사람들이 선진국가의 사람들보다 생식력이 강한 것이 아니라 꼭같은 생식력을 가졌지만 이전에는 많이 죽어버리던 것을 선진국가에서 약을 수입해서 씀으로써 덜 죽으니까 자꾸 더 늘어가는 것이다. (…) 오히려 옛날에 약이 없어 어려서 탁탁 죽어버렸으면 남은 아이 수가 적으니까 한정있는 식량을 좀 넉넉히 나눠먹고 튼튼이 자랐을 터인데 안 죽고 여러 해 살다 보니 서로가 바드럽게 나눠먹는 경쟁자요, 원수가 되는 셈이다(고황경, "산아제한의 국가적 의의", 『사상계』, 60/4: 135)".

있었으나 제때 적절한 피임법에 접근할 수 없었다. 여성들은 이미 많은 자녀를 낳은 후에 너무 늦게 산아제한에 대해 알게 되었음을 한탄하거나(그림 3 "만사지탄", 『여원』, 57/11), 아예 성관계를 거부함으로써라도 아이를 그만 낳고 싶다는 의지를 드러내고 있었다(그림 4 "혁명부부", 『여원』, 60/12).

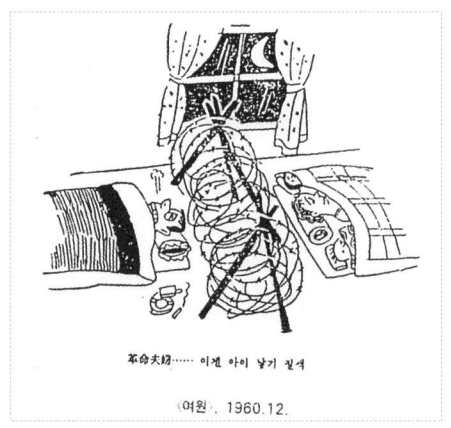

[그림 4] "혁명부부: 이제 아이 낳기 질색"

이런 상황에서 여성들은 다양한 방법으로 자신들의 출산력을 조절하고자 시도하였다. 김은실은 적당한 피임방법에 접근가능하지 않았던 시기에 농촌 여성들이 자기의 출산력을 조절하기 위해서 했던 노력들에 대해 다음과 같이 서술하였다.

> 그들은 끊임없이 되풀이되는 임신과 자녀양육으로부터 자신의 운명을 관리하기 위해 공식적·비공식적 의료채널을 이용하여 서너번의 낙태를 시도했던 경험을 갖고 있었다. 게다가 외국에서 들어왔다는 피임약이나 통경제등을 사용한 경험, 그리고 애를 뗄 수 있다고 구전으로 전해지는 민속방법인 약초를 달여 먹거나, 간장 그리고 엿기름을 먹는 등 다양한 방법을 사용하면서 … 그 외에도 심한 노동을 하거나, 나무에서 떨어지거나, 언덕에서 구르는 등 주위에서 얻은 정보들에 의존하여 위험한 유산 시도들을 하곤 했었다. - 김은실, 1991b: 394.

실제 1950년대에는 인공유산 시술이 대도시를 중심으로 광범위하게 이루어지고 있었다. 형법상의 낙태죄가 엄존하는 상황이었음에도 당시에 병원에서의 인공유산시술은 거의 법률적 제재를 받지 않았다.[12] 실제로 1958~60년에 실시된 조사들에 따르면 조사대상 여성의 1/3 정도가 인공유산을 경험하고 있었다.[13] 한 사람이 예닐곱번 받는 것도 드물지 않았고, 심한 경우 20회 이상 시술받은 여성도 있었다고 한다.[14]

당시 사용된 인공유산(혹은 임신중절, 소파수술, 타태(墮胎)수술)이란 용어는 분명히 병원에서 의사에게서 수술을 받아 낙태하는 것을 뜻하는 말이었다. 인공유산을 받는 사람들은 고학력 상류층에서 더 많았으며, 인공유산을 한 이유도 의학적인 이유보다 이른바 '사회경제적인' 이유에서 시술받는 사람이 더 많았다고 한다.[15] 즉 당시의 인공유산은 여성들의 출산억제 욕구를 실현하기 위한 의식적인 출산조절 수단이었던 것이며,

---

12) 의학적 낙태시술이 별다른 사회적 저항 없이 시행되었다는 사실은 1957년 결성된 대한산부인과학회의 공식 학회지에 인공유산 관련 논문이 여러번 실려 있다는 점에서도 알 수 있다. 예컨대 1960년 학회지에는 1957-60년 3년 동안에 자신이 행한 특정 방법의 330건의 인공유산 시술 결과를 정리한 논문이 실려 있는데, 법률적으로 모든 낙태가 금지되어 있었음을 상기할 때 이런 논문이 실렸다는 것 자체가 놀라운 일이다.
13) 서울대 보건대학원 김인달의 조사에서는 33%, 가톨릭대학 유훈의 조사에서는 35%였다고 한다(양재모 외, 1966: 241 참조). 나중에 가족계획사업이 시작된 이후 미국인구협회의 재정지원을 받아 1963년과 65년에 서울 성동구와 충남 연기군 거주 여성들을 대상으로 실시한 홍성봉의 조사 결과로는, 서울지역 조사대상자의 25.2%가 인공유산 유경험자이고 대다수가 가족계획을 위해 반복 시술받고 있었으며 농촌의 경우에는 경험자의 비율도 낮고 반복 시술자는 매우 드물었다(대한가족계획협회, 1991a: 123). 김인달과 유훈의 조사가 어떤 방식으로 이루어진 것인지는 확인할 길 없으나 아마도 병원을 방문한 환자 대상의 조사였던 것으로 보이며, 홍성봉의 연구는 좀더 엄밀한 조사연구 기법을 통해 전체 가임여성을 모집단으로 실시된 조사였기 때문에 경험율이 조금 적게 나타난 것으로 생각된다.
14) 『여원』 1963년 4월호에는 "정관수술은 애처행위이다"라는 제목의 좌담기사가 실렸는데 여기서 한 남성 참석자는 자기 아내가 소파수술을 일곱 번 이상 한 것 같다고 말하였다. 63년도에 일곱 번이라면 1950년대에 이미 몇번의 인공유산을 받았다는 이야기가 된다. 이 남성 참석자의 말에 뒤이어 가정부인인 한 여성참석자가 "저는 어린애가 셋인데 소파수술은 한 번밖에 안 했습니다"라고 자랑스러운 듯이 덧붙이는데, 이것으로도 당시에 인공유산이 얼마나 흔한 일이었는지 짐작할 수 있다.
15) 김인달의 조사에 의하면 당시 인공유산의 이유는 자녀혐오 25.0%, 자녀과다 21.8%, 터울조절 19.0%, 신체허약 18.7%, 경제곤란 11.4%, 그 외에 무직, 쇠퇴우려, 약혼 중 및 이혼 등의 순으로 나타나고 있다(양재모 외, 1966: 242 참조).

그것을 위해 현대의학이 그 방법을 제공한 것이라 할 수 있다.

그러나 당시의 인공유산이 과연 안전한 시술이었는가, 여성의 건강을 해치는 자가(自家) 낙태로부터 한걸음 더 나아간 출산조절 방법이라고 여겨질 수 있는가에 대해서는 의문의 여지가 있다. 생명을 죽인다는 윤리적인 논란을 떠나서, 한 번도 아니고 수회의 인공유산이라는 것은 모체의 건강, 즉 모성보건이라는 관점에서도 지극히 위험한 것이기 때문이다. 필자는 1965년 경기도 이천에서 〈서울대 인구 및 발전문제 연구소〉가 진행한 조사의 심층면접 기록을 면접조사자가 직접 공책에 쓴 수기 자료 형태로 연구자로부터 직접 입수하였는데, 여기에도 당시 이천이 전형적인 농촌지역이었음에도 불구하고 1950년대 인공유산을 수회 거듭한 사례들이 종종 나왔다. 이 중 조사 당시 39세인 부인으로 1957년부터 인공유산을 시작해서 8년에 걸쳐 일곱 번을 경험한 한 여성의 사례를 소개한다.

이 부인은 19세에 결혼해서 20세에 첫 애기(딸)를 낳기 시작하여 3년 터울로 딸 둘, 아들 셋을 낳았다. 그래서 이젠 정말 그만 낳아야 되겠다 하고 콘돔을 쓰기 시작했다(남편이 출장가서 사옴). 그런데 남편이 출장이 잦기 때문에 출장 갔다 온 날 콘돔을 하지 않고 … 아마 그때 애기를 밴 모양이어서 애기가 있을 터울도 아닌데 병원엘 갔더니 애기인 것 같다고 해서, 32살 되던 해 봄에 임신 3개월 만에 처음으로 인공유산을 했다. 그리하여 계속해서 인공유산을 6번 하고, 또 지난 8월에 (우리가 조사한 뒤에) 7번째로 유산을 했다고 한다. … 제일 처음에 인공유산을 시킬 때는 양심상 죄를 지은 것 같기도 할 뿐만 아니라 그것보다도 무척 겁이 나서 몹시 망설였다고 한다. 지금부터 8,9년 전이니까 그때는 … 부끄러워 아무한테도 말도 할 수가 없었다 한다. 그래서 서울엘 가서 서울에서 제일 잘 한다는 산부인과를 찾아가서 했다고 한다. … 그 다음에는 차차 하나, 둘 유산을 시키고 나니까 죄책감도 줄어들 뿐만 아니라 부끄러움도 없어져서 그냥 얘기를 하게 된다고 한다. 그러다가 4번째 유산(9번째 임신)을 시킬 때는 출혈이 심히 나고 잘 안 되어서 무척 고생을 했다고 한다. 그 뒤로는 유산을 하려면 겁이 앞을 서서 서울에서도 제일 잘한다는 산부인과만 찾아가서 하기는 해도, 그래도 몸이 몹시 쇠약해졌다고 한다. - Case 22171, 면접조사자의 수기 기록.

당시 한국사회에서 출산조절에 대한 욕구는 가난한 여성들 뿐 아니라 중산층 여성들 사이에서도 나타났다. 김은경은 1950년대 말 인공유산시술을 받은 여성 중 고학력과 상류층이 더 많았다는 조사를 인용하면서, 당시 사람들이 생각하는 적정 자녀수가 4~6명에 달했고 이에 따르는 가사노동의 부담이 대단히 컸다는 점을 강조했다(김은경, 2011: 143). 4~6명의 자녀가 이미 있는 상태에서 추가적으로 임신을 하게 되면, 임신과 출산, 수유까지 최소 2~3년의 기간이 걸리게 되므로 여성들이 그 기간 동안 어린 아이를 키우면서 다른 과중한 가사노동을 감내해 내기가 매우 어려웠으리라는 것이다. 출산억제의 욕구, 효과적인 출산조절 수단의 필요성은 당시 한국 사회에서 거의 모든 여성이 바라는 바였다.

2. 1950년대 출산조절의 실태와 담론

1) 출산조절 수단 불비와 인공유산 만연

그러나 출산을 줄이고 싶은 1950년대 여성들의 욕구는 실제로 충족되기 어려웠다. 피임방법을 모르는 여성들이 많았고, 혹시 알고 있다 하더라도 대부분의 피임기구가 불법 밀수품이어서 쉽게 구할 수 없었을 뿐 아니라, 비싼 비용을 치러야 했다. 당시 세계적으로 실용화되었던 피임 기구로는 살정자 성분의 젤리 혹은 발포성 정제, 그리고 콘돔 등이 있었지만, 국내에서는 풍속을 해치는 물품으로 분류되어 수입이 금지되었다. 1950년대에 국내 제약업자(동아제약)가 발포성 살정제를 제조하기 시작했다고 하나, 1961년 11월까지는 '성병 예방제'라는 상표로 제조 판매되었고 실제로 피임 목적으로 사용되는 경우도 드물었다(김옥경, 1971: 9). 콘돔은 미군이 병사의 성병예방 목적으로 나눠주고 있었고 한국 군인들에게도 배부했기 때문에 1950년대 한국 사회에도 상당히 널리 퍼져 있는 상태였지만, 그럼에도 불구하고 여전히 비싸고 귀한 물건이었을 뿐 아니라 피임기구라기보다는 일차적으로 성병예방기구로 인식되어 비도덕적으로 여겨졌으며 부작용의 의심도 사고 있었다.

> 그 전부터 쓰여진 소위 '콘돔', '삭구'라는 것 … 주로 우리나라에서는 성병예방의 목적으로 화류계에서 많이 쓰였다. 그러나 이는 성행위할 때 쾌감이 쌍방이 다 좋지 않으며 특히 가정에서 수시로 늘 쓰기는 불충분하다. … 여자에게 남성 홀몬을 흡수하지 못하게 하기 때문에 건강상 어떨까 생각한다. - 유병서, "외국에 있어서의 피임의 실례", 『여원』, 58/5.

병원에서는 정관수술이나 초보적인 피임 시술을 받을 수 있었다. 기록에 의하면 1950년대 웬만한 한국 비뇨기과 의사들은 정관절제술을, 산부인과 의사는 자궁내장치의 일종인 오타-링 등을 시술할 수 있었다고 하며(한국보건사회연구원, 1991: 378), 1945년경부터 이미 세브란스 병원에서는 여성 불임술(tubal ligation)을 시행하고 일반인에게 권장하기도 했다고 한다(김옥경, 1971: 18). 한 달에 한번, 배란기 즈음 병원을 방문하여 자궁내막에 순수한 알콜이나 알콜로 희석한 요오드팅크를 발라 수정란의 착상을 방지하는 자궁내막약액도포법이라는 시술도 이루어졌다. 이 방법은 자궁내막염과 출혈 등 많은 부작용을 동반하는 것이었으나, 그럼에도 불구하고 '남편 모르게 할 수 있다'는 장점 때문에 1960년대 초반까지도 일부에서 시술되고 있었다고 한다(배은경, 2004a: 73~74). 그러나 이러한 의료·기술적 요소가 갖추어졌다고 해도 당시에는 워낙 병원 자체의 수가 적었고 그것도 도시 지역에만 있었기 때문에 널리 활용될 수는 없었다. 여성이 감내해야 할 신체적 위험부담도 컸으며, 비용 부담 역시 매우 커서 아무나 시술 받을 수 있는 것도 아니었다.

따라서 실질적으로 여성들이 출산억제를 위해 선택할 수 있는 방법은 금욕과 인공유산 뿐이었다고 할 수 있다. 그러나 남성의 동의가 필요한 방법인 금욕은 일방적으로 남성중심적이었던 당시의 성문화 속에서 여성들이 의지대로 사용할 수 있는 방법이 되기 어려웠다. 결국 여성들은 인공유산에 의지할 수밖에 없었다. 한국전쟁이 끝난 후 서울이나 부산 등 도시의 골목에는 산부인과가 즐비하게 들어섰고, 미혼여성이나 미망인 뿐 아니라 생활고와 잦은 임신으로 고통받았던 기혼여성들이 드나들었다고 한다(이임하, 2004: 193). 1958년 5월호 여성잡지에 실린 한 남성 의사의 글도 이러한 상황을 전하고 있다.

> 몇 년 만에 고국에 돌아와 거리를 걸어 곧 눈에 많이 뜨이는 것이 당구장, 다방과 구멍가게, 병원, 그 중에서도 언제부터 한국에 산부인과 전문의사가 그렇게 많이 생겼는지는 알 수 없으나 산부인과 간판을 달은 하꼬방 병원이 많은 것이다. … 유일한 피임법이라곤 골목마다 짓는 하꼬방 산부인과를 찾아가 적당한 처치 인공유산을 받고 다대한 수술료를 내고 당장의 급한 불을 끄는 것이 한국의 현실이라 할 수 있다. … 일류 산부인과 의사들은 비합법적인 인공유산을 받지 않는고로 할 수 없이 이류 삼류의 산부인과 지식조차 의문시되는 병원에서

수술을 받고 나중에 합병증을 일으키어 내과 같은 데를 찾는 불쌍한 아주머니들이 적지 않다. - 이문호, "피임을 어떻게 보편화시킬까", 『여원』, 58/5.

2) 출산조절 찬반론의 전개와 근거

여성들 사이에는 출산억제의 욕구가 분출하고 있었지만, 제대로 된 피임 수단이 보급되지 않은 상태에서 국가나 지식인들은 완고하게 인구증대와 출산장려를 고집하고 있었던 것이 1950년대 한국사회였다. 당시의 남성 엘리트들은(우생학적 문제가 있는 사람이 아닌 한) 정상적인 결혼관계 안에 있는 여성이 출산을 기피한다는 것을 상상할 수도 용납할 수도 없었던 것 같다. 그러한 일은 '건전한 전통과 겨레의 혈통'을 위협하는 일로 여겨졌으며, 민족의 쇠퇴를 가져올 것이라고까지 공격받았다.16) 그런 맥락에서 '산아제한'을 미군상대 성매매나 불륜과 같은 타락한 성윤리와 연관된 것으로 인식하는 경향도 있었다.

> 첫째는 의학적인 위치에서 애를 배서는 안 될 사람이 자꾸 애를 밴다든지 하는 문제가 있는 것이고, 둘째로는 사회적 견지에서 문제가 있습니다. 무엇이냐 하면 양부인(洋婦人) 같은 것을 직업으로 하는 사람들이 원치 않는 수태가 되어가지고 고생한단 말씀이예요. 이러한 의미에서 소위 피임의 필요성이 있지 않을까 생각합니다. - 좌담 "산부인과의들이 말하는 수태조절의 현실적 방안", 『여원』, 58/9에서 산부인과 의사 문선호의 발언.

---

16) 『사상계』에 실린 글에서 한 남성 사회학자는 다음과 같이 말한다. "부양가족수를 억제하는 방도로서 인공적인 산아제한과 만혼 등이 일반화하고 또 그에 따르는 비위생적인 행위 등은 출산율을 저해하여 인구수는 자연히 감소한다. 인구량을 감소시키는 제 인소(因素)는 또다시 인구의 질까지 저하시켜 거기에 민족쇠퇴의 길이 열린다(변시민, "인구정책론", 『사상계』, 53/6)."

물론 전후의 혼란기였던 당시 상황에서, 결혼관계 밖의 성관계로 인한 임신 때문에 출산조절이 필요한 사람도 많았을 것이다. 이임하는 1950년대에 피난생활, 남성들의 전쟁 동원 등이 여성들로 하여금 공동체적 질서와 가부장의 권위에서 벗어나게 하는 계기로 작용함으로써 일부 여성들이 '성적 욕망을 분출할 수 있는 기회'를 가질 수 있었다고 서술하였다(이임하, 2004: 192).17) 그러나 당시에 일어났던 수많은 혼외 성관계와 원치 않은 임신을 여성들의 성적 욕망과 직접 관련시킬 수 있을지는 의문이다. 오히려 여러 가지 이유로 남편이나 친족 체계 등의 가부장적 보호 체제를 벗어난 여성들이 손쉬운 성적 대상으로 여겨짐으로써 항상적인 성적 침탈의 위협에 직면하고 있었다는 사실이 더욱 중요하다고 생각한다. 이에 대해서는 제주 4.3 항쟁기에 경찰과 서북청년단원들이 입산자의 아내들을 위협하여 강간하고 결혼을 강요했다는 증언(이정주, 1999: 67), 1952년에 일어난 함평 경찰관 강간 사건18)등 전쟁과 직접 관련된 사례들 뿐 아니라, 집을 떠나 단신으로 남의 집에서 일했던 식모들에게 가해진 도둑누명과 성폭력 사건들, 미망인을 "누구나가 점유할 수 있는 무주공산적 존재"이며 모든 남성들에게 "가능의 세계요, 희망의 세계요, 환락의 세계"로 여기면서(정비석, 1958: 223), 갖은 유혹과 비난을 동시에 가했던 당시

---

17) 실제로 남성들이 전쟁 동원으로부터 돌아오기 시작한 1955년-56년 경의 일간신문에는 남편 부재시에 일어났던 간통, 동거 사건에 대한 기사가 늘어나고 있기도 했다(이임하, 2002: 55-56).
18) 〈동아일보〉 1952년 8월 5일자에는 이 사건이 다음과 같이 보도되고 있다. "함평경찰서 타산지서에 근무하고 있는 유재석 순경은 지난 7월 22일 상오 11시경 동지서 관내 송암부락을 순시 중 월여 전에 출정한 군인 유대진씨의 부인 김막례 여사가 홀로 있는 것을 알고 국민증을 조사한다는 구실로 그 집에 뛰어들어 동 여사를 능욕하려 하던 무렵 때마침 동 부인의 언니가 들어와 이 광경을 목격하고 격분하여 동 순경을 문책하자 뻔뻔스러운 동 순경은 도리어 동 부인을 몽둥이로 난타하여 수주일의 치료를 요할 상처를 입혔을 뿐만 아니라 지서에 연행하는 도중 동 면 대정부락에 이르자 동 부락에 거주하는 역시 출정 군인 이재관의 부인 정덕순 여사를 만나 돌연 전기 김부인을 돌려보내고 같은 수단으로 정부인을 기어코 능욕하고 동 순경은 종적을 감추었다(이임하, 2002: 54에서 재인용)."

사회 분위기19) 등 수많은 사례들이 실증해 주고 있다.

그러므로 출산조절에 대한 당시 여성들의 욕구와 수요 자체를 혼외 성관계가 늘어난 탓으로 돌리고 패륜과 외래풍속을 탓하는 것은 현실을 왜곡하는 견해일 수 있다. 무엇보다 앞서 지적한 바와 같이 많은 결혼한 여성들이 출산억제를 원하고 있었고, 실제 1/3에서 1/4 정도의 기혼 여성들이 인공유산 경험자였다는 조사결과들에서 나타나듯이 실제로는 혼외관계이건 결혼 내 관계든 간에 성관계를 하고 있는 모든 성인 여성들이 출산조절을 필요로 하고 있었다고 보아야 할 것이다.

이러한 상황이 일제시대부터의 우생학적 산아제한론과 맞물려, 1950년대 후반의 한국사회에서 출산조절 보급을 주창하는 목소리를 점차 커지게 하였다. 출산조절, 당시 용어로는 '산아제한'이 필요하다는 주장이 공적 담론의 장에서 표면화되기 시작한 것은 대략 1950년대 중반의 일이었다. 이 시기에 미국 선교사와 개신교 교회,20) 의사21) 등에 의해 산발적이고

---

19) 남편이 납치당하여 '전쟁미망인'이 된 한 여성의 수기는 이러한 상황을 잘 드러내 주고 있다. "일전에는 딸아이하고 〈유혹의 강〉을 보러 갔었습니다. (…) 보고 나니 결코 그렇게 유쾌한 영화는 못 되더군요. 6.25로 인한 전쟁미망인이 한두 사람이 아닌 것이니 그 생태 역시 각양각색이겠지만 이 영화에 있어서는 '팔링회'의 여덟 여성이 모두 다만 육체적인 고민에서 빚어내는 추태와 여성으로서의 약점을 노골화한 데 대한 불쾌감이라 할까 감상의 수확은 수모감 뿐이라 하겠어요. (…) 세상 사람들이 미망인을 바라보는 눈초리가 그와 같이 다르다는 것을 느꼈습니다. 하기야 나도 비슷한 모욕을 받은 적이 있지만요. 모 창고주식회사가 부산에 내려가 있을 때 6.25전에 당신이 그 창고 안에 맡겼던 물건 건재를 알아보려 갔더니 한 요직에 있던 사람이 이왕 오신 김에 동래 온천 구경이나 하고 가시죠 하는 것이 아니겠어요. 그때의 부글부글 끓어오르던 분한 심정이란 회상만 해도 참을 수 없군요. (…) 돈을 벌기 위해서는 이런 모욕일지라도 흘러 웃어버려야 한다고 자위합니다마는 마음은 그리 개운하지 않군요(이주현, "꿈속에라도 돌아오소서", 『여원』, 59/6)".
20) 해방 이후 한국사회에 가장 먼저 산아제한 보급운동을 시작한 것은 1954년 미국 북장로교회 선교사로 내한한 조지 C. 워쓰(Geroge C. Worth, 한국명 오천혜) 등 미국출신 선교사들이었다. 이들의 활동은 일제시대부터 있어왔던 의료 선교의 하나였으며, 당시 세계적으로 형성되고 있던 '계획된 부모되기 운동(Planned Parenthood movement)'의 이념과 사업방식을 그대로 따라 스스로의 활동을 '가족계획운동'이라고 불렀다. 대전 기독교사회관 원장 에스터 레어드(Esther Laird)나 원주에 있던 윈드(Wind) 선교사 등이 '가족계획'을 선전하였으며, 나중에는 일부 개신교 교회에서도 가족계획운동에 나서게 되었다. 1957년부

개인적으로나마 출산조절을 보급하려는 시도가 있었고, 정부 내에서도 일부 보건직 및 사회사업 베이스의 관료들을 중심으로 출산조절 보급을 국가정책화하려는 움직임이[22] 있었다. 하지만 당시의 움직임은 단순한 건의에 머물렀을 뿐, 여론을 형성하고 자원을 동원하려는 시도는 하지 않았다. 1950년대에 공론장을 통해 공식적으로 출산조절 문제에 대해 발언한 사람은 가톨릭 신부들과 의사들, 그리고 여성계 인사들 뿐이었다.

1955년 창간된 여성잡지 『여원』은 한해 뒤인 1956년 2월호에 각계의 필자들을 동원하여 "산아제한 찬부토론"을 특집으로 실었다.[23] 이로 미루어 1950년대 중반에는 이미 지식인층에서 산아제한에 대한 어젠더(agenda)가 형성되어 있었던 것으로 보인다. 그러나 산아제한 담론이 두드러지게 폭증하기 시작한 것은 여성단체인 〈대한어머니회〉에 의해 출산조절 보급 운동이 시작된 1958년의 일이었다. 다양한 신문, 잡지에서 산아제한 논란을 다루었는데, 윤형중(가톨릭 신부), 유치진(작가), 고희동(동

터 감리교회 여신도들에 의해 서울, 부산, 대전, 인천 등지에 사회봉사 센터가 문을 열어 가족계획에 관한 계몽운동이 시작되었으며, 일부 지방에서는 진료소를 설립하여 피임방법을 지도했다고 한다(대한가족계획협회, 1991: 105).

21) 1957년부터는 전북 옥구군 개정(開井) 농촌위생소에 근무하던 이영춘이 가족계획의 필요성을 강조하면서 자연피임법 등 출산조절 방법을 보급하기 시작했으며, 1958년에는 서울대 부속병원 산부인과(과장 신한수)에서 가족계획상담소를 설치하여 피임법을 가르치기 시작했다(대한가족계획협회, 1991: 106).

22) 1956년-58년 보건사회부(약칭 보사부) 국립보건연구원장으로 근무한 윤유선과 중앙의료원장 이종진, 그리고 당시 보사부 보건과장이던 윤석우(이상 미국유학파 의사 출신), 민주당 정권 시기 사회부차관이던 김학묵(영국유학파, 사회사업전공) 등이 중심 인물로서, 그들의 논리는 주로 인구문제에 대처하기 위해서 가족계획사업을 보건시책의 일부로 추진해야 한다는 것이었다(대한가족계획협회, 1991: 106).

23) 여기 실린 글은 다음과 같다. 이예행, "사회학적 견지에서의 찬성론" ; 이일선, "의학적 우생학적 견지에서의 찬성론" ; 이숙종, "사회학적 견지에서의 반대론" ; 윤형중, "종교적 견지에서의 반대론". 이예행은 제 4대 보건사회부 부녀국장(1952-55)을 지내고 나중에 대한부인회 이사와 숙명여고 교장을 지낸 여성으로, 2년 후인 1958년 봄부터 한국 최초의 여성 출산조절운동을 펼친 대한어머니회의 창립 멤버로 활동하기도 했다. 이일선은 당시 서울의대 부속병원 의사였으며, 이숙종은 당시 성신여고 교장이었고 나중에는 성신여대 학장과 여성단체협의회 회장(1970년대)을 역임하였다. 윤형중은 천주교 신부였다.

양화가), 모윤숙(시인), 정창운(서울고등검찰 검사장) 등이 참가하여 1958년 7월에 열린 경향신문 토론회에서는 산아제한이 하늘을 거스르는 행위이며 인구는 국가의 힘이라는 이유로 반대하는 쪽으로 결론이 났으나, 잡지 『보건세계』 1958년 8월호에 실린 특집기사 "산아제한의 시비를 묻는다"에서는 신부 윤형중을 제외한 모든 필자들, 즉 이태영, 김성진, 정준, 고황경, 정충량, 김석환이 모두 산아제한에 찬성하였다(이임하, 2002: 142-141).

그러나 당시의 산아제한 찬성론은 여성들의 출산조절 욕구를 분명하게 반영한 것이 아니었다. 대부분의 찬성론자들이 나라의 번영을 위해서는 인구의 양보다는 질이 중요하다는 우생학적 논리를 펴고 있었고, 원치 않는 출산으로 여성들이 겪어야 하는 부담들에 대해서 분명하게 지적하는 사람은 없었다. 여성의 부담을 덜어주자고 주장하기는커녕, 민족적 번영을 위해 모성으로서의 임무를 더 잘 완수하기 위하여 산아제한이 필요하다고 역설하는 것이 당시 엘리트 여성의 논리였다.

> 제 2차 세계대전 때 일본은 덮어놓고 아이를 낳으라고 부르짖었다. 그래서 그 결과는 어떠하였는가. 그 많은 인구를 가지고도 B29나 원자탄을 이길 도리가 없어서 결국 무조건 항복을 하고 지금은 국법으로 피임을 주장하여 인구제한을 하지 않는가. 우리는 이 사실을 어떻게 해석해야 하는가. 사람에 따라서 좀 다를지 알 수 없으나 나는 생각하기를 덮어놓고 낳는 것이 재주가 아니라 적당히 낳아서 잘 길러서 훌륭한 과학자를 많이 내어야겠다고 주장한다. 우수한 국민이 많은 나라가 강국이지, 대포(大砲) 밥이 되기 좋은 국민이 많은 나라가 강국은 아니다.[24]

---

24) 유병서, "외국에 있어서의 피임의 실례", 『여원』, 58/5.

우리의 후손의 번영을 위하여 외부적 조건의 성취에 전력하고 자손의 양육과 교육에 부모된 책임을 다할 때, 우리의 바라는 새나라는 오고야 말 것이다. 다만 여자는 생산하는 기구와 같은 관념이 없어진 오늘날 참다운 인생을 영위하고 참된 모성으로서의 그 임무를 완수하기 위하여 다산(多産)만이 결혼생활의 목표는 아니다.25)

대한어머니회의 회장으로서 1950년대의 한국 출산조절 여성운동을 지도했으며 당시의 대표적인 출산조절 주창자였던 고황경마저도 기본적으로 인구의 질에 초점을 맞추는 우생학적인 입장을 갖고 있었다.26) 그러나 그는 보살핌의 실천자이자 몸으로 출산하는 여성의 존재에 대한 감각을 가지고 논의를 전개한 당시의 유일한 논자이기도 했다. 1958년 『여원』에 기고한 글에서 그는 자녀가 많으면 어머니의 보살핌이 부족하여 문제가 될 수 있고, 또한 모체에도 부담이 된다고 분명하게 지적하면서 자신의 논지를 전개했다. 그러나 그러면서도 그러한 여성의 수고와 부담을 여성 자신의 입장에서 담론화하는 것에 대해서는 매우 주저하였다. 고황경의 글에서는 여성의 사망률을 낮추는 일조차 기껏해야 국가적으로 "계모의 수효를 주리는" 일로 표상되었다.

---

25) 이예행, "산아제한 찬부토론 - 사회적 견지에서의 찬성론", 『여원』, 56/2.
26) 이는 다음과 같은 언급에서 잘 드러난다. "지혜 있는 배추장사는 한 포기가 힘껏 크게 자라고 속이 담뿍 들려면 땅 넓이가 얼마나 필요되고 양분이 얼마큼 있어야 될 것인가를 잘 계산해서 한평 땅에 백포기를 무리하여 모양만 걸우려고 하지 않고 스무 포기 이내로 알뜰하고 값비싼 배추를 걸우도록 하는 것이다. (…) 한 어머니의 몸에서 여러 애기가 낳게 될 때 어머니의 몸이 차차 약하게 되는고로 약한 몸에서 나는 애기가 약해질 것은 정한 이치다. 그런 고로 여러 형제 틈에 끼워나는 아이는 저항력이 적어서 적은 수효를 낳는 집보다 많이 죽는 것이 통계적으로 증명되고 있다(고황경, "피임에 대해서 이 이상 무관심할 수 없다", 『여원』, 58/5: 136-137)."

한 집에 여러 애기가 나면 한 어머니가 일일이 다 눈을 돌릴 수 없어서 잘 기르지 못하는 것과 경제적으로도 충분한 영양과 발육을 밑받침 못해주는 까닭이다. 다음으로 애기를 많이 낳는 어머니는 몸이 약해짐으로 병이 올 때 저항력이 약해지고 따라서 애기 많이 낳는 어머니일수록 정비례로 사망률이 높아지는 것도 통계로 이미 증명되고 있다. … 애기를 많이 낳은 어머니가 약해져서 저항력이 부족하여 직접 산후병(産後病)으로 죽지 않더라도 딴 병에 죽는 때는 죽고 남어지 아이들은 어머니 없는 슬픈 생을 계속하고 정신적으로 그늘 속에 떨고 있게 된다. 이 세상에는 표창을 받을 만한 훌륭한 계모가 많지만은 아무리 만점인 계모도 자기의 자연치를 대신해주는 의치와 같고 자연의 수족을 대신해주는 의수족에 비할 수 있다. 그러면 계모를 많이 가진 우리 한국은 그늘 아래서 부자연을 고통하는 어린이들이 많다는 뜻이다. - 고황경, "피임에 대해서 이 이상 무관심할 수 없다", 『여원』, 58/5: 137-138.

이 글이 여성잡지에 실린 글이고 따라서 처음부터 여성을 독자로 가정해서 씌어졌을 것임을 생각해 본다면, 이러한 논리구성은 참으로 이해하기 어려운 것이다. 그러나 이는 그만큼 당시 여성들이 처한 열악한 위치를 반영한 것으로 볼 수도 있다. 당시 여성들은 결코 똑같은 가치를 가진 평등한 인간으로 인식되지 못했기에, 여성의 죽음은 여성의 죽음 그 자체로 애도될 수 없었던 것이다. 그것은 '계모 수의 증가'로 번역되었을 때에야 비로소 사회적인 문제로 표상될 수 있었다. 여성들이 모여서 여성들에게 출산조절을 보급하려 시도한 단체의 회장이, 그 자신 여성이면서도 여성들이 읽는 여성잡지에 실은 글에서조차 출산조절을 여성을 위한 것으로 표상하지 못했다는 것, 그것이 바로 당시 한국사회에서 여성이 처한 위치를 드러내는 것이었다.

3. 여성들에 의한 출산조절 보급 활동 : 대한어머니회

1) 여성운동으로서의 출산조절운동

출산조절(birth control)이라는 말을 제일 처음 만들어낸 사람은 미국 여성운동가 마가렛 생어(Magaret Sanger, 1883~1966)였다. 그녀는 1914년에 여성들에게 안전한 피임을 보급하기 위한 캠페인을 최초로 시작하면서 자기 운동을 위한 이름으로 이 말을 만들어냈는데(Chesler, 1992: 97), 그녀는 여성이 스스로 자신의 생식력에 대해 자율적 통제권을 가져야 한다는 것을 주장하기 위해서 이 말을 썼다(Coigny, 1969: 65). "어머니가 될 것인가 되지 않을 것인가를 뜻대로 선택하게 되기 전까지는 어떤 여성도 스스로 자유롭다고 말할 수 없다"는 말은 그녀가 제창한 출산조절운동의 정신을 가장 잘 요약하고 있다.

마가렛 생어는 여성이 주도하여 임신과 출산 여부에 대한 권리를 가져야 한다고 주장한 최초의 사람이다. 그 이전까지 여성들은 임신과 육아로부터 전혀 자유롭지 못했다. 피임에 대해 교육하는 것조차 금지되어 있었으며, 여성의 임신은 여성 스스로 조절할 수 있는 것이 아니라 남성들의 손에 달린 일이었다. 원치 않은 임신을 한 많은 여성들은 혼자서 유산을 하려고 애쓰다가 죽어갔으며, 설사 낳는다 해도 그 아이들은 축복받지 못한 채 빈곤에 시달리거나 유기되기 쉬웠다. 남성중심 사회에서 여성은 아이 낳는 기계 신세를 면치 못했다. 출산조절운동은 바로 이러한 현실을 바꾸기 위한 집합적·사회적 실천으로 등장하였다.

1914년 생어가 『출산조절 평론』을 발간, 적극적으로 캠페인을 펼치면서 인류 최초로 출산조절을 위한 사회운동이 시작되었다. 여성이 스스로 임신을 조절할 수 있는 권리를 획득하자는 출산조절운동은 그 출발부터 여성에 의한, 여성의 욕구와 이익을 보호하기 위한 운동으로서, 그 정의상 여성운동이었다. 그러나 출발 당시에 출산조절운동은 환영받지 못했다. 1873년 제정된 〈풍속교란방지법〉, 일명 컴스톡법으로 인해 생어의 책은 독자들에게 우송되지도 못했다. 그 속에 실린 피임법에 대한 글이 풍기문란하다는 것이 이유였다.

그러나 마가렛 생어는 이에 굴하지 않았다. 그녀는 1916년에 브루클린에 진료소를 열었고, 많은 가난한 여성들이 여기서 피임법을 교육받고 처치를 받았다. 그러나 그녀는 곧 공안 질서 방해죄로 체포되었다. 그녀가 체포될 때 진료소 밖에서 기다리던 많은 여성들이 '남은 우리는 어떻게 하느냐'고 울부짖기까지 하였다고 한다. 이 일로 생어는 재판에서 30일 노동 형을 선고 받았지만, 다른 한편 '성병 예방과 치료를 위해 여성에게 피임기구를 제공할 권한을 의사에게 준다'는 판결도 이끌어냈다. 이것은 제한적이나마 여성에게 피임의 권리를 부여한 첫 발걸음이 되었다.

마가렛 생어와 비슷한 시기에 영국의 마리 스톱스(Marie Stopes, 1880~1958)도 자기 나라에서 가난한 여성들에게 안전한 피임과 낙태를 제공하기 위한 출산조절운동을 시작하였다. 1910년대부터 출산통제 캠페인을 시작한 스톱스는 1918년 재혼 후에는, 빈곤과 인구과잉 퇴치를 위해서라는 자신의 초기 출산조절운동의 목표를 수정하여 만족스러운 결혼생활과 임신·출산 스트레스로부터의 여성 해방을 위한 운동으로서 출산조절운동을 전개하였다. 1921년에는 영국 최초로 〈모성 진료소(mother's clinic)〉를 개원하고 생어처럼, 실제 출산조절 기술을 여성들에게 보급하기 시작하였다.

이후 계속된 출산조절을 향한 여성들의 투쟁은 결국 결실을 맺기 시작했다. 1921년 〈미국출산통제연맹〉이 결성되었고, 1927년에는 제1차 세계인구문제회의가 제네바에서 열렸다. 이것으로 최초의 국제적인 출산조절 기구가 결성됐다. 보수적이었던 의학계도 점차 변하기 시작하여, 의사들에게 무제한으로 피임처방권을 부여하는 법이 1939년 제정되었다. 이후 이 운동은 가족계획운동으로 변모하여, 1950년대 이후 인구폭발에 대처하는 국제정치적 방책으로 발전하게 된다. 1960년대 이후 한국의 가족계획사업 역시 이러한 국제적 흐름 속에서 발전한 것이었다.

아이러니한 것은 생어가 시작한 출산조절운동이 초기의 탄압을 벗어나 전국적 조직을 만들어가고 국제적 연대와 더불어 정치가, 의사, 인구학자 등 다양한 세력의 지지를 규합해 가는 과정에서 그 뿌리에 있던 여성운동적 성격은 지속적으로 흐려졌다는 사실이다. 초기에 자발적 모성론을 이데올로기적 자원으로 삼았던 출산조절운동은 국제적 영향력을 넓혀가기 위해 우생학 담론이나 신맬더스주의 담론과 그때그때 손을 잡았고, 그리하여 여성 자신의 몸과 생애, 모성에 대한 여성 자신의 선택권이라는 강조점은 1970년대에 제2물결 페미니스트들에 의해 다시 한번 재생되기 전까지 운동의 전면에 드러나지 않았다.

우생학 담론 및 신맬더스주의 담론도 출산조절을 위한 실천을 옹호하였지만, 이들에게 출산조절은 유전형질개량이나 인구성장 감속 등 다른 집합적 차원의 목적을 달성하기 위한 수단이었을 뿐이었다. 가난한 여성들의 비참한 현실이나 여성 개인들의 절박한 필요성은 별다른 주목을 받지 못했다. 다른 한편, 참정권운동에 집중한 20세기 초의 주류 페미니스트들도 출산조절운동을 지지하지 않았다. 이는 출산조절이 섹슈얼리티와 연관되었을 뿐 아니라 모성과 결혼을 위협하는 것으로 받아들여졌기 때문이었다. 출산조절운동가들은 출산조절을 의료화하거나 '가족계획'이라는 새로운 이름을 채택하여 결혼과 가족의 틀 속에 제한하는 등 다양한 시도를 했지만, 1970년대 중반에 재생산적 권리(reproductive rights)가 페미니즘의 언어로 재해석되기까지 주류 페미니스트들의 지지를 얻어내지 못했다.

그러나 중요한 것은 20세기 들어 여성들에 의해 시작된 출산조절운동이 의학적 출산조절 기술의 발달을 추동하였고, 이로 인해 이후 여성들에 의해 의식적인 생식력의 조절이 가능해진 것이 이후 인류 역사의 새로운 특징을 이루었다는 점이다. 앵거스 맥라렌은 출산조절운동의 역사에서 의학적 피임기술의 발전이 현대 여성들을 해방시켰다고 보는 기존의 연구 경향을 비판하면서, 이것을 과학기술의 발달과 서구 중심적인 현대적 합리성에 대한 맹신과 연관시킨 바 있다(McLaren, 1990: 15).[27] 실제로는 거꾸로였다는 것이다. 즉, 현대의학에서 일어난 출산조절 기술의 발전이야말로 여성들의 요구와 노력에 기대어 일어났으며, 여성운동의 성과라는 것이다. 먹는 피임약의 개발 과정은 이것을 보여주는 대표적인 사례이다. 개발에 필요한 기술적 조건들은 그 이전에 이미 갖추어져 있었지만,[28] 열정적으로 출산조절운동을 조직하고 친구의 자금을 가지고 과학자들을 설득하고 재정적으로 지원했던 마가렛 생어의 활동이 더해지고 나서야 비로소 생산되고 실용화될 수 있었던 것이다.

---

[27] 실제로는 대부분의 사회에서 효과적인 출산통제 형태들은 과학자나 의사들이 아니라 여성들에 의해 고안되고 관리되었다고 지적된다. 재생산에 관한 지식과 시술은 언제나 여성의 민속과 문화의 일부였기 때문이다(Wajcman, 1991: 140). 적어도 1950년대 이전까지 의학은 여성의 피임 방법을 발전시키는 데 그다지 기여하지 않았다(Gordon, 1976: 25).
[28] 토끼에게서 먹는 호르몬이 배란 억제 효과가 있다는 것이 발견된 것은 1921년의 일이었지만, 사람이 사용하는 먹는 피임약이 세상에 선보인 것은 1950년대의 일이었다(하정옥, 2001: 227-228).

2) 대한어머니회의 출산조절 보급운동

한국 사회에 여성들을 위한 출산조절을 보급하고자 시도한 최초의 조직적 시도는 여성단체인 대한어머니회에 의해 이루어졌다. 〈대한어머니회〉는 1958년 3월, 한국 제 2호 여성 박사이자 미군정 시기 초대 부녀국장을 지낸 사회학자 고황경[29]

[그림 5] 대한어머니회의 국내최초 가족계획 교육 (1958. 4. 15)

의 주도와, 〈대한여자의사회〉[30] 소속 의사들의 호응으로 조직되었다. 대한어머니회 창립총회의 주축이 된 15명 중에는 고황경 외에 강주심, 한소제, 장문경 등 대한여자의사회 소속 여의사들과, 조산사로서 당시 〈대한조

---

[29] 고황경은 세브란스병원 의사이자 남대문교회 장로였던 부친의 영향으로 독실한 개신교 신자였으며, 1920년대에 일본에서 대학을 다니고 1930년대에는 미국 미시간대학에서 경제학과 사회학으로 대학원과정을 밟았다(임영철, 1988). 식민지 시기 말기에 이화여대 교수로 봉직하면서 친언니와 함께 서울 동교동에 "경성자매원"이라는 여성복지관을 세워 여성운동 내지 사회사업을 시작했으며, 해방 후에는 경기여고 교장을 하다가 1946년에서 48년까지 과도정부 보건후생부 부녀국장으로 재직하였다. 이후 1949년 6월 록펠러재단의 지원을 받아 미국 프린스턴대학과 콜롬비아대학에서 1년간 인구문제와 산아제한을 연구하였고, 1957년 귀국하자마자 한국 여성들에게 출산조절을 보급하기 위해 〈대한어머니회〉의 조직을 주도했다.

[30] 〈대한여자의사회(Korean Medical Women's Association)〉는 1949년에 도미 유학한 신옥성이 미국여자의사회에서 장학금을 받은 것을 계기로 한국에서도 여자의사회를 만들 것을 권유받았던 차에, 1956년 마닐라에서 개최되는 아시아지역여자의사회에 참석하는 길에 한국에 들르겠다는 미국여자의사회 회장 닥터 리드(Ada Chree Reid)의 편지를 받은 것을 기회로 조직되었다고 한다. 당시 전국에 여의사가 약 650명 가량 있었는데 대한여자의사회의 창립회원은 75명이었다. 대한여자의사회의 발기인 명단에는 강주심, 한소제, 장문경 등 나중에 대한어머니회의 중심 인물이 되는 여성 의사들이 대부분 포함되어 있었다(한국여자의사회, 1986: 63-64).

산협회〉 회장을 맡고 있던 구신명, 부녀국장을 역임하고 숙명여고 교장 경력도 있는 이예행 등이 포함되어 있었다. 말하자면 한국 최초의 출산조절 보급운동으로서의 대한어머니회의 활동은 사회학자이며 대학교수이자 사회사업가인 여성, 행정가이자 교육자인 여성 등과 더불어 의사 및 조산사 같은 전문직 여성들이 힘을 합친 체계적인 여성 조직에 의해 본격적인 사회운동으로서 펼쳐졌던 것이다. 대한어머니회는 대한여자의사회와 거의 결연관계였기 때문에, 여자의사회의 의료 인력을 동원할 수 있었고 이들의 병원을 결연 병원으로 지정하여 상담소를 설치할 수도 있었다.

대한어머니회는 창립되자마자 서울 종로 기독교 태화사회관 내에 모성보건상담실을 개설하고 미국인 의사이자 선교사(남성)를 초빙하여 상담을 실시하였다. 그런데 상담을 원하는 사람이 너무 많아서 1959년에는 대한여자의사회 소속 의사들이 근무하는 서울시내 16개의 병원을 결연 병원으로 지정하여 상담실을 확대했다고 한다(대한어머니회, 1998: 75). 1962년까지 대한어머니회의 모성보건상담소에서 산아제한 지도를 받은 사람은 2,032명에 이르렀으며, 가가호호 사람들을 찾아가서 산아제한을 홍보·교육하는 '가정방문사업'도 많은 호응을 얻었다(대한어머니회, 1998: 77).

대한어머니회는 여성들을 만나서 그들을 출산조절 문제에 '당면하게' 하고 그들에게 '믿을 만한 지도'를 제공하는 것을 자기 운동의 목표로 꼽았는데,[31] 이는 여성들을 문제 해결의 주체로 만들고자 하는 의지를 담고 있는 것이었다. 1920년대의 영국과 미국에서 각기 진료소를 세우고 여성들에게 직접 출산조절 도구와 정보를 제공하였던 마가렛 생어나 마리 스톱스의 출산조절 운동과 마찬가지로, 대한어머니회 역시 배

---

31) 고황경, "피임에 대해서 이 이상 무관심할 수 없다", 『여원』, 58/5.

타적으로 여성에게 출산조절 수단과 지식을 보급하고자 하였다. 그러나 대한어머니회는 출산조절의 의료화를 시도하지 않았다. 한때 세브란스 등을 통하여 피임기구의 수입을 시도하기도 하였으나, 수입금지 품목이어서 기구의 입수 자체가 불가능했다는 문제도 있었다. 그래서 그들은 '차선책으로 상담을 통해 가족계획의 취지를 알리고 약과 기구를 사용하지 않고 피임할 수 있는 방법을 알려주는 작업을 시작'할 수밖에 없었던 것이다(대한어머니회, 1998: 75).

그런데 당시에 약과 기구를 사용하지 않는 피임법들은 모두 남성의 협조를 절대적으로 요구하는 것이었다. 주기법의 경우 여성이 배란기 계산법을 교육받아 알고 있다 하더라도 남성이 무시해 버리면 실행이 불가능했으며, 암시장 등을 통해서 입수가능했던 피임도구였던 콘돔 역시 남성의 의지가 무엇보다 중요한 피임법이었다. 그래서 대한어머니회는 여성들에게 산아제한의 필요성을 알리고 방법을 가르쳐 줌과 동시에, 대외적으로는 '남편의 협력'을 매우 강조하는 담론을 확산시키고자 노력하는 노선을 취하였다. 대한어머니회의 창립 멤버이자 대한여자의사회 부회장이기도 했던 의사 강주심은 대한어머니회 창립 두 달 뒤 발간된 『여원』 1958년 5월호에 실은 "피임과 남편의 협력"이라는 글에서[32] 콘돔과 오기노식 월경주기법, 기초체온법 세 가지 피임법에 대한 기술적 소개와 더불어 남편의 협력을 강조하는 계몽적 내용을 설파하였다.

---

32) 강주심의 이 글은 "피임에 대한 우리의 실정과 선후책"이라는 특집의 일부로 실렸는데, 이 특집의 제일 첫 글은 고황경의 "피임에 대해서 이 이상 무관심할 수 없다"였다. 고황경은 이 글에서 피임의 필요성을 설파한 뒤 "이 문제를 직접 당면하고 믿을 만한 곳에 가서 지도를 받고 싶을 때는 서울시 종로구 인사동에 있는 태화기독교사회관내 대한어머니회 사무실로 오시면 여러가지 구체적 지도를 해 드릴 것이다"라며 위치와 근무시간을 알려주었으며, 바로 그 다음에 강주심의 이 글이 실렸다. 이로 미루어 이 특집은 상당부분 대한어머니회의 출산조절 보급활동과 연관되어 기획된 것으로 보인다.

그런데 이때 강조된 '남편의 협력'이란 어디까지나 남편이 "가정의 리이더"임을 인정하는 위에서 이루어지는 것이었다. 강주심은 협력이라는 용어를 사용하고 부부간에 보조를 맞추어야 한다는 점을 매우 강조하면서도, 평등한 부부관계를 암시하거나 아내의 건강을 위해서 혹은 아내의 수고를 덜기 위해서라는 언급은 전혀 하지 않았다. 그의 논리는 오히려 남편에게 가정 내 지도자 역할을 부여하고 그 역할에 대한 책임감을 강조하는 쪽에 가까웠다.

> 아무리 건설적인 수태조절 계획이라도 이것은 어디까지나 부부가 보조를 맞추어야 이루어지는 일이고 어느 한쪽이 거부하거나 비협력적이면 그 뜻은 하나의 공문서(空文書)와 같이 되고 마는 것입니다. … 여성 자신도 끊임없는 연구와 노력이 필요하겠지마는 가정의 「리이더」인 남성의 절대적인 동조에서의 협력이 필요할 것은 물론입니다. … 그러니만큼 처음부터 부부가 서로 합의하여 실제로 옮기되 남성은 늘 자기가 가정의 「리이더」라는 것을 염두에 두어서 늘 넓은 이해로써 닥쳐오는 결과에 후회할 일은 삼가야 할 것입니다. -강주심, "피임과 남편의 협력", 『여원』, 58/5.

강주심은 여성들을 위한 출산조절 보급 운동을 하면서도 공적 담론의 장에서는 남편을 가정내 지도자로 떠받들고 '여성을 위해서'라는 뉘앙스를 풍기지 않기 위해 극도로 조심하였다. 이러한 태도에 대한 평가는 다양할 수 있겠지만, 무엇보다 당시 한국 사회에서 여성들이 처한 위치와 그녀들의 생활상의 욕구라는 맥락에서 해석될 필요가 있다. 앞서 지적했듯 어머니 중심 가족이 흔하고 민족과 국가의 과제 앞에서 남성의 가정 부양 책임에 대한 강조가 희미해졌던 당시 상황에서, 여성들은 과중한 가족부담을 지고 있었을 뿐 아니라 여성이 가족을 떠나 개인적인 존재로서 삶을 꾸릴 사회적 조건도 존재하지 않았다. 이런 상황은 확고한 가정의 지도자로서의 남편의 존재와 그의 안정적인 아내(=본처)로서의 지위에 대한 희구를 여성들의 꿈으로 만들고 있었다. 그런 점에서 강주심의 논리는 부부간의 사랑과 협력을 기반으로 하는 서구적 근대가족, 즉 부권(父權)이 부권(夫權)으로 바뀌고 여성에게 아내이자 어머니인 '주부'로서의 안정적인 지위를 보장하는 가족형태에 대한 촉구로 해석될 수도 있을 것이다.

요컨대 대한어머니회의 출산조절 보급 활동은 여성운동이자 사회운동으로 진행되었으면서도 직접 '여성'을 전면에 내세우지 못하고, 가정을 위해 어머니의 건강을 지키고 더 우량한 아이를 낳아서 잘 양육한다고 하는 두 가지 명분을 담론적 근거로 삼아 의사들의 앞서가는 피임 지식 내지 수태조절 정보를 제공하는 의학상담의 형태로 진행되는데 그쳤다. 그들의 활동은 여성의 역할을 모성과 가족을 벗어나서 모색할 수 있게 해 줄 만큼 충분히 여성해방적인 것이 되지 못하였으나, 적어도 당시 한국사회의 상황에서 여성들이 처하고 있었던 생활상의 욕구에는 부응하는 것이었다. 이것은 페미니즘적인 관점에서 매우 중요하게 평가되어야 하는데, 왜냐하면 여성들끼리의 공통된 경험을 근거로 여성들을 하나의 집단으로 묶어 냄으로써 향후 여성운동의 기반을 마련할 수 있는 잠재적인 가능성이 있었던 것으로 보이기 때문이다. 실제로 여성잡지 『여원』 1959년 11월호 "독자의 편지"란에 실린 한 여대생의 글은 이러한 잠재력이 현실화될 가능성이 상당히 컸음을 보여주고 있다. 출산조절은 보수적인 농촌 사회에서조차 여성들을 조직해 낼 수 있는 효과적인 출발점이 될 수 있었던 것이다.

9월호 특집 〈가족계획〉을 잘 읽어 보았습니다. … 이번 하기방학을 이용하여 약 2주일 간에 걸친 농촌계몽을 충남 서산군 내안면으로 다녀올 기회가 있었습니다. 우리는 주로 여름철에 지켜야 할 위생에 치중하였으며 부인 위생과 산아 제한을 역설하였고 그 실행법으로는 '오기노' 식을 강의하여 대성과를 거뒀다고 자부하고 싶습니다. 수줍어하는 젊은 처녀나 아주머니에게 이런 얘기가 금시에 성과를 거둘 수 없는 일이었으나 차츰 열의가 생기고 사람들도 많이 모여 '봉우리 향우회' 라는 유기적인 조직을 만들어 현실에 절실히 요청되는 가족계획을 주로 한 연구였는데, 마침 『여원』의 가족계획 특집은 저희들에게 안성마춤이었지요. - "독자의 편지", 『여원』, 59/11.

그러나 이러한 가능성은 1961년 5.16 쿠데타 발발 이후 가족계획사업이 국가정책화하는 과정에서 사라지고 말았다. 1950년대까지 출산조절 문제에 대해 공식적인 견해를 표명하지 않고 있던 남성 지식인들은 1960년 초부터 인구문제의 심각성을 설파하고 산아제한을 그 해결책으로 제시하는 신맬더스주의적 주장을 내 놓기 시작했고, 의사와 관료들로 구성된 대한가족계획협회와 쿠데타로 집권한 군사정권이 가족계획사업을 출발시킨 가운데 조직적인 여성 출산조절운동은 이 과정에서 소외되었다. 이로써 여성들 자신의 삶에 적합한 출산조절 개념이나 이것을 단초로 한 여성운동의 발전 가능성 역시 그 기반을 잃게 되었다.

3) 한국적 출산조절 여성운동의 좌절

대한어머니회의 출산조절 보급 운동은 한국 출산조절의 역사에서 페미니즘적인 성격을 가진 것으로 평가할 수 있는 거의 유일한 출산조절 운동이었다. 대한어머니회는 인구문제의 해결이나 출산력 감소와 같은 거시적인 목표를 내세우지 않았으며, 여성들을 산아제한 문제에 당면하게 하고 그들에게 믿을만한 지도를 제공하겠다는 것을 자기 활동의 목표로 삼았다. 이는 여성들에게 문제를 직시하게 하고 해결을 위한 조언을 제공하겠다는 것으로서, 여성들을 문제 해결의 주체로 만들고자 하는 의지를 담고 있는 것이었다. 대한어머니회는 대한여자의사회와 연합하여 여성들에게 의학정보와 상담을 제공하는 것을 중심으로 출산조절 보급 활동을 펼쳤지만, 명시적으로 출산조절의 의료화를 추구하는 모습을 보이지는 않았다. 이러한 방식은 확실한 피임 효과를 지닌 의학적 출산조절 수단을 제공하고 여성들로 하여금 이것을 '수용'하도록 하는 데 골몰했던 1960년대 이후 국가의 가족계획사업과는 매우 대조적인 것이었다.

그러나 1950년대 한국 여성들이 펼쳤던 이러한 출산조절운동은 역사적으로 거의 망각된 채 알려져 있지 않다. 1961년 5.16 쿠데타 이후 가족계획사업이 국가정책화하는 과정에서 조직적인 여성 출산조절운동은 소외되었다. 1960년대 초반에 '인구문제'가 한국사회의 공론장에 등장하면서, 국가가 정책적으로 출산조절을 보급하고 이를 통해 인구성장을 억제함으로써 경제발전을 추구할 수 있다는 경제발전을 위한 인구통제 테제가 한국사회 내에서도 힘을 얻어갔다. 인구통제 담론에 익숙한 미국 유학파 남성 의사 집단과 보건 관료, 사회사업 관련 대학교수들을 중심으로 1961년 4월에 〈대한가족계획협회〉가 조직되고, 쿠데타로 집권한 군사정부에 의해 같은 해 11월 가족계획사업의 국가정책화가 선언되어 돌진적으로 추진되면서, 역설적으로 여성운동으로서의 한국 출산조절운동의 명맥은 끊어지고 만다.

쿠데타 이후 모든 사회단체가 해산되고 다시 등록하는 과정에서 대한여자의사회는 소멸되어 1980년대까지 재건되지 못하였고,[33] 대한어머니회

---

[33] 대한여자의사회의 법인등록이 불허된 이유는 의사단체로는 〈대한의학협회〉만을 인정하고 여타 단체는 일체 허락하지 않는다는 것이었다(한국여자의사회, 1986: 71-76). 대한여자의사회는 원래 목적이었던 국제여자의사회와의 교류 등을 내세워 재고해 달라고 요구했지만

는 사회단체가 아닌 '여성단체'로 등록되어 출산조절운동에 참여하지 못하였다. 가족계획의 국책사업화 이후 사업을 거의 전담해서 추진했던 반관반민단체인 대한가족계획협회의 경우, 창립 총회의 임원 명단에는 대한어머니회 관련 인물들이 몇몇 포함되어 있었으나34) 창립 직후 사퇴하거나 혹은 활동 기록이 남아 있지 않다. 상세한 내용은 기록이 남아있지 않아 알 수 없으되, 당시 대한가족계획협회 설립을 지원했던 IPPF(국제가족계획연맹, International Planned Parenthood Federation)가 대한어머니회 보다는 남성 관료, 교수, 의사들이 좀더 중립적이고 전문적이라며 선호했다는 회고담을 통해 그 사연을 짐작할 수 있을 뿐이다.

가족계획사업이 실시되기 전인 1950년대부터 이미 한국 여성들은 출산억제 욕구를 갖고 있었다. 다산과 확대가족은 전통적인 가족이념의 일부로서 여전히 이상적으로 여겨졌지만, 절대빈곤과 사회적 격변 속에서 불안정한 가족생활을 꾸려가야 했던 여성들은 현실적으로 많은 수의 자녀를 원할 수 없었다. 여성들은 여전히 전통적인 가부장적 가족이념 아래 복속된 채 있었지만, 그럼에도 불구하고 경제활동과 여러 근대적 경험들을 통해 자신의 운명을 개척해 나가고 있었다. 많은 자녀를 낳고

법인으로 인허 받는데 실패하고, 단지 회원 상호간의 친목과 국제여자의사회와의 연결을 유지하는 범위 내에서 활동을 허락받는데 그쳤다고 한다. 그 후 임의적인 친목단체로 명맥을 유지하던 여자의사회가 다시 사단법인 등록을 할 수 있었던 것은 10여년이 지난 뒤인 1972년 4월 7일에 이르러서였다. 그때도 역시 정부는 대한의학협회가 있으면 되었지 여의사의 단체가 별도로 필요 없다고 반응했으나, 마침 당시 보사부장관의 부인이 경성여자의학전문학교 제 1회 졸업생 진종순이어서 장관 부부의 노력으로 법인등록을 허가받을 수 있었다고 기록되어 있다. 이때 단체의 이름을 한국여자의사회로 등록하여, 이후로는 계속 이 명칭으로 활동하고 있다(한국여자의사회, 1986: 71-76).
34) 대한어머니회 회장이자 당시 서울여대 학장이던 고황경, 대한여의사회 회장이던 산부인과 의사 강주심, 당시 조산원협회 회장이던 구신명이 그들이다. 창립 직후 고황경은 선출직 부회장직에서 사퇴했다는 기록이 있으며, 20명의 이사에 포함되었던 나머지 두 분도 이후 대한가족계획협회 활동 기록이 남아있지 않다.

싶지 않았던 여성들은 어떻게든 자신의 출산력을 조절할 수 있기를 원했으며, 이를 위해 인공유산이나 여타의 방법들에 의지하였다. 안전한 피임방법의 불비(不備)와 출산조절 실천에 대한 백안시 속에서 여성들의 건강이나 안전은 심각하게 위협받았지만, 여성들이 겪는 고통에 관심을 갖지 않았던 국가나 엘리트들은 성윤리의 문란이나 인구 감소로 인한 민족 쇠퇴만을 우려하고 있었다.

그러나 1950년대 중반을 넘어서면서부터 산아제한에 대한 담론의 지형이 바뀌기 시작하였으며, 한국 여성들에게 출산조절을 보급하고자 하는 사회적 시도도 일어나기 시작했다. 대한어머니회의 활동은 한국 출산조절의 역사에서 페미니즘적인 성격을 가진 것으로 평가할 수 있는 거의 유일한 출산조절 보급운동이었다. 그러므로 적어도 출산조절의 보급이라는 관점에서 본다면, 1950년대 여성운동이 일반 여성의 이해와는 동떨어진 관변 정치운동에 불과했다고만 비판하기는 어려울 것이라고 본다.

대한어머니회는 일반 여성들을 문제 해결의 주체로 만들고자 하는 독특한 노선을 취하고 있었다. 그들은 한편에서 출산조절에 관련한 남성의 '협력' 내지 책임을 환기하는 주장을 펼치면서, 다른 한편 여성들에게 주기법에 대해 가르침으로써 그러한 '협력'을 해당 남성의 아내인 개별 여성들의 설득을 통해 끌어내려고 하였다. 그것이 얼마나 성공했는가 하는 문제와는 별도로, 이러한 시도 자체가 갖는 페미니즘적 의의는 상당한 것이었다고 본다. 5.16 이후 쿠데타 세력에 의해 가족계획사업이 국책화한 후 남성 의사들과 관료들에 의해 전적으로 주도됨으로써, 출산조절이라는 여성적 특수이익을 매개로 하여 자발적인 여성운동이 발전될 가능성이 사라져 버린 것은 애석한 일이 아닐 수 없다.

3장. 조국 근대화를 위한 가족계획

1. 1960년대 한국 사회와 여성
   1) 박정희 집권과 '조국 근대화'를 향한 돌진
   2) 주부와 여성노동자 : 조국 근대화를 이끈 여성상

2. 1960년대의 가족계획사업
   1) 가족계획의 국책사업화 주장 등장 / 2) 한국 가족계획사업의 국제정치적 배경
   3) 가족계획사업의 출발 : 1961년~1963년 / 4) 가족계획사업의 본격 추진 : 1964년~1971년

3. 가족계획사업의 여성 수행자들
   1) 가족계획 요원 / 2) 가족계획어머니회

1. 1960년대 한국 사회와 여성

1) 박정희 집권과 '조국 근대화'를 향한 돌진

1960년대 한국 사회의 벽두는 대중적 저항 에너지가 거대하게 분출한 4.19 혁명과 뒤이은 정치적 반동으로서의 5.16 쿠데타라는 두 개의 사건으로 시작되었다. 이승만 정권 붕괴 이후 윤보선과 장면이 집권한 제2공화국의 짧은 민주주의 실험은 쿠데타로 막을 내리고, 2년 7개월의 군정을 거쳐 1963년 제 3공화국이 출범하게 된다. 박정희 군사 정권은 쿠데타 직후부터 자신의 정치적 정당성을 확보하기 위하여 '민생고 해결과 경제적 근대화'를 핵심 내용으로 하는 혁명 공약을 내세웠다.

1960년대 초 한국 사회는 극심한 경제난을 겪고 있었다. 1957년 미국이 정치·군사·경제적으로 어려움을 겪게 되면서 대외 원조 정책이 소비재 공급 중심에서 스스로 경제발전을 이룩할 수 있는 능력을 조달하는 정책으로 전환되고, 그 형태도 직접원조에서 차관으로 바뀌게 된다. 한국은 '생산재 생산공업'에 대한 투자를 시작하고 1959년 최초의 경제개발계획(1960~1962)을 입안하는 등 이같은 변화에 대처하려 시도하였으나 별다른 성과를 보지 못했고, 경기 불황과 빈곤층 확산, 실업의 증가가 이어져 결국 4.19 혁명이 일어나는 원동력이 되었다(역사학연구소, 2004; 구로역사연구소, 1990). 이후 성립한 제 2공화국 역시 경제 문제에 대한 아무런 전망도 보여주지 못하는 가운데 국민들은 극심한 실업과 생활고에 시달리고 있었다.1)

박정희는 쿠데타 이후 국가최고지도자가 되면서부터 국민들에게 "우리는 우리 세대에 우리의 조국이 반드시 근대화될 수 있다는 확신과 신앙을 가지고 있어야 한다"고 요구했으며, "근대화 신앙에 의해서 우리의 조국은 통일될 것이고 기필코 복지국가의 건설은 이룩되고야 말 것이다"라고 강조했다(정윤재, 1995). 경제발전을 국가의 최우선 목표로 삼는 '조국 근대화', 이것은 사실상 원조경제가 파탄 난 당시 한국사회의 상황에서 누구도 이의를 제기할 수 없는 자명한 길로 보였다. 1960년대의 지식인들도 이 부분에 대해서는 거의 동의하고 있었다. 가령 『사상계』2)의 경우 쿠데타 직후에는 박정희 정권에 기대를 보냈지만 곧 한일굴욕외교 반대운동 등을 통해 비판세력으로 돌아서게 되는데, 그럼에도 불구하고 1960년대 내내 산업화 내지 근대화의 최우선성에 대해서는 의문을 제기하지 않았다(홍석률, 2002a: 181).

중산계급의 미발달로 인하여 전형적인 시민혁명을 거치지 못한 우리나라는 먼저 산업화에 치중해야 한다고 믿는데, 그렇게 하는 것이 민주화의 터전을

---

1) 1960년도의 실업률은 잠재 실업률을 합쳐 34.2%나 되었으며, 농가와 비농가로 구분할 경우 농가의 총 실업률은 29.1%, 비농가의 경우는 42.0%나 되었다고 한다(전철환, 1983: 144). 당시의 통계치를 얼마나 신뢰할 수 있는지는 약간 의문이지만, 이 정도면 실업문제가 가히 살인적이라도 해도 좋을 상황이었던 것 같다.
2) 『사상계』는 1953년 4월 창간되어 1970년 5월 김지하의 시 "오적"을 실었다는 이유로 폐간처분을 받을 때까지 발행부수 7만, 정기구독자 2만을 확보한 당시의 대표적인 종합학술교양지였다. 『사상계』는 자체의 이념적 정체성이 일관되었다기보다는 정권에 대한 강력한 비판지라는 점에서 스스로의 정체성을 찾았는데, 시사 문제에 대한 비판과 더불어 서구의 정치사상, 철학과 사회과학의 최신 사조를 소개하는 역할을 주로 했다(이철승, 1997: 38).

닦는 셈이 되기도 하는 것이다. 우리는 근대화란 다름 아닌 산업화임을 명심하고 경제건설에 총력을 기울여 경제자립을 서둘러야 하며 … . - 차기벽, "오용된 민족주의 : 민족주의는 결코 선거 구호에 그칠 수 없다",『사상계』, 65/5: 106.

오늘날 우리의 관심권 속에 클로즈업된 문제의식은 근대화요, 경제성장이요, 공업화요, 기술 입국이요, 국가 발전론이요, 민족 번영론이다. … 근대화는 정치적 독립에다가 경제적 독립의 내용을 부여하려는 민족주의의 한 노력이다. 후진국의 근대화론은 한마디로 말해서 민족주의의 경제적 표현이요, 경제적 민족주의 운동이다. - 안병욱, "창조와 혼돈의 장",『사상계』, 68/8: 139.

'조국 근대화'는 발전주의, 반공주의, 민족주의 등 박정희 정권 하 1960~70년대 개발국가의 주된 이데올로기적 근거들을 포괄적으로 드러내는 상징체계이자 집합표상이었다(오재환, 2001: 53). 박정희 정권은 냉전과 자본주의 세계체제 재구성의 와중에 등장하여 이념적으로는 반공으로 무장하고, 정치적으로는 권위주의 체제로 치달으며, 한국 사회를 조국의 근대화를 향한 돌진적 항해에 올려놓았다.

쿠데타 직후에 박정희 정권은 경제적으로 중농정책을 내걸고 국가와 농민의 연계를 강화하고자 시도하는 모습을 보였다. 농협과 농업은행을 통합하여 국가의 강력한 통제 하에 두고, 농촌진흥청과 농어촌개발공사를 설립하는 등 국가주도 농촌개발정책의 지렛대를 확보했던 것이다(한도현, 1989: 128). 그러나 '조국 근대화'의 이미지는 이미 과잉도시화하고 있던 한국사회에서 도시지역의 실업문제를 해결하지 않고서는 확립될 수 없었다. 과잉인구를 값싼 노동력으로 활용하여 수출경쟁력을 확보하는 노동집약적 경공업 위주의 수출지향 산업화는 이런 상황에서 선택된 경제발전 전략이었다.

1962년부터 실시된 제 1차 경제개발5개년계획은 박정희 정권의 경제정책이 중농주의에서 공업 위주로, 그리고 기간산업 위주의 내포적 산업화에서 비교우위에 입각한 수출지향 산업화로 변화했음을 보여주었다(김명숙, 2008: 263). 제 1차 경제개발5개년계획기인 1962~66년 동안에 한국 경제를 이끈 선도 산업은 주로 섬유, 식료품, 연초, 의료, 장신구 등의 수입 대체 산업이었다. 이 시기 경제성장률은 연평균 7.9%의 꽤 높은 수치를 보이고 있었다. 화학비료공업이 확충되고 시멘트공장, 정유공장 설립 등 수출지향 산업화를 위한 준비도 이루어지기 시작한 것이 이 시기였다. 이를 기반으로 하여 제 2차 경제개발5개년계획기인 1967~71년 동안에는 섬유, 합판, 가발, 신발류 등 경공업 부문에서 수입대체가 완료되고, 수출이 획기적으로 증대하였다. 이 시기 한국 경제는 연평균 9.7%의 성장률을 나타냈으며, 특히 제조업은 수출 증가에 힘입어 연평균 21.5%의 초고속 성장을 이루었다.

'조국 근대화'는 경제발전을 핵심 내용으로 하는 것이었지만, 단순히 경제적인 영역의 변화만을 가리키는 것은 아니었다. 박정희 정권 아래 개발국가에서 조국 근대화는 경제성장이라는 당면 목표 그 자체를 뜻하기도 했지만, 다른 한편 그러한 목표를 달성하기 위해 국가와 사회와 국민이 행해야 할 변화된 실천을 의미하기도 했다. 경제적이거나 정치적인 영역이 아닌 사회적인 영역, 일상인의 삶이 이루어지는 생활세계의 습속에 대해서도 '근대화'가 끊임없이 논의되었다.

쿠데타 세력은 군정 초기부터 생활태도의 근대화를 대단히 도덕적인 과제로 제시하고 있었다. 대표적으로 혁명공약 제 3항에서는 자신들의 목표가 "이 나라 사회의 모든 부패와 구악을 일소하고 퇴폐한 국민도의와 민족정기를 바로잡기 위하여 청신한 기풍을 진척시킨다."라고 밝히고 있었다(오재경, 1961). 이들은 쿠데타의 부족한 정치적 정당성을 확보하기 위하여 제 2공화국 민주당 정권이 부패하고 무능한 집단이었음을 의도적으로 강조하면서, 자신들을 빈곤의 악순환을 끊고 민족중흥을 꾀할 수 있는 개혁의 주체이자 도덕적 집단으로 내세웠다. 국민의 일상생활에서 구래의 나태하고 체념적인 생활태도가 추방되어야 하며, 모든 사람이 자립 자활을 위한 적극적 태도와 근대적 노동 윤리로 무장해야 한다는 것이 이들의 주장이었다. 자활하지 못하는 자는 경제적으로 무력할 뿐 아니라 도덕적으로도 흠이 있는 존재로 치부되었다(황정미, 2001: 59). 쿠데타 세력의 이러한 담론은 향후 고도성장을 가능케 했던 노동 윤리를 한국 사회에 착근시키려는 시도였을 뿐 아니라, 이후 개발국가 연간의 복지부재 지속에 대한 정당화 논리로도 기능했다고 볼 수 있다. 사회적 낙오자를 국가에서 무상으로 보호할 수 없다는 것은 이후로도 줄곧 빈곤과 실업 문제를 개인의 문제로 사사화(私事化)한 개발국가의 전형적인 알리바이였다.

일상생활의 습속과 태도를 시급히 근대화해야 한다는 이들의 주장은 이른바 혁명이념의 범국민적 구현과 혁명과업의 범국민적 수행을 위한다는 명목으로 조직된 재건국민운동을 통해 국민에게 직접 전달되었다. 재건국민운동은 4.19 이후 대학생들과 여성단체에 의해 추진된 신생활운동과 기독교농촌운동, 국민사상운동 등의 맥을 이어받아 '국민' 즉, 일상생활을 영위하는 모든 개인들의 생활방식과 정신사상적인 측면의 개혁을 시도한 대규모 '국민운동'으로, 이미 쿠데타 모의 단계에서 사전에 구상되었다고 한다(허은, 2003; 김동노, 1997). 쿠데타 직후인 1961년 6월 11일 공포된 〈재건국민운동에 관한 법률〉은 제 2조에서 재건국민운동을 "복지국가를 이룩하기 위하여 전 국민이 민주주의 이념 아래 협동 단결하고 자립자조정신으로 향토를 개발하여 새로운 생활체제를 확립하는

운동"으로 규정하고 있었다(황정미, 2001: 58).[3]

재건국민운동이 가장 중요하게 추진한 사업은 국민에 대한 정신교육이었다. "혁명정권의 정신적 차원을 고양하기 위한 실제적인 지도과업"이 〈재건국민운동본부〉에 위임되었고(신현옥, 1999: 48), 새로운 시대에 맞는 도덕 재건, 인간성 개조, 나아가 '민족 개조'가 필요하다는 담론이 확산되었다(황정미, 2001: 57-58). 박정희 정권의 '조국 근대화' 프로젝트는 전통적인 생활태도를 무질서와 나태로, 근대적인 태도는 계획성과 근면으로 대비시키면서, 근대적이고 합리적인 생활태도를 통해 더 잘 사는 미래를 일구어낼 수 있다고 모든 국민에게 선전하였다.

출산조절, 당시의 용어로는 '산아제한'이라고 불리던 피임의 보급은 '가족계획' 즉, 계획적이고 합리적인 근대적 생활태도를 가족생활에 적용하는 것이라고 재정의됨으로써 재건국민운동의 운동 목표의 하나로 포함될 수 있었다. 쿠데타 1년 전쯤 대한어머니회 회장이던 사회학자 고황경은 한 기고문에서, 당시 일각의 반감을 샀던 '산아제한'이란 말 대신 '가족계획'이란 말을 쓰자고 제안한 바 있다. 가족계획의 의미를 가족생활의 계획성과 적극성에 연결시키는 이같은 발상이 가족계획사업의 국책화를 성사시킨 중요한 담론적 기반이 되었다.[4]

---

[3] 재건국민운동의 조직규모는 대단했다. 자연부락 단위에서 18세에서 45세까지의 젊은 이들이 조직된 〈재건청년회〉와 〈재건부녀회〉가 있었고 그 위에 리/동, 읍/면 단위의 재건위원회와 시/군/구와 특별시 및 도 단위의 지부가 있고, 이 위에 이를 통괄하는 국민운동본부를 두고 이것을 당시 국가 최고기관인 국가재건최고회의 직속으로 두었다. 재건청년회는 전국적으로 45,119개(회원수 약 2백만명)가 있었으며, 여성조직인 재건부녀회는 전국적으로 44,391개(회원수 약 1백9만4천명)로, 4백만명이 되는 국민들이 재건국민운동에 동원되었다. 이른바 '민정이양'으로 제 3공화국이 출범된 이후 재건국민운동은 민간에 의한 국민운동으로 전환, 1964년 8월에 사단법인 재건국민운동본부로 재발족된다.
[4] 국가재건최고회의의 국책사업화 선언이 나온 한 달 뒤인 1961년 12월에 발간된 산부인과 의사 김사달의 책 『좋은 아기를 낳는 가족계획』은 가족계획을 좀 더 노골적으로 한국 사람의 나태하고 불합리한 생활 습관을 개혁하는 문제와 연관시킨다. "우리들 한국 사람은

가족계획(Family Planning 혹은 Planned Parenthood)이란 말은 한 가정에 식구 몇이 있어야 꼭 알맞겠는가를 여러 각도로 연구해 본 후 장래 부모가 될 자는 각자 가정에 꼭 알맞은 아이 수효를 뚜렷이 미리 계획 세우라는 것이므로 … 가족계획과 산아제한은 매우 유사한 개념인데, 조금 차이가 있다면 산아제한이란 말은 아이를 너무 많이 낳지 않도록 줄이라는 뜻이 주가 되고 가족계획이라고 하면 너무 적게 낳거나 아주 애기를 낳지 못할 때는 애기를 낳도록 방법을 연구하는 것도 포함되므로 산아제한이란 말처럼 소극적 의미뿐만 아니고 적극적 의미에도 사용되어 근대에 와서는 산아제한이란 말을 점점 덜 쓰고 가족계획이란 말을 쓰며 어감도 퍽 유하게 들리는 장점이 있다. - 고황경, "산아제한의 국가적 의의", 『사상계』, 60/4.

재건국민운동본부는 발족 직후인 1961년 6월 30일 가족계획을 운동 목표로 결정하였고, 약 한달 뒤인 1961년 7월 25일 발표한 국민운동 제1차 실천 사항에도 가족계획운동을 포함시켰다. 1961년 11월 국가재건최고회의에 의해 공식적으로 가족계획의 국책사업화가 선언된 다음에도 한동안 재건국민운동본부가 사업의 실행을 맡았다. 1962년 7월에는 국민운동본부 안에 가족계획상담소가 설치되었고, 1963년 초에는 전국 29,000명의 국민운동요원에게 가족계획에 대한 특별교육을 실시하기도 했다(한국보건사회연구원, 1991: 77).

가족계획이 처음부터 재건국민운동의 중요한 운동 목표로 포함된 것에는 그것이 '조국 근대화'를 이룰 근대적 생활태도의 핵심적인 요소로 여겨졌다는 것 이외에 다른 이유도 있었다. 여성을 운동의 중요한 대상

거의가 시간관념이 없고 근면할 줄 모릅니다. 또한 확고한 생활신조와 계획성이 없는 것이 큰 탈입니다. (…) 결혼에 대한 설계, 부부생활의 경제적 합리화, 의식주 생활의 합리화 등을 도모하는 한편, 아이를 낳으면 그 아이의 장래의 진로에 대하여 깊은 관심을 기울여 유아기로부터 대학을 마칠 때까지의 '프랜'을 미리 세워야겠습니다. (…) 그러니까 아이를 낳는 원인 행위 때는 즐겁고 좋지만 계획생산(計劃生産)을 하지 않았다가는 제가 낳은 자식에게서 원망과 구박이나 받게 마련입니다(김사달, 1961: 26)."

집단으로 삼고 있던 재건국민운동의 노선이 크게 작용했던 것이다. 쿠데타 세력과 재건국민운동 지도자들은 국가재건의 토대가 건전한 가정의 영위에 있다고 보면서, 가정영역을 책임지는 어머니로서, 자녀양육자로서, 가정관리자로서 여성의 정신계발을 가장 중요한 과제로 여겼다. 재건국민운동은 여성을 특수한 지도가 필요한 집단으로 규정하고,[5] 부녀자를 적극 끌어들여 여성이 국가 속에서 맡은 바 소임을 자임케 하는데 노력을 기울였다.[6] 가족계획, 즉 알맞은 수의 자녀를 낳아 잘 키우는 일은 근면하고 검소한 가정생활, 허례허식 타파와 간소한 가정의례, 의식주 생활에서 위생과 영양을 고려하는 것 등과 함께 재건국민운동이 여성에게 부여한 '조국 근대화'를 위한 과업의 일부였다(신현옥, 1999: 45).

2) 주부와 여성노동자 : 조국 근대화를 이끈 여성상

1960~70년대 내내 추진된 '조국 근대화'는 결국 모든 국민의 노동력과 일상생활을 국가의 경제발전을 위해 동원해 내는 개발국가의 프로젝트였다. 공제욱에 의하면 박정희 정권의 국민 동원은 일제강점기의 동원체제에 그 뿌리를 두고 있다. 일제는 식민지 조선에서 1920년대부터 군·면 등을 동원하여 생활개선운동을 시작했고, 1930년대에는 농촌진흥

---

[5] 이는 다음과 같은 언급에서 잘 드러난다. "현 시점에서 부녀층에 대한 특수지도가 없이 일률적으로 모든 사업을 이끌어간다면 뒤떨어진 부녀층의 자질향상이란 끝없는 과제로 남게 될 것이며 결과적으로 복지국가 건설은 불가능할 것이다. 그러나 재건부녀회의 조직 이래 봉건적인 아성에 묻혀있던 여성들이 재건청년회원들과 어깨를 나란히 하여 향토개발의 역군으로 눈부신 활동을 전개하고 있는 현상은 조국의 앞날을 위하여 참으로 다행한 일이라 아니할 수 없다(재건국민운동본부, 1963: 90, 황정미, 2001: 66~7에서 재인용)".

[6] 재건국민운동에 참여해서 계몽교육을 받은 한 여성은 "교육을 통해 인간개조와 그리고 여자의 포지션이 얼마나 중요한지를 새삼 깨달았"다며, 조국이 "진실로 아름다운 여성을 부르고 있다"고 적었다(김금자, 「나의 벗 희에게」, 『재건통신』 제 9·10호, 63/9, 허은, 2003: 16에서 재인용). 1962년 12월, 재건국민운동본부는 생활개선과 산하에 있던 부녀담당 부서를 부녀실로 격상시키고 시·도 지부에도 부녀실을 설치했다.

운동 및 자력갱생 운동의 일환으로 더욱 본격적으로 실시하여 근대적 습속의 형성을 도모했으며, 중일전쟁 발발 후에는 전시 동원 체제를 발동하여 1938년부터는 국민정신총동원운동을, 1940년부터는 국민총력운동을 전개한 바 있다. 5.16 쿠데타 세력이 재건국민운동을 통해 국민을 조직하고 이를 통해 노동윤리와 생활습속을 변화시키려고 했던 것은 이같은 일제의 동원 체제를 모델로 삼은 것이라는 지적이다(공제욱, 2008: 13).

[그림 6] 재건국민운동본부 주최 신생활간 소복패션쇼 (1961. 9. 30. 제주)

실제 박정희 정권은 재건체조와 신생활복 보급, 식생활 개선운동, 국민가요 제정 등을 통해 의·식·주에 관련한 생활양식의 전반적 변화를 꾀하였고, 전통적 설날의 폐지 등으로 역(曆)의 재편에 관여하고, 가족계획이라는 이름으로 성생활도 통제하며, 가정의례준칙이라는 이름으로 혼·상례를 바꾸려고 하는 등 전방위적으로 국민의 일상생활에 개입했다(공제욱, 2008: 16). 모든 국민은 생활의 습속을 바꾸고 새로운 노동윤리를 체득하여 경제적으로 발전한 국가를 만드는 조국 근대화의 역군이 되어야 했다.

조국 근대화를 위해 '싸우면서 건설하는' 과정에는 남녀가 따로 없었다. 특히 1960년대에 이루어진 경공업 중심의 수출지향 산업화는 여성노동의 역할을 크게 요구하는 것이었다. 당시 농촌의 피폐와 과잉도시화로 도시로 몰렸던 농촌 출신의 청장년층 남성과 청년 여성이 주요 노동력 공급처가 되었다. 이들의 값싼 노동력을 기반으로 한 저임금과 저곡가 정책, 그리고 노동권 유보를 전제로 하는 강력한 노동 통제가 눈부신 성장의 비밀이었던 것이다. 즉 당시 경제성장의 핵심에는 농민층의 헌신과 노동의 착취가 자리하고 있었으며, 이 과정에서 중심적 역할을 한 것이 가난한 농촌의 딸들이었다.

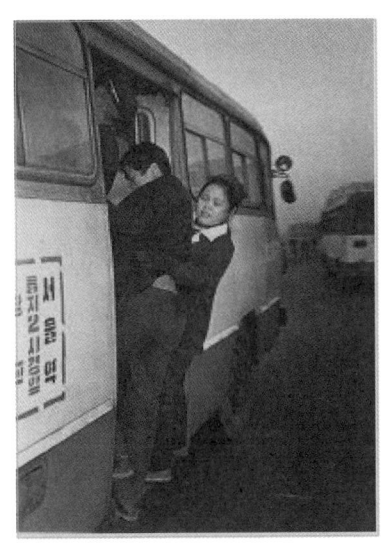

[그림 7] 1960년대 서울의 만원버스와 어린 여차장

농촌 출신의 젊은, 아니 어린 여성들이 도시로 나와 '공순이'라는 이름으로 불리며 가족의 생계비와 남자 형제의 교육비를 버는 여성노동자가 되었다. 이들은 주로 섬유 제조·의복 제조·전자 조립·구두 제조 등과 같은 노동집약적인 산업이나 단순 사무노동 업종에 종사하였다. 특별한 기술을 요하지 않고 단순 노동으로 작업할 수 있었던 방직·식료품·화학 공업 분야에서 14~18세의 유년 여공의 비율은 이 분야의 남성 노동자보다 훨씬 더 큰 비중을 차지했다(전경옥 외, 2011: 203). 1960년대 동안에 일어난 여성 경제활동 참여율의 변화를 보면 1960년 28.4%였던 것이 1970년에는 37.0%가 되는데, 이는 같은 기간 남성들의 경제활동참여율이 76.7%에서 72.5%로 소폭 감소한 데 비하면 참으로 엄청난 증가율이었다(강이수, 2011). 제조업 분야의 여공들 뿐 아니라 식모, 버스 여차장 등 도시민을 위한 서비

스 노동에 종사하는 여성들의 수도 상당했다. 한편에서 최저 생계비에도 못 미치는 임금 획득을 위해 투쟁하다 해고당한 여성들 가운데는 취업이 어려워 성매매를 생계 수단으로 삼는 사람들도 있었다. 이들은 성을 팔아 외화를 획득하면서도 불법의 그늘에서 사는 사회의 최하위층이 되었다(정진성·안진 외, 2004: 68).

이렇게 일을 하다 결혼을 하면, 이번에는 주부의 역할을 다함으로써 조국 근대화에 기여하도록 기대되었다. 재건국민운동본부는 간소한 복장을 보급하기 위한 패션쇼를 열거나, 빵 등 밀가루를 활용한 메뉴의 개발 보급 등을 통해 '주부'의 생활개선 과제를 선전하면서 이것이 조국 근대화를 위한 여성의 역할임을 강조하였다. 개발국가는 주부들에게 국가가 바람직하다고 보는 다양한 역할들을 주입하면서 사회적 성별분업의 가치를 강조했다. 한국의 주부는 가정 내에서 도구적 역할을 수행하고 가정을 정서적 공간으로 꾸며야 하는 서구적인 주부 역할을 답습하기보다는 국가의 지도에 따라 조국 근대화에 필요한 다양한 역할들을 수행해야 할 존재로 규정되었다. 일찍이 일제강점기부터 제안되어 온 가정개량과 살림의 과학화 등의 근대적 주부 역할 이외에, 가장 뚜렷이 강조된 부분은 출산과 관련하여, '적은 수의 자녀를 낳아 제대로 교육시키고 피임 보급의 향상과 성공적인 가족계획사업의 정착을 위해 노력해야 할' 책무였다(최유정, 2010: 187).

여성잡지에 실린 기사들 역시 1960년대 초 주부 역할에 대한 이같은 기대의 변화를 반영하고 있었다. 『여원』은 1955년 창간된 대표적인 여성잡지였는데, 당시의 독서인구 수준을 반영하여 상당히 높은 지식수준을 전제로 한 시사교양지의 성격을 아울러 갖고 있었다. 1950년대까지 『여원』의 기사들은 사회문제에 대한 높은 관심과 개선에 대한 제언을 담고 있었다. 전후 급증한 인구와 가난에 허덕이는 실상을 어떻게 극복할 것인가가 골자를 이루는 가운데, 전쟁미망인의 재가 문제나 성 모럴의 문제, 여성의 계모임이나 댄스홀 출입에 대한 비판, 과도한 교육열에 대한 자성과 더불어 당시 여성들의 출산조절 열망을 반영한 피임법 정보 등이 자주 다루어진 주제들이다. 여러 사회 문제들을 극복하기 위해 우선 각자의 의식 개선이 필요함을 강조하면서 여성들에게 전통적인 미덕과 서구적인 교양을 겸비하려 노력하기를 권유하는 것이 1950년대 한국 여성잡지의 여성 담론이었다(서연주, 2008: 86-87).

그러나 이러한 여성 담론의 지형은 1960년대 초부터 바뀌기 시작한다. 가정 내 주부의 역할을 강조하면서 '조국 근대화'를 위해 여성이 할 수 있는 일들로 생활개선 과제들이 제시되기 시작한 것이다. 그런데 이러한 담론 전환은 쿠데타 세력에 의해 직접 주도되었다기보다는, 1960년 4.19 직후부터 대학생과 여성단체들을 중심으로 일어났던 신생활운동의 흐름을 반영한 것이었다. 이미 제 2공화국 시기부터 여성잡지에서는 가정생활의 합리화를 근간으로 하는 생활개선 실천이 빈곤 극복을 위한 여성들의 과제로 부각되기 시작했던 것이다. 『여원』 1960년 10월호는 "우리는 왜 가난하게 사는가?" 제하의 특집을 실었으며, 11월호는 "가정생활의 합리화와 미화"라는 주제를 좌담회 기사 형식으로 다루었다. 여기서는 '계량 생활', '가정 생활의 혁명' 등이 강조되었으며 구체적인 실천 사항으로 합리적 소비생활을 위한 가계부 쓰기, 식생활의 합리화, 부엌 설비의 개선, 일하기 쉬운 양복으로 의생활 개선 등이 제시되었다. 흥미로운 것은 이 실천사항의 목록에 "가족 화목을 위한 분가의 필요성"이 포함되었다는 사실이다. 이미 이때부터 핵가족 형태의 가족을 이상적인 가족으로 그려내는 담론이 등장하기 시작했음을 알 수 있는 대목이다.

재건국민운동이 명시적으로 여성들을 대상으로 조국 근대화를 위한 주부의 과제를 부과하기 시작한 이후에는 이같은 담론의 전환이 더욱 분명해진다. 1960년대 들어 『여원』의 기사들은 가정생활의 개선을 위한 구체적인 지침과 더불어, 합리적이고도 적극적인 생활 태도를 지닌 '새로운 현모양처형'을 이상적인 여성상으로 제시하는 내용들로 가득 채워졌다. 가정 내에서의 주부 역할이 일방적으로 강조되면서 사회 문제에 대한 관심은 점점 더 옅어져갔다. 전통적인 미덕이나 교양보다 애국심이 강조되었고, 가정에서 주부의 직분을 다하면서 그 내용을 근대화하는 것이 곧 국가와 사회에 대한 여성의 기여로 동일시되었다. 『여원』 1961년 8월호에 실린 "주부생활의 재검토 10장"이라는 특집은 이같은 담론을 대표적으로 보여준다.[7)]

이 특집에는 '우리의 생활을 혁명하는 것'이 '주부의 임무'임을 주장하면서 절약, 준법정신, 봉사 등의 덕목을 애국심과 연결하여 강조한 정충량의 글과, 위생지식 부족, 근로정신 부족, 독립정신 박약, 성교육 부재로 인한 인구증가 등을 민족성의 문제로 거론하면서 이를 개선하기 위해 주부들이 노력해야 한다는 의학박사 유병서의 글, 그 외 박기원, 손소희, 박화성, 조경희 등 문인들이 주부들에게 주는 생활개선 제언이 실려 있다. 근검절약하는 생활태도와 가정 경제의 합리화, 의료적인 건강관리 기술 습득, 국가 질서 확립에 대한 기여 등을 근대적인 '주부'의 역할로 강조했음이 분명히 드러나는 것이다.

---

7) 같은 호에는 바로 2년 전 프랑스에서 출간되어 그때까지 영미권에도 번역 소개되지 않은 시몬느 보봐르의 『제 2의 성』을 소개하는 기사도 실려 있다. 이는 서구의 여성교양을 소개하던 1950년대 『여원』의 흐름을 잇는 것이라고 볼 수 있는데, 남녀평등이념과 성의 자유 등을 소개하면서도 기사 제목을 "현대 프랑스 여성의 고민"이라고 달아서 이런 것은 어디까지나 선진국인 프랑스 여성들이나 고민할 만한 주제라는 뉘앙스를 전달했다.

이후 『여원』은 1960년대 내내 유사한 내용을 지도층 인사의 논단, 좌담회, 주부의 생활 수기 등을 통해 다루게 된다. 1962년 8월호에는 '어려운 살림을 극복한 체험'을 주제로 한 주부 수기 특집이 실렸는데, 대부분의 필자들이 애국심과 생활개선 실천을 강조하고 있었다. 허영과 사치를 배격하고 내면적인 개화를 하여 합리적인 가정생활을 꾸려나가는 것이야말로 여성의 애국심의 발로이며 조국 근대화를 위한 구체적인 방도로 받아들여지고 있었던 것이다. 한국여성문학학회 『여원』 연구모임은 이 시기 여성잡지에 등장한 '새로운 현모양처형'에 대해, 애국심을 가지고 생활 속에서 반공, 절약과 검약을 실천하고 나아가 경제 활동의 일선에 나서는 여성이었다고 정리하고 있다(서연주, 2008: 87). 간단한 생활비 정도는 부업으로 충당하여 남편에게 기대지 않아야 하며, 남편을 성공시키는 내조까지 겸비해야 하는 것이 새로운 현모양처가 갖추어야 할 덕목이었다는 것이다.

1963년 군정이 끝나고 민정으로 이양된 이후에는 주부 담론에서 노골적인 애국심 강조가 약간 후퇴하고 '가족의 행복'이 전면에 나타나게 된다. 이제 합리적 계획적인 생활태도는 조국 근대화와 국가경제의 발전뿐 아니라 행복한 가정을 이끄는 첩경으로 강조되었다. 이때 가족의 행복을 위한 조건에는 '가족계획'도 포함되어 있었으며, 주부와 가장, 적은 수의 아이들로 구성된 핵가족이 새로운 이상적 가정의 형태로 분명하게 등장하게 되었다. 소자녀 핵가족이 '스위트 홈', 즉 행복의 조건이라는 담론이 형성된 것이다. 1964년부터 실시된 『여원』사 제정 '홈 송 가사현상모집'과 '생일노래 공모' 등은 이같은 근대적 주부 담론과 이상적 가족 이미지를 내면화시키는 장치들로 작용했다(이선옥, 2008: 334).

2. 1960년대의 가족계획사업

1) 가족계획의 국책사업화 주장 등장

2장에서 서술한 바와 같이, 1950년대 한국 여성들은 스스로의 생존을 위해 출산조절을 열망하였지만 효과적인 수단이 갖추어지지 않아 실제로 실행하지는 못하고 있었다. 1950년대 중반부터 여성지『여원』,『주부생활』등을 통해 여성 지식인과 의사 등 이 문제를 공론화하려는 사람들의 목소리가 나오기 시작했고, 1958년부터는 여성단체인 대한어머니회가 출산조절운동을 벌이기도 하였다. 그러나 피임기구의 수입이 법으로 금지되어 있는 상황에서 이런 운동이 강력하게 추진되기는 어려웠다.

1950년대에 출산조절을 옹호한 극소수 남성 지식인들의 주된 담론적 자원은 우생학이었다. 맬더스적 의미에서 인구문제에 대한 관심이 아직 한국사회의 공적 담론에 등장하지 않고 있었기 때문에, 출산조절 옹호의 근거로 인구문제 해결을 동원하는 논리도 나타날 수 없었다. 그러다가 1960년에 갑자기 상황이 달라진다. '인구문제'가 전면에 부각되기 시작하면서, 여성잡지 뿐 아니라 여타의 매체에서도 출산조절 문제에 대한 논의가 이루어지기 시작하는 것이다.

『사상계』의 경우 1950년대 동안에는 출산조절과 관련된 글이 전혀 실리지 않다가 1960년과 61년에 갑자기 인구문제 해결을 위하여 산아제한 혹은 가족계획 정책을 실시하라는 취지의 글이 몇 개나 연달아 실리는 것을 볼 수 있다.[8] 당시 한국 사회에서 『사상계』의 위상을 생각해 볼

---

[8] 1960년 4월호『사상계』는 "60년대의 인구"라는 제목의 특집을 실었는데, 이것이 창간 이후 최초의 본격적인 인구 문제 기사였다. 4·19가 일어나기 정확히 한달 전인 단기 4293년 3월 20일에 발간된 이 특집은, 경제발전을 위하여 과잉인구와 인구증가를 억제해야 한

때, 이는 이 시기 한국 엘리트집단 사이에서 맬더스 이론에 기반한 서구 인구이론이 최신 이론으로 받아들여졌음을 뜻하는 것으로 해석될 수 있다. 이렇게 되면서 경제학자, 사회학자 등 남성 지식인들과 보건의료 계통의 관료들도 출산조절 담론에 활발히 참여하기 시작했다. 외국의 인구문제 전문가들의 주장도 활발하게 소개되었다. 1960년 3월 한국을 방문한 미국의 통계학자 스튜어트 라이스는 인구문제연구소 주최 강연회에서 '적절한 산아제한이 긴요'하다고 역설했으며, 〈조선일보〉 1960년 4월 17일자는 "사람 숲이 될 21세기 말"을 우려하는 전형적인 신맬더스주의적 관점에서 산아제한의 필요성을 주장하는 기사를 싣기도 했다(강준만, 2009: 129).

여성잡지들은 무분별한 낙태로부터 여성을 보호해야 하며 적절한 수의 자녀를 가지는 것이 가정의 행복에 좋다는 논리를 구사하는 글들을 실었다. 그 외에도 우생학이나 모성보호, 여성의 사회진출 등 다양한 이유가 가족계획 혹은 인구정책의 필요성으로 거론되었다(배은경, 2004). 1960년 6월 23일자 〈조선일보〉는 "산아제한 문제는 이미 길거리의 화제가 아니라 진지하게 토의되어야 할 커다란 문제이다"라며 연세대 의대 교수 황영남의 기고문을 게재했는데, 그는 "산아조절에 대하여 일부 층의 종교인이나 윤리 고창자 사이에 심한 반대가 일어나고 있는 것은 사실이나 이보다 더 중대한 문제가 앞선다고 하면 산아조절을 반대할 아무런 근거가 없게 될 줄 믿는다"며, 모체의 보호, 불구아의 계속 분만, 부모에 유전병이 있는 경우, 생활난 등 4가지를 산아제한의 필요성으로

다며 정부로 하여금 인구정책 마련을 촉구하는 내용이었다. 같은 해 7월호에서는 산아제한 문제에 대한 가톨릭 신부와 개신교 목사간의 논쟁을 실었고, 8월호에서는 공중보건학 박사인 중앙보건원 교수 박재삼의 "산아조절의 의학 및 A.F.가트매커 명의의 "인구조절을 위한 정제"와 같은 출산조절 의학정보 형식의 글을 실었고, 9월호에 7,8월호 기사에 대한 독자의 편지를 실음으로써 이 문제에 대한 일련의 기사를 마감하였다.

들었다.

일간지들에서도 가족계획 혹은 산아제한의 이름으로 출산조절의 보급을 주장하기 시작했다. 〈조선일보〉 1961년 5월 7일자는 "가족계획은 잘 살기 위한 것"임을 강조하는 장문의 특집기사를 게재했다. 이 기사는 "인구 조절이나 가족계획사업에 대하여 현 정부는 거의 자유방임 상태로서 무관심한 태도를 버리지 않고 있었는데 이것은 마땅히 가족계획운동의 선두에 나서야 할 정부로서는 지나치게 소극적이라고 아니할 수 없을 만큼 열(熱)이 없어 보인다"며 출산조절의 보급에 정부가 나설 것을 촉구했다(강준만, 2009: 129). 그러나 개인적으로 가톨릭 신자였을 뿐 아니라 천주교회를 정치적 지지기반으로 하고 있던 장면이 수반이었던 제 2공화국 정부는 가족계획사업을 실시할 생각이 없었다.[9]

이러한 담론의 백가쟁명 상태는 5·16 쿠데타 이후 가족계획사업이 국책화되면서 국가의 경제발전을 위한 것으로 정리된다. 당시 재건국민운동본부나 대한가족계획협회가 제시한 가족계획의 필요성은 대부분 경제활동인구와 피부양인구, 경제성장률, 실업문제 해결, 1인당 국민소득과 같은 경제적 용어로 제시되었다(김명숙, 2008: 267). 농촌 경제의 피폐화가 도시에서 피부로 체감되는 인구과잉으로 이어졌던 당시의 사회 상황은 한국 지식인들이나 관료들이 인구성장을 제 3세계의 경제적 저발전의 주된 요인으로 보는 서구 인구 이론을 쉽게 받아들일 수 있게 하는 배경이 되었고, 쿠데타 세력은 이것을 그대로 받아들였다.

1960년대 초 대표적인 산아제한 국책화 주창자 중 한 사람으로 군정

---

9) 로마 가톨릭은 주기법을 제외한 모든 인위적 피임법은 어떠한 경우에도 죄악이 된다는 입장을 견지하였으며, 이는 한국 천주교회에서도 마찬가지였다. 1950년대 말에 관료나 의사들에 의해 산아제한의 국가정책화가 시도되기 시작하자 천주교회는 가톨릭의사협회 명의의 자료집 『한국의 산아제한론: 우생법의 찬부』, 대중서 『산아제한?』을 발행하면서 본격적으로 반대론을 내 놓기 시작하였다. 두 책의 필자는 모두 서석태 신부로 되어 있다.

시기 국가 최고의결기관이던 국가재건최고회의에 쿠데타 직후부터 기획위원으로 참여했던 당시 연세대 의대 교수 양재모는, 자신이 작성하여 1961년 6월 최고회의에 제출했던 가족계획사업 정책 입안서에 대하여 다음과 같이 회고한 바 있다. 박정희 정권의 가족계획사업은 처음 입안될 때부터 국가가 정책적으로 산아제한을 했을 때 예상되는 경제적인 효과에 맞춰져 있었던 것이다.

> 그때 내가 쓰기를, 매년 1억원 정도만 투자해서 10년 동안 가족계획사업을 추진함으로써 1년에 출생률을 10%씩 줄여나간다면, 그렇게 해서 안 낳게 된 아이들이 20세까지 자라는 동안의 부양비를 어른의 반액으로 계산해 가지고 그것을 10년 계산하면, 1억씩 투자한 것의 100배가 남더라. - 중앙방송, 2003년.

즉, 한국 사회에서 가족계획사업은 조국 근대화를 향해 돌진하는 목표를 위해서, 경제발전의 장애요인을 미리 없애기 위한 것으로 스스로를 표상함으로써 국가정책으로 받아들여질 조건을 갖추게 되었다. 구구한 반대의견이 여전히 있었음에도 불구하고 군사정부에 의해 가족계획사업의 국책화가 선언될 수 있었던 것은 그것이 무엇보다 '경제발전을 위한 것'으로 제시되었기 때문이었다. 조국 근대화를 위해 가족은 계획되어야 했고, 여성의 출산력은 억제되어야만 했다.

2) 한국 가족계획사업의 국제정치적 배경

한국에서 가족계획이 국책사업화되기 전부터 서구에서는 제 3세계, 특히 아시아에서의 인구 증가가 해당 국가 뿐 아니라 세계의 안정과 진보에 심각한 위협이 된다는 정치·경제학자들의 경고가 힘을 얻고 있었다(최유정, 2010: 169). 1960년대 초는 냉전 시대 자유 우방의 청지기를 자처했던 미국 사회에서 이같은 주장이 국가와 기독교계의 공식 입장이 되고 있던 때였다.

케네디 대통령 재임 시기 미국 정부는 군비 경쟁이 아니라 경제 발전을 통해 공산주의에 대한 자본주의의 우월성을 증명할 수 있다는 논리 하에 '발전을 통한 안보' 노선을 천명하고, 경제적 빈곤으로 인해 정치 불안이 야기되어 공산화될 소지가 있는 제 3세계의 경제 발전을 도움으로써 공산권의 영역 확대를 막으려고 하였다. 인구성장이 빈곤국의 경제 발전에 대한 주요 장애물이며 따라서 이들 나라의 경제적 안정을 위해서는 인구통제가 가장 시급하다는 신맬더스주의자들의 주장이 급속도로 힘을 얻어갔다. 주기법을 제외한 모든 출산조절에 대해 로마 가톨릭이 강경하게 반대하는 상황에서, 미국은 이러한 주장을 실행에 옮기기 위해 필요한 국내 여론의 지지를 개신교계에서 얻었다.

1960년대 내내 미국 개신교인들은 자신들이 빈민국과 공산주의권 교회를 외면한다면 분명 공산주의 세력이 그곳을 장악할 것이라고 분석했고, 미국 교계가 주도하고 있던 세계교회협의회(WCC, World Council of Churches) 역시 공산주의권 교회와 제 3세계 빈민국에게 지원을 아끼지 않았다(윤정란, 2008: 86). 이들은 인구통제와 출산조절을 정당화할 수 있는 성서적 근거를 찾아내면서까지 제 3세계에 대한 인구통제 프로그램을 지원하려 했다. 1954년 미국 북장로교회에서 파견한 선교사로 내한한 조지 C. 워쓰(Geroge C. Worth, 한국명 오천혜)가 대구에서 주로 활동하면서 가족계획에 대해 홍보하고 독자적으로 출산조절을 보급했던 것은 이러한 배경에서였다.

제 3세계 공산화 방지를 위한 경제발전과 경제발전을 위한 인구통제라는 발상이 미국 정부 내에서 확고하게 자리잡기 시작한 것은 대략 1950년대 말 경의 일이었다. 1958~9년 기간 동안 대통령 직속 위원회로 설치되어 미국의 군사원조 프로그램을 연구했던 〈드레이퍼위원회〉10)는 인구성장이 경제발전에 끼치는 영향에 대해 특별한 주의를 기울였다. 드레이퍼위원회의 보고서는 "급속한 인구성장은 가난한 나라에서 축적된 자원들이 경제성장에 투자되지 못한다는 것을 의미하며 … 이 지역의 정치적 불안정과 국제적 계급전쟁이 급속한 인구성장을 지속시키고 있다"고 주장하면서, 미국이 "경제발전 프로그램에서 협동하고 있는 국가들이 과도한 인구성장 문제를 효과적으로 다루기 위해 설계된 프로그램을 공식화하도록 장려해야 한다"고 권고하였다(Donaldson, 1990b: 387).

그러나 아이젠하워 대통령은 재임기간에 국제 인구통제 활동에 대해 어떠한 공식적인 정부지원도 하지 않았다고 한다. 가톨릭 신자였던 존 F. 케네디 역시 대통령 후보였던 당시에는 드레이퍼위원회의 제안을 제 3세계에 대한 낙태 제안(abortion proposal)이라며 반대했다(박선숙, 2001: 60). 그러나 드레이퍼 장군을 비롯하여 딘 러스크11)로부터 조지 슐츠에 이르는 당시 연방정부의 모든 장관들은 인구통제에 찬성했다(Donaldson, 1990b: 387). 록펠러 3세가 창설한 〈미국인구협회〉는 인구통제에 대한 정부의 공식적인 지원결정이 있기 전부터 제 3세계에서 인구통제활동을 시작하여, 드러나지

---

10) 드레이퍼위원회(공식명칭: A Presidential Committee to Study the US Military Assistance Programme)의 의장은 투자은행가이자 2차대전시의 장군으로 전후 대(對)독일 원조의 집행에 종사했고 나중에 미국국방장관이 되는 윌리엄 드레이퍼(William H. Draper, Jr.)가 맡았다. 드레이퍼는 존 D. 록펠러 및 (패스파인더 재단의 창설자인) 클라렌스 갬블(Clarence Gamble)과 함께, 일찌기 제 3세계의 높은 출산력이 갖는 효과에 주목하고 미국정부에 대해 출산조절 프로그램의 증진과 미국 기반 신맬더스주의 인구통제의 제 3세계에 대한 영향력의 확대를 위한 외국 원조를 촉구한 최초의 미국인들로 알려져 있다(박선숙, 2001: 41).
11) 그는 1950년대 말에 록펠러재단 총재로 근무하다가 정부로 들어갔는데, 케네디에 의해서 국무장관으로 발탁되었다(정일준, 2000: 111).

않게 미국정부의 비공식적인 지원을 제 3세계에 매개해 주는 역할을 했다.12)

미국 정부의 국제적 인구통제 활동이 본격화된 것은 1961년 12월에 국무장관 딘 러스크가 로버트 바넷(Robert Barnett)을 국무성의 인구담당 고문으로 임명한 이후였다(Donaldson, 1990b: 389). 바넷은 러스크에게 인구통제 활동을 위한 막후에서의 지원을 증가시킬 것, 특히 유엔에 의한 인구 분야 활동을 최대로 지원할 것을 제안하였고, 국무성과 인구 문제 사조직간에 긴밀한 만남을 주선하였다. 미국인구협회(Population Council), 미국가족계획연맹(PPFA, Planned Parenthood Federation of America), 포드 재단 등의 간부들과도 접촉했다. 연방 정부의 관료가 나서서 인구통제 분야의 재단들과 비영리집단들을 결합시키기 시작한 것이었다. 이제 미국의 관료들은 제 3세계의 인구성장을 냉전 시대의 미국 헤게모니에 대한 명백한 정치적 위협으로 인식해 갔다.13) 1961년에 11월에 케네디 대통

---

12) 한국보건사회연구원에 따르면 1950년대와 60년대 초까지도 "선진국들은 후진국의 인구문제에 대한 내정간섭의 오해를 염려하여 주로 NGO들을 통하여 인구억제책을 적극적으로 권장" 하였는데, 그 대표적인 예가 미국인구협회였다. 록펠러 재단과 포드 재단 및 미국정부와 USAID(Agency for International Development)의 재정지원을 받은 미국인구협회는 한국의 가족계획사업에도 결정적으로 중요하게 기여했다. 1961년, 가족계획사업이 국가시책으로 채택되기 직전에 미국의 인구학자 및 예방의학전문가들을 한국에 보내어 사업을 적극 후원하겠다는 의지를 직접 정부에 대하여 표명하도록 하였으며, 이후 협회의 전문가가 서울에 상주하여 정부의 자문에 응할 수 있도록 서울사무소를 개설하였다. 또한 인구억제사업의 전문분야를 활성화하기 위하여 포드 및 록펠러재단의 장학금제도를 활용하여 한국 학자들의 해외훈련을 주선, 사회과학적인 조사연구 방법론을 이해할 수 있도록 후원하였다. 1963년에는 미국의 인구학자들을 파견하여 한국의 인구현황을 분석하기 시작하였으며, 경제기획원과 서울대 인구연구소 등을 지원하여 인구분야의 기능을 강화하였다(한국보건사회연구원, 1991: 407). 리페스 루프의 특허사용권과 재료를 제공한 것도 미국인구협회였다. 1975년 서울사무소가 철수할 때까지 미국인구협회는 한국 가족계획사업의 가장 든든한 후원자이자 조언자로서 기능하였다.
13) 가령 케네디 행정부의 관료였던 리차드 가드너는 세계 인구에 대한 미국의 공식적인 관심을 선언하면서, 급속한 인구성장이 "문명화된 사회의 토대 그 자체를 (…) 위협할 수 있다" 고 주장했다. 닉슨 대통령의 비망록에서, 나중에 국무장관이 되는 국무장관 윌리엄 P. 로저스와 USAID의 행정가였던 존 A. 한나 역시 인구성장이 많은 개발도상국에서 범죄,

령은 미국의 해외원조 프로그램을 통폐합하여 〈국제개발처(Agency for International Development, 약칭 USAID)〉로 개조했고, USAID는 민간 기구였던 미국인구협회와 함께 1960년대 중반 이후 제 3세계의 인구문제에 미국이 직접 개입하는 통로로 기능했다.

한국에서 가족계획사업이 국가정책적으로 실시된 것은 이같은 국제정세가 한국사회에 직접적으로 전달된 것이었다. 가족계획사업의 국책화 초기부터, 인구의 수를 경제성장 혹은 국민총생산과 직접 연계시키는 관점이 그대로 도입되었다. 국가는 높은 인구성장률이 경제성장에 부담이 된다는 전제하에 조국 근대화를 위해 여성들이 자신의 출산력을 감소시켜야 한다며 출산조절 실천을 적극 장려하였다. 경제발전을 위한 인구통제 테제는 한국 가족계획사업의 가장 중요한 이론적 기반이자, 명시적으로 반공(反共)을 자신의 이념적 정체성으로 내세웠던 박정희 정권의 국제정치적 전략의 하나이기도 했다.

재건국민운동이 가족계획사업을 운동 목표에 포함시켰을 때부터 반공은 가족계획 실시의 주된 이유로 강조되고 있었다. 이는 1961년 9월부터 재건국민운동본부장을 맡았고 1968년 〈가족계획어머니회〉 조직 당시 대한가족계획협회 회장으로 전체 추진을 총괄했던 류달영의 다음회고에서 잘 드러난다.

> 9월에 내가 재건국민운동 본부장에 취임했는데, 그 후 약 반년 동안에 가족계획 계몽강연을 들은 사람만 하여도 270만명을 헤아리게 되었다. … 그런데 내가 그때 그처럼 가족계획을 전국적 조직망을 통하여 대대적이고도 열렬히 전개 추진한 까닭은, 공산당을 이기는 최선의 방법으로 가족계획 이상의 것은 없다고

강탈, 시민적 불안에 기여한다고 결론지었다(Donaldson, 1990b: 387-388 참조).

확신하였기 때문이었다. … 공산당을 이겨내는 최선의 길은 총칼의 무력으로서가 아니라, 공산당들보다 훨씬 잘 살아가는 일에 있는 것을 확신하고 있었다. 적정 인구를 유지하면서 자녀들에게 훌륭한 교육을 충분히 시킬 수만 있다면 국력 또한 놀랍게 부강해질 것이라는 당위성이 나의 변함없는 소신이었다. - 류달영, "가족계획운동 30년의 회고", 대한가족계획협회, 1991a: 328-329.

3) 가족계획사업의 출발 : 1961년~1963년

결국, 한국에서 가족계획사업이 국가의 주도 아래 정책적으로 추진될 수 있었던 결정적인 계기는 5.16 쿠데타였다. 박정희 정권은 제 2공화국 시기 산발적으로 이루어지던 출산조절 보급 담론들을 일거에 "경제발전을 위한 인구통제"로 집중시키면서 국가정책으로서 가족계획의 실시를 선언하였다. 이러한 신속한 추진의 배경에는 이미 1950년대부터 한국에서 주도면밀하게 활동하고 있었던 국제 인구통제 기관들의 영향이 있었던 것으로 보인다.14) 당시 가족계획의 국책사업화를 주장했던 보건관료들이나 의사들은 대부분이 록펠러재단, 포드재단 등 사설재단 지원으로 인구관련 연구소들이 설치되어 있던 미국 명문 대학에서 유학하고 돌아온 사람들이었으며,15) 1961년 4월 창설된 〈대한가족계획협회〉 역시

---

14) 가령 1930년대 말경부터 록펠러재단의 아시아 지역 담당자로 아시아의 인구문제를 관찰하고 나중에 미국인구협회의 공식 스탭으로 한국 가족계획사업의 도입 및 추진에 미국의 지원을 연결하는 중요한 역할을 하게 되는 마샬 C. 벨포어의 경우, 이미 1954년경부터 한국을 드나들면서 인구통제 관련 활동을 했던 것으로 알려져 있다(박선숙, 2001: 129). 그가 나중에 초창기 한국 가족계획사업, 특히 액션 리서치의 조직자 역할을 할 수 있었던 것은 1950년대의 활동이 밑바탕이 되었기 때문이었다.
15) 대한가족계획협회의 핵심구성원이었고 쿠데타 이후 최고회의에 직접 들어가 가족계획사업을 입안한 연세의대 교수 양재모는 미시건 보건대학원을 1955년에 졸업했다. 윤석우는 1956년 미시건 보건대학원을, 이종진과 방숙은 각각 1953년과 55년 존스홉킨스대학을 졸업했다. 고황경 역시 1950년대에 도미하여 미시건, 프린스턴, 콜롬비아를 두루 거치면서 본격적인 인구문제 연구를 한 것으로 알려져 있다.

국제 인구통제 기관의 하나인 〈국제가족계획연맹(IPPF, International Planned Parenthood Federation)〉의 직접적 이니셔티브로 조직되었던 것이다.16)

가족계획사업 국책화가 선언되었을 당시 한국의 출산 상황은 1955년부터의 아기 붐 현상이 지속되고 있었으며, 한 사회의 여성 한 사람이 일생 동안 낳는 자녀 수를 의미하는 합계출산율은 6.3명 정도였다. 1960년 인구센서스 결과 인구증가율은 3.0%를 육박하는 것으로 나타났는데, 이는 일 년에 대구시(당시 인구 80만명)가 하나씩 더 생기는 정도의 빠른 인구증가를 뜻했다. 이같은 센서스 결과는 도시 곳곳에서 목도되던 실업자와 과잉인구의 수와 맞물려, 인구증가 억제야말로 한국의 경제발전을 위해 필수적인 과제라는 인구이론가들의 주장을 대중적 확신으로 만들었다.

국가재건최고회의 산하 재건국민운동본부가 발족 직후부터 가족계획사업을 추진하고 있는 상황에서, 1961년 9월에는 같은 해 4월에 설립되었다가 쿠데타로 인한 모든 민간단체 해산으로 잠시 활동을 멈추었던 대한가족계획협회가 재인가를 받았다. 같은 달에 국가재건최고회의는 피임약제의 수입 금지를 해제하고 국내 생산 및 판매를 허용했으며, 10월에는 대한가족계획협회를 보사부 산하 사단법인체로 승인하면서 국가정책으로서의 가족계획사업을 수행할 반관반민 기구로서의 위상을 확립한다.17) 11월에는 가족계획사업을 국가시책으로 채택한다는 공식 선언이

---

16) 1960년 10월, 조지 캐드버리 IPPF 총회의장이 내한하여 미국 유학파 의사들과 교수, 관료들에게 조직을 권유하고 연간 $3000정도의 운영비를 제공하겠다고 약속한 것이 가족계획협회 창설의 계기였다. 캐드버리와 가족계획협회 창립 멤버들의 만남은 미국유학 당시의 인연으로 IPPF 본부에 알려져 있던 이종진 국립중앙의료원장과 양재모 연세의대 교수가 주선하였다. 창립총회에서 선임된 창립 멤버는 다음과 같다. 초대 회장에 전 보사부 장관 나용균, 부회장에 당시 서울여대 학장이자 대한어머니회 회장 고황경, 이사에 연세의대 교수 황태식, 양재모, 서울의대 교수 신한수, 전 사회부차관이자 당시 대한적십자사 사무총장 김학묵, 보건사회부 보건과장 윤석우, 서울대 사회사업과 교수 하상락, 대한조산사협회장 구신명, 대한어머니회 부회장이자 대한여의사회 회원이었던 강주심, 미국인 선교사 오천혜 외 20명.

나왔으며, 다음 해인 1962년부터 시행될 경제개발 5개년계획에 가족계획사업 목표도 포함시키기로 결의하였다. 12월에는 박정희 국가재건최고회의 의장이 가족계획사업에 대한 지원을 골자로 하는 담화를 발표하고, 가족계획사업에 대한 정부지원 방안이 수립되었다(대한가족계획협회, 1991). 가족계획사업을 국가의 정책으로 채택한 것은 인도와 파키스탄에 이어 한국이 세 번째였다. 이렇게 시작된 가족계획사업은 1980년까지 계속 강화되다가, 30여년만인 1996년에야 인구 감소를 예상하여 종료된다.

그리하여 1962년이 한국 가족계획사업의 원년이 되었다. 의료전달체계가 미비한 상태에서 가족계획사업 실시를 위해 가장 먼저 해야 했던 것은 전국적인 보건소 조직망의 정비였다. 보사부는 우선 1962년 3월 1일 부로 전국 1백개 시·군·구에 설치되어 있는 기존 보건소에 가족계획상담소를 병설한 뒤, 나머지 지역에도 보건소를 설치하고 보건소마다 각 1명씩 간호원 또는 조산원 자격증 소지자를 훈련시켜 가족계획 지도원으로 배치하였다. 두 달 만인 5월 1일부로 182개 지역에 보건소 및 가족계획상담소 설치를 완료하였고, 7월 1일에는 재건국민운동 본부 내에 가족계획상담소를 설치하여 전국에 모두 183개소의 상담소를 확보하게 된다(대한가족계획협회, 1975: 64). 이로써 한국사회는 비로소 전국적인

---

17) 미국 등 제 1세계 국가들의 정부가 제 3세계의 출산조절 문제에 직접 개입하는 부담을 피하기 위해서 UN이나 미국인구협회 등 다른 비정부기구들을 이용했던 것처럼, 한국 정부 역시 개별 가족의 근본적인 생활방식 혹은 섹슈얼리티 문제에 직접 개입하는 것으로 비춰지는 것을 피하고 예측되는 사회적 반발을 완화하기 위해서 형식상 민간기구인 가족계획협회를 상당부분 활용하였다. 개발국가 시기 보건사회부 관료로 가족계획사업에 오랫동안 관여한 김택일의 다음과 같은 회고는 한국 가족계획사업에 있어서 가족계획협회와 정부의 관계를 잘 보여준다. "정부가 스스로 하기 어려운 일은 모두 대한가족계획협회에 맡겨 왔다. 각급 요원의 훈련, 이동시술반의 운영, 외원자금의 관리, 피임약제기구의 임상시험, 홍보사업의 집행 등 사회적으로 민감한 반응을 모면하기 위해서, 그리고 정부행정의 경직성을 우회하기 위해서 크고 작은 많은 일을 협회에 맡겼던 것이다. 그러므로 정부사업과 민간사업의 구분을 하기 어려울 만큼 보건사회부와 가족계획협회는 밀착하고 혼연일체가 되어서 일해 왔다(한국보건사회연구원, 1991: 47)."

보건소 체계 및 보건요원을 갖게 되었다. 즉, 한국 사회의 보건 체계 자체가 가족계획사업의 효율적 수행을 위해 출산조절 수단의 전달 체계를 만드는 과정에서 만들어졌던 것이다.

가족계획사업 수행을 위한 중앙정부 차원의 조직으로는 1963년 6월 보사부에 모자보건반을, 12월에는 모자보건과를 설치하여 산하에 가족계획계와 모자보건계18)를 두고 모자보건담당관 제도를 신설하는 동시에 정책심의기구로 인구자문위원회를 구성하였다(김광웅·박용치, 1978: 1227). 그 이전에는 보사부 보건과가 사업을 담당했지만, 실제 수행 기관이 없었기 때문에 대부분의 사업이 가족계획협회에 의해 추진되고 있는 상태였다. 대한가족계획협회는 1962년부터 시·도지부 설립 작업을 시작하여, 1963년 정도에 본격적인 전국 조직의 모습을 갖추었다. 당시 가족계획협회의 지역 지부장은 대부분이 의사들이 맡았다.

대한가족계획협회는 처음에 민간단체로서 조직되었지만, 실제 사업이 진행되는 과정에서는 반관반민 혹은 준집행기관으로서 사업의 중추적 역할을 맡았다. 외원(外援)의 관리 및 요원 훈련, 직접 시술, 홍보 및 계몽 활동 등이 모두 협회의 역할이었다. 무엇보다 대한가족계획협회는 IPPF의 가맹단체로서, 국제 인구통제 기관들과 한국 가족계획사업을 연결하는 창구가 되었다. IPPF나 미국인구협회 등의 재정적·기술적 원조가 협회의 자체 사업 지원을 통해 들어왔음은 물론, 정부나 대학, 연구기관 등에서 필요한 재원도 거의 협회를 거쳐 들어왔다(한국보건사회연구원, 1991: 311). 외원이 투입된 각종 의학적·사회과학적 조사연구 활동과

---

18) 그러나 이때의 모자보건란 일종의 구색 맞춤이었던 것으로 보인다. 발족 후 64년에 계장이 교체될 때 연간 예산총액에서 모자보건예산 총액이 100만원(가족계획계의 전체 예산은 3억1천만원)이었고, UNICEF가 원조하는 탈지우유의 배급이 사업의 전부라는 말로 인계를 받는 실정이었다(한국보건사회연구원, 1991: 387). 가족계획사업의 일차적 목표는 모자보건이 아니라, 인구성장의 효과적 억제였다.

시범 사업을 지원하는 것도 대한가족계획협회의 역할이었다.19)

가족계획사업의 국책화가 선언되었다고 해도, 실제 추진 체계가 완비되기 전인 1963년까지 사업 내용은 보건소나 지정병원 등에서 의사가 상담을 제공하고 약제나 시술을 제공하는 정도에 머물렀다. 김광웅과 박용치는 읍면 단위에 가족계획요원이 배정되고 활동하기 시작한 1964년 이전까지 가족계획사업은 1950년대 말 민간단체에서 주도했던 운동과 큰 차이가 없었다고 평가한 바 있다. 일선 단위 조직이 중앙의 시책을 직접 받아 전파할 수 있는 행정체계가 정립되지 못했고, 다만 보건소라는 명목상 기관이 기능을 시작했을 뿐이었다는 것이다(김광웅·박용치, 1978: 1227).

정부 가족계획사업의 전체적인 틀이 마련된 것은 1963년 9월에 각 부처에 시달된 〈내각수반지시각서 제 18호〉를 통해서였다. 이 지시 사항 중에는 시행된 것도 있고 안 된 것도 있지만, 이 지시각서는 막연히 보사부 담당으로 되어 있던 가족계획사업을 범국가적 사업으로 자리매김했다는 점에서 중요한 의미를 지닌다. 당시 각 부처에 지시된 사업 내용은 다음과 같았다(한국보건사회연구원, 1991: 76~77).

- 경제기획원 - 인구정책, 가족계획, 고용, 이민, 노동력 수출 및 인구통계에 대한 시책방안을 수립하고 자문할 인구정책심의위원회 설치, 운영.
- 문교부 - 가족계획 교육개발과 시설할애, 학생들에 대한 가족계획교육 실시

---

19) 가족계획사업이 진행되면 될수록 협회는 거의 정부기관에 맞먹는 위상과 행정력을 갖추게 된다. 1963년 말 보사부에 모자보건과가 설치될 때까지는 사업계획수립, 요원훈련, 홍보교육 등 모든 실무가 대한가족계획협회에 의해 이루어졌으며, 보사부, 대한가족계획협회, 가족계획연구원의 이른바 3원 조직에 의해 사업이 집행되게 된 1970년 이후에도 대한가족계획협회의 역할은 약화되지 않았다. 1976년에는 보사부의 전직 차관이 대한가족계획협회 사무총장이 되고 장관이 초도순시를 하는데다 1년 만에 국고보조가 13배나 증가하게 되어 (76년 2천8백만원에서 77년 6억6천6백만원) 국회에서 그 사업내용을 심의하겠다는 요구가 나오게 되었다. 그 후 15년간 대한가족계획협회는 매년 국회에 출석하여 사업과 예산에 대한 심의를 받고 결과를 보고하게 되었다(대한가족계획협회, 1991a: 337).

를 지시. 1963년부터 고등학교 가정과에 가족계획교육을 소단원으로 포함시켜 실시하고, 문교부 주최의 강연회를 개최하며, 각급학교 시설을 지역 내 주민에 대한 가족계획계몽 강연회를 위하여 할애하도록 지시.
- 공보부 - 가족계획 종합 홍보활동을 펼 것을 지시한 바, 종합 홍보방안을 수립, 공보부 휘하 전 공보매체와 전국 문화원, 극장연합회, 공보부 활용기관 등을 통하여 계몽 선전을 실시하고 각 도에서도 공보부 홍보 지침에 따라 자체 홍보토록 함.
- 국방부 - 군인들에 대한 가족계획교육 및 시술을 위하여 군의관 활용 계획을 수립 실행토록 한 바, 각 부대 의무실 단위 군 치료기관에 가족계획상담소를 설치운영하면서 3자녀 이상인 희망자에게 정관수술 시술.
- 상공부 - 휘하 기업체에게 종업원들의 가족계획을 추진키 위한 방안을 강구토록 함. 국내 피임기구 생산시설의 보호육성 및 제반 원료 및 기구류 수입 허가를 협조.
- 내무부 - 지방행정단위별 업무평가에 가족계획사업을 포함하도록 함.
- 재무부 - 수입 피임약제기구에 대한 면세조치를 취하도록 함.
- 체신부 - 기념우표를 발행케 함.
- 법무부 - 우생보호법 제정의 필요성을 검토케 함.

지시각서 내용 중 학교교육과정에 가족계획 관련 내용을 삽입한다든가, 〈우생보호법〉 제정을 검토한다는 등의 사항들은 많은 반발을 불러일으키기도 했다. 우여곡절 끝에 경제기획원이 경제개발5개년계획의 추진 주체로서 인구정책 목표와 장기 계획을 세우는 역할을 맡고, 구체적인 집행은 보사부가 맡는 것으로 정부 가족계획사업의 추진 체계가 마련되었다. 그러나 실제 사업의 운영 수준에서는 내무부가 대단히 깊이 개입되었다. 내무부에 시달된 지시각서는 지방행정 단위별 업무평가에 가족계획 실적을 포함하도록 하고 있었는데, 이는 각 지방의 행정력을 가족계획사업에 동원하겠다는 의지의 표현이었다. 실제로 1964년에 읍면 수준에서 가족계획요원들이 고용되었을 때, 그들은 보건요원이 아니라 일선 행정업무 담당자로 면장 아래 소속되었다. 이렇게 면장이 가족계획사업의 성공여부에 대한 책임을 지게 되면서 사업 수행은 여러 가지 행정상 이점을 보게 되었다. 가령 필요한 경우에 면장은 가족계획 목표를 달성하기 위하여 그 휘하의 모든 지방공무원을 동원할 수 있었던 것이다(황인정, 1973: 22~23).

국가 인구정책의 계획, 즉 가족계획사업의 인구성장 억제 '목표치'는 경제기획원에 의해 설정되었다. 경제기획원은 인구계획 수립의 근거가 되는 장기 인구추계작업을 위해서 미국 국세조사국의 헨리 슈라이록(Henry Shryrock) 박사를 초청하여 자문을 받는 등 인구학의 과학적 지식을 계획에 적용하려는 모습도 보였으나(대한가족계획협회, 1975: 70), 실제 목표치는 현실적인 사업 수행 조건이나 달성가능성을 전혀 고려하지 않은 채 일단 높게 잡아보고 노력을 경주하자는 식으로 설정되었다. 예컨대 제 1차 경제개발5개년계획이 처음 수립될 때 목표는 1966년까지 인구증가율을 2.7% 감소시키는 것이었으나, 1963년 5개년계획 수정 과정에서 아무런 근거 없이 더 높아졌다. 당시 경제기획원 실무진에서는 2.5%로 하는 안과 2.0%로 하는 두 가지 안이 검토되고 있었다고 한다(한국보건사회연구원, 1991: 34). 실제로 실천 가능한 사업목표를 잡은 것은 당시 보사부 보건국 산하에 만들어져 있던 모자보건반이었다.

> 모자보건반에서는 실천 가능한 사업목표를 세워 달성 가능한 인구증가율 억제목표를 세우는 것을 제일 큰 일로 삼고 있었다. 피임법별 출생 억제율을 찾아내고 가임 가구 중 연간 피임법별 보급률을 계획하고, 사망률의 저하 추세를 감안하여 사업규모와 인구증가율을 연도별로 계산해 내는데 모든 정보와 지혜를 쏟아 넣었다. … 그 해 10월 10일까지 필요한 조치방안을 제출하라는

내용이었다. 모자보건반에서는 〈국가가족계획사업 10개년 계획안〉을 제출하였다. 이 계획에는 인구증가율을 1966년까지 2.9%에서 2.5%로, 그리고 제 2차 5개년 계획기간 말인 1971년까지 2.0%로 감축시키는 것을 목표로 하였다. - 한국보건사회연구원, 1991: 34-35 김택일의 회고.

1963년까지의 가족계획사업에서 의사들에 의해 보급된 피임 수단은 정관수술과 콘돔, 살정제 성분의 젤리였다. 당시 한국 의사들의 정관수술 기술이 이미 세계적 수준을 자랑하고 있었던 반면[20] 다른 의학적 수단들은 부작용 등의 문제점을 여전히 갖고 있었기 때문이었다. 새로운 자궁내장치인 리페스 루프(Lippe's Loop)는 아직 임상실험 중이었고, 다른 장치들은 심한 부작용으로 인해 의사들도 기피하고 있었다. 그런데 콘돔과 젤리는 피임실패 확률이 높고 받아가는 사람도 적다는 이유로 1년 뒤 보급이 중단되었기 때문에, 결국 초창기 가족계획사업이 제공한 출산조절 수단은 정관수술 뿐이었다고 할 수 있다. 1962년에 224명의 정관수술 시술의사를 지정하여 훈련을 제공하고[21] 시술토록 하여 첫해에 2,535명이 수술을 받았으며, 다음해에는 319명의 시술의사에 의해 6,050명의 남성(국비무료수술 2,554명 포함)이, 그 다음해에는 577명의 시술의사에 의해 19,014명이 시술받았다고 한다(대한가족계획협회, 1991a: 124). 당시 국비무료시술은 극빈자들을 대상으로 실시되었는데, 수술 후 회복 기간

---

[20] 일찍부터 대한가족계획협회 활동에 참여하였고 1962년 최초의 가족계획 교본 『가족계획』을 공저하기도 했던 서울의대 비뇨기과 교수 이희영은 정관수술 시술에 편리한 Lee's Hook이라는 도구를 개발하여 국제적으로 이름나 있었고, 외국에 초빙되어 기술을 가르치기도 했다(보사연, 1991: 374).
[21] 당시 이미 웬만한 비뇨기과 의사나 외과의는 정관절제술을 시행할 수 있었지만, 전국적으로 의사의 분포가 고르지 않은데다 갑자기 대량으로 시술되었을 때 어떤 결과가 될지 알 수 없다는 이유에서 시술의사 지정 제도가 마련되었다고 한다. 시술의사 훈련은 서울의대, 연세의대에서 담당하였으며, 지역적인 안배와 분포에 유의하여 지망의사를 선발, 훈련하였다고 한다(한국보건사회연구원, 1991: 378).

동안 일하지 못하는 것을 고려하여 3일치 일당에 해당하는 수당을 지급하였다.22)

한편 1962년 12월에는 미국인구협회와 패스파인더 재단의 연구비 지원으로 리페스 루프 시술에 대한 임상연구가 서울의대와 연세의대 산부인과 연구진에 의해 착수되었고, 1963년부터는 대한가족계획협회가 시범연구기관으로 지정한 종합병원에서 자궁내장치 시술을 시작하였다. 리페스 루프는 오타 링이나 금반지 등 종래의 자궁내장치가 일단 삽입한 다음에는 소파수술을 하지 않고는 제거할 수 없었던 데 비해, 실을 질강 내에 남겨 놓음으로써 제거가 용이하며 플라스틱 소재인데다 속에 바륨을 혼합하여 X선 촬영에 나타나도록 만들어진 새로운 자궁내장치였다. 리페스 루프를 개발한 사람은 미국인이었고 그가 특허권을 갖고 있었지만, 미국인구협회의 주선으로 한국에서 임상연구를 하게 되었고 한국 가족계획사업을 통해 대대적으로 보급되게 되었다. 미국인구협회는 특허권 문제를 해결해 주었을 뿐 아니라 리페스 루프의 중요 원료가 되는 바륨 역시 무상으로 공급해 주었는데, 당시 리페스 루프는 개발된 지 얼마 지나지 않은 신기술이어서 사용된 예가 별로 없었으며, 한국에서 이루어진 임상연구가 (동시에 대만과 푸에르토리코에서 함께 진행됨) 세계 최초의 임상실험이었다.23)

---

22) 당시의 정관수술 세태에 대해 가톨릭 신부이자 당시 서울 동성고등학교 교장이던 산아제한 반대론자 유영도는 다음과 같이 비판한 바 있다. "정부에서는 (…) 국가예산으로 극빈자들에게 무료로 정관수술을 해 줄 뿐 아니라, 미국 가족계획협회에서 보내오는 원조금으로 정관수술을 무료로 받은 자들에게 3일간의 일당을 주어 품팔지 못하는 3일간 연명하도록 지원해 주는 줄 알고 있다. '꿩 먹고 알 먹는' 식으로 무료로 정관수술을 받고 아파서 3일간 일 못하는 동안 먹고 살 수 있는 일당까지 받는다고 해서 가난한 사람들은 가족계획시술병원이나 보건소에서 줄을 지어가며 정관수술을 받고 있는 실정이다. 정관수술을 받으면 누구나 통증을 느껴서 3일간 일을 못할 뿐 아니라 후유증으로 인하여 몇 달씩 병석에 눕게 되는가 하면 반신불수가 되는 수도 있고 심지어는 생명까지 잃을 수도 있다(유영도, 1963[1983]: 45-46)."

4) 가족계획사업의 본격 추진 : 1964년~1971년

1963년까지 가족계획사업을 위한 제도적 정비를 마친 국가는 1964년부터 본격적인 사업 추진에 들어가게 된다. 김초강과 정혜경은 가족계획사업이 실시된 전 시기를 5년 간격으로 나누어 다음 [표 2]와 같이 일목요연하게 정리했는데, 이같은 시기 구분은 가족계획사업이 5년 단위의 국가 경제개발계획에 연계되어 이뤄졌기 때문에 어느 정도 설득력이 있다. 하지만 이 책에서는 1964년부터 제 2차 경제개발5개년계획의 마지막 해인 1971년까지를 하나의 시기로 다루고자 한다. 1961년 가족계획사업의 시작은 아직 선언적일 뿐이었고, 실제 사업은 1964년부터 시행되었다 해도 과언이 아니었기 때문이다.

---

23) 가족계획사업에 대한 해외 원조가 있는 경우, 원조받은 나라는 종종 유해한 약의 덤핑 시장이 되거나 그 나라 여성들이 실험대상으로 이용되곤 한다(Savara, 1983). 푸에르토리코가 먹는 피임약의 실험장이 된 사실은 널리 알려져 있다. 그런 의미에서 한국 가족계획사업이 1968년부터 보급한 먹는 피임약이 전량 스웨덴에서 무상 지원되었다는 점도 의심의 눈초리를 받지만(이미경, 1989b: 68), 실제로 한국 여성이 세계최초의 임상실험 대상이 되었던 피임도구는 리페스 루프였다. 먹는 피임약이 민간 차원에서 처음으로 수입된 것은 1963년경의 일이었지만, 정부 가족계획사업망을 통해 보급되기 시작한 것은 서구에서 먹는 피임약의 임상실험이 완료되어 미국 FDA의 사용승인이 떨어진 다음의 일이었다. 따라서 먹는 피임약의 개발을 위한 임상실험이 한국에서 이루어졌다고 보기는 어렵다. 그러나 외국에서 안전성이 확보되었다고 하더라도 한국에 도입하기 위한 임상실험이 따로 필요한 것은 사실인데, 이를 위한 절차가 제대로 지켜진 것 같지는 않다. 1990년대에 전 연세대 의대 교수 곽현모는 다음과 같이 회고한 바 있다. "66년경엔가 먹는 피임약 아나보라가 최초로 수입되어, 이를 빨리 공급시키기 위해 '야단났다' 하고 임상실험을 혼줄이 다 빠지도록 해 놨던 일도 인상 깊기만 하다. 정상적인 임상실험을 위해서는 100명의 임상대상자를 두고 2년 동안에 걸쳐 2,400 싸이클 이상 실험해야 함에도 불구, 시간이 바쁜 상황이라 6개월 동안에 실시하면서 그 대신 임상실험대상자를 2,400 싸이클 넘도록 많이 선정했던 것이다(대한가족계획협회, 1991a: 352)".

[표 2] 가족계획사업 발전 단계 (출처: 김초강·정혜경, 1999: 341)

	사업 발전 단계				
	알맞은 자녀 운동기 (1961-1965)	세자녀 운동기 (1966-1970)	두자녀 운동기 (1971-1975)	가족계획 생활화기 (1976-1982)	한자녀 운동기 (1983-)
정책목표	인구억제	인구억제	인구억제	인구억제	인구억제
표 어	알맞게 낳아서 훌륭하게 기르자	3.3.35	아들 딸 구별말고 둘만낳아 잘기르자	하루앞선 가족계획 십년앞선 생활계획	하나씩만 낳아도 삼천리는 초만원
인구지표	(1964)	(1966)	(1975)	(1980)	(1985)
총인구(천명)	24,989	29,160	34,679	38,124	41,176
인구증가율(%)	3.0	2.6	1.79	1.67	0.89
합계출산율(%)	6.0	5.4	3.2	2.8	2.2
피임실천율(%)	9	-	44.2	54.5	70.4
이상남아수(명)	2.5	-	1.7	1.6	-
사업조직 중앙조직	보건사회부 대한가족계획협회	보건사회부 대한가족계획협회 가족계획평가반	보건사회부 대한가족계획협회 가족계획연구원 인구정책심의위원회	보건사회부 대한가족계획협회 가족계획연구원 인구정책심의위원회	
사·도조직	-	가족계획계 이동시술반	가족계획계 이동시술반	가족보건계 가족보건이동시술반	
보건소조직	보건소, 시술기관, 재건국민운동조직	보건소, 지정시술관, 가족계획요원	보건소, 지정시술관, 가족계획요원	보건소, 모자보건센터, 지정시술기관, 통합보건요원	
리조직	-	가족계획 어머니회	새마을부녀회	새마을부녀회	
주요 피임수단	콘돔, 정관수술, 정제, 젤리, 주기법	루프, 콘돔, 정관수술, 먹는 피임약, 기타	루프, 콘돔, 정관수술, 먹는 피임약, 난관수술 등	복강경수술, 정관수술, 자궁내 장치, 콘돔, 먹는 피임약 등	복강경수술, 정관수술, copper T 자궁내장치, MR, 콘돔, 먹는피임약 등
사업접근 형태	진료소 중심	요원 중심	통합사업	사회지원정책을 통한 사업체제	강력한 인구억제정책
사회적 지원시책	-	-	-	소자녀관 형성을 위한 유인 및 규제정책	남아선호사상 불식을 위한 법 개정

1964년 가족계획 계몽요원 1,474명이 읍면 행정기관에 배치됨으로써 한국의 가족계획사업은 마을의 가임여성 하나하나를 직접 접촉하면서 본격적으로 실시된다(홍승직, 1980: 33). 이후 1960년대 내내 가족계획사업은 읍면동 가족계획 계몽요원과 보건소의 가족계획 지도원 및 1968년에 조직된 가족계획어머니회 회원들의 협조 관계를 통해 농촌을 중심으로 실시되었다. 특히 1966년 도입된 지역별, 요원별 목표량 제도는 지도원-계몽원-어머니회가 실적을 올리기 위해 맹렬하게 활동하게 만드는 동력이 되었다.

보통 '가족계획요원'이라는 이름으로 통틀어 불리지만, 요원에는 읍면동 행정기관에 배속된 가족계획 계몽원과 보건소에 배속된 가족계획 지도원 두 종류가 있었다.[24] 보건소 가족계획 지도원은 읍면 계몽원을 지도·감독하거나 피임 희망자를 지정 시술의사와 연결시켜 주고, 보건소에서 보급하는 출산조절 수단의 관리를 맡아 하였다. 실제 마을 단위에서 가족계획사업을 수행한 사람은 가족계획 계몽원이었다. 계몽원이 가임여성을 하나하나 만나 설득하여 피임을 권유하고, 보건소에 데리고 가서 시술받게 하거나 피임 약제를 전달하는 등 실질적인 출산조절 보급

---

[24] 보건소의 가족계획 지도원은 간호사 또는 조산사 면허소지자였으나, 읍면동 계몽원은 그렇지 않았다. 당초에는 계몽원 역시 간호사 또는 조산사 면허소지자로 충원하려 하였으나 1960년대 농촌지역에, 게다가 장기간 임시직으로 신분보장이 되지 않는 자리에 자격증을 가진 사람을 고용하기가 매우 어려웠으므로(한국보건사회연구원, 1991: 108), 부득이 전혀 전문적 기술이 없는 고등학교 졸업자를 모집 훈련시켜 읍면 가족계획요원으로 임명하였다고 한다(이광옥, 1971: 2). 1964년에 처음 읍면 행정기관에 가족계획요원을 배치할 때는 미국인구협회의 원조로 3-4주간씩 장기적인 합숙훈련을 실시하여 일선 계몽원의 자질을 향상시키려고 시도하기도 했지만(대한가족계획협회, 1975: 73), 실제로 1965년 당시 가족계획요원의 69%가 그 어떤 면허도 갖지 않은 요원이었다. 한국에 간호조무사(당시에는 '간호보조원')이라는 제도가 도입된 것은 이와 관련된 일이었다. 조금이라도 훈련된 가족계획요원을 확보하기 위해 정부는 1967년 간호조무사제도를 도입하고, 미국인구협회의 자금을 지원받아 그동안 가족계획 계몽요원으로 활동해 온 무면허요원들에게 9개월의 간호조무사과정을 수료케 했던 것이다. 그리하여 그 다음해인 1968년에는 전 요원의 32%가 간호조무사 자격자로 충원되었으며, 1980년에는 67%로 증가하였다(한국보건사회연구원, 1991: 109).

활동을 했던 것이다.

> 피임지식의 전달과 피임약제 및 기구의 공급은 가족계획요원들이 담당했다. 이들은 "밤에는 좌담회를, 낮에는 가정방문을 하여" 여성들과 접촉하였고, "거의 매일 와서 살다시피 할 정도"였다. 가족계획요원들은 각 가구별로 출산력 카드를 기록하여 가임여성의 출산력을 파악, 관리하고 대상자를 설득하였다. "책상에 앉아서도 어느 마을의 누가 아이 몇을 낳았고 누가 가족계획대상자인지 훤히 아는" 정도였다. - 소현숙, 2001: 179.

중요한 것은 이 가족계획 요원들이 모두 여성들이었다는 점이다. 한국 가족계획사업은 초창기부터 사업의 표적 집단(target group)으로 여성들을 설정하고 있었다. 행정부는 가족계획사업 대상자를 주로 여성으로 설정하는 이유에 대해 남성의 기피와 여성의 자발성을 들었다. 제 9대 국회의 98회 12차 보사위에서 보사부장관은 의원의 질문에 대한 답변에서 "원칙은 자기 희망이 아니고는 하지 않는데, 저희들도 이상하게 생각하는 것은 여자가 더 이해도가 빠르고 참여율이 높은 것이 사실입니다" 라며 가족계획사업이 여성만을 대상으로 하는 것을 옹호했다고 한다(이명선, 1990: 124). 실제로 사업대상의 여성 편중은 1965년 여성 대상 장치인 리페스 루프의 시술 목표가 30만명이었던 데 비해, 남성이 대상인 정관수술은 목표가 2만명에 불과할 정도로 심했다(전경옥 외, 2011: 150). 가족계획 요원이 모두 여성이었던 것은 사업의 표적 집단이 여성이니만큼 추진 요원 역시 당연히 여성이어야 한다는 단순한 이유에서였다.

> 가족계획을 금년에는 실적 위주로 하고 싶다. 상대가 여자니까 가족계획 요원도 될 수 있으면 여자를 쓰는 것이 좋다고 생각한다. - 보사부장관 박주병, 국회 보사위, 1964. 1. 15.

이는 가족계획 요원이 출산조절 방법을 설명하려면 어쩔 수 없이 금기시되어 온 섹슈얼리티를 건드리는 일을 해야 하므로 남자가 여자에게 설득하기는 어렵지 않겠느냐는 현실적인 우려에 기반한 것이기도 했지만, 한편에서는 그만큼 한국 사회에 남녀분리가 강고했음을 드러내는 것이기도 했다. 임신·출산이 여자의 일이니만큼 피임이나 출산조절 역시 여자의 일로 간주되었으며, '여자의 일은 여자가' 맡아서 관리해야 한다는 인식 역시 매우 강력했던 것이다.25) 출산조절의 실천에 실질적으로 남성을 끌어들이려는 노력을 하지 않았던 개발국가 가족계획사업의 이러한 모습은 1950년대말 대한어머니회의 출산조절 보급 활동이 여성을 대상으로 하면서도 '남성의 협력'을 대단히 강조했던 것과는 매우 대조적인 것이었다.26)

---

25) 전통적인 성별분리 관념 때문에 한국에서는 남성중심적인 행정조직에서조차 '부녀행정' 만큼은 여성에게 맡기는 경향이 있어왔다. 해방 이후 여성 관련 정책을 다룬 최초의 행정조직은 1946년 부녀국이었는데, 미군정 시기 보건후생부내에 설치된 부녀국은 국장을 반드시 여성으로 임명하게 되어 있었다(신현옥, 1999: 41). 1960년대에 부녀국장에 남성을 임명할지도 모른다는 얘기가 나오자 여성단체들이 격렬히 저항했다는 이야기도 있다. 이것은 여성의 일은 여성이 더 잘 안다는 점에서 일면 합리적인 조치였으나, 다른 한편에서는 부녀행정 이외의 모든 행정에서 여성들이 배제되는 효과를 가져오기도 했다. 여성들에 관련된 사안들은 정식 행정절차를 거쳐 처리되기보다는 영부인이나 장관부인 등, 공식적인 행정라인을 벗어나 있는 여성들과의 통로를 통해 해결되는 경우가 많았다. 쿠데타 직후 일단 해산됐던 〈대한여자의사회〉가 사단법인으로 재등록된 과정이라든지 산부인과 의사들에 의해 생존을 위협받은 〈조산원협회〉가 1971년 대통령부인 육영수에게 직소하여 조산원 설치와 조산원들의 응급처치를 허용받아 겨우 '조산원'이라는 직종을 유지할 수 있었다는 등의 사례(안소영, 2000: 108)는 이것을 잘 드러낸다.
26) 가족계획사업이 실시되던 30여년 기간 동안 단 한번, 1970년대 중반에 '남성 피임'을 강조하는 캠페인이 벌어진 일이 있었다. 그러나 이는 한번 시술하면 더 이상 비용이 들지 않는 불임시술 수용률을 증가시켜 가족계획사업의 효율성을 확보하겠다는 발상에서 나온 것이었다. 당시 기술수준으로는 여성에 대한 불임수술이 매우 어려운 반면 정관수술은 이미 1960년대 초부터 기술적으로 완성된 상태였으므로 불임시술을 권장하는 캠페인은 당연히 남성을 대상으로 할 수밖에 없었다. 표면적인 명분과는 달리 가족계획사업이 펼친 '남성 피임' 캠페인은 결코 피임에 대한 남성의 책임을 증대시키고자 하는 것이 아니었다. 그 증거로 1978년 좀더 간단한 난관수술 방법이 도입되어 여성에게도 값싼 불임시술이 가능해지자 남성 피임 캠페인은 그 즉시 사라지고 말았다.

초창기 가족계획사업이 주로 농촌 여성을 대상으로 이루어진 것은 농촌에 의료 시설이 미비했고 그만큼 여성들이 출산조절에 접근하기 어려웠기 때문이기도 했지만, 한편 도시에서는 인공유산을 해서라도 출산이 억제되고 있는 반면 농촌에서는 그것이 안 되기 때문에 농촌에 대한 피임 보급이 더 시급하다는 논리도 작용했다. 1960년대 초반에 미국인구협회 지원으로 이루어진 여러 시범연구들 중 하나인 인공유산연구[27]의 결과는 "농촌지역에도 인공유산이 시행되고 있음을 알려 주기는 하지만, 도시지역과는 현격한 차이를 나타내고 있으므로 농촌지역 가임여성을 대상으로 하는 가족계획사업이 절대적으로 필요하다는 사실을 입증해 주는데 충분"하다고 받아들여졌다(대한가족계획협회, 1991a: 123). 이는 경제발전을 위한 인구성장 억제라는 목표 아래 진행된 한국 가족계획사업이 여성의 몸을 낙태로부터 구한다는 대한가족계획협회와 IPPF의 표면적 명분과는 처음부터 무관하게 진행되었음을 보여주는 것이다. 실제로 인공유산을 합법화하려는 움직임은 이미 1963년 〈내각수반지시각서 제18호〉에 포함되어 있던 '국민우생법 제정 검토'에서부터 나타나고 있었다.[28]

1960년대 중반이 되면 이른바 '세 자녀 운동기'가 시작되면서 개별

---

[27] 수도의대(현 고대 의대) 홍성봉 교수 팀에 의해 실시된 이 연구는 1963년과 65년에 각기 서울시 성동구 및 충남 연기군에 거주하는 가임여성들을 대상으로 실시되었다. 조사의 결과는 서울지역 조사대상자의 25.2%가 인공유산 유경험자이고 대다수가 가족계획을 위해 반복 시술받고 있음을 드러내어 주었으며, 농촌의 경우에는 인공유산 경험자의 비율도 상대적으로 낮고 반복 시술자는 매우 드물었다고 한다.

[28] 1963년도에 경제기획원에서 마련한 가족계획 추진 대책에도 인공임신중절의 법적 허용방안이 포함되어 있었으며, 대한가족계획협회에서도 이사회에서 신중히 검토한 뒤에 정부방침에 찬동키로 결정했었다. 그러나 이때는 가톨릭 등 민간에서의 반대 뿐 아니라 정부 내의 관계부처 사이에도 이견이 많아서 법률화되지 못했으며, 형법 제 269조와 제 270조에 규정된 낙태의 금지와 낙태 시술자에 대한 엄한 벌칙이 그대로 존속되게 되었다(대한가족계획협회, 1991a: 147 참조).

가족의 가족계획에 분명한 목표치가 등장하게 된다. 1966년 대한가족계획협회는 "3명의 자녀를 3년 터울로, 35세 이전에 단산하자"는 뜻의 「3. 3. 35」라는 표어를 채택하고 캠페인을 펼쳤다. 이로써 개별 가족에 알맞은 자녀의 수가 숫자화된 슬로건으로 부과되기 시작했다.[29] 이는 자녀의 수는 운명이 아니라 부모가 계획하고 결정할 수 있는 것이라고 계몽하거나, 혹은 가능한 한 적은 수의 자녀를 갖는 것이 좋다고 권유하는 정도의 과거 가족계획 계몽의 수준을 훨씬 넘어서는 것이었다. 국가가 일정한 자녀 수의 표준을 제시하고 개별 가족과 여성들의 출산 행위가 이것에 맞추어 계획되고 실천되도록 직접 규율하기 시작한 것이다.

박정희 정권 시기 개발국가가 추진한 가족계획사업은 처음부터 개인 여성이나 개별 가족의 자율성 증진에 대해서 관심이 없었다. 인구억제라는 국가적 목표, 그것도 구체적으로 언제까지 몇 %로 증가율을 저하시키겠다는 목표치가 경제개발5개년계획 속에 나와 있는 가운데, 사업의 모든 것을 숫자로 표시된 목표로 나타내고 그것을 달성하여 실적을 쌓는 것에 모든 노력을 경주하는 돌진적인 '조국 근대화' 방식이 사업 추진의 근본적 모델이었던 것이다. 양적 목표를 설정하고 그것을 무슨 수단을 써서든 달성하는 것, 때로는 목표치를 초과해서 달성하는 것을 합리적 계획과 그 실천이라는 근대적 생활양식과 동일시한 개발국가의 사고방식은 가족계획사업에 있어서도 그대로 관철되었다.

1968년에는 행정적 지원 하에 전국 농촌 마을에 〈가족계획어머니회〉

---

[29] 사실 세 명의 자녀가 좋다는 캠페인은 이것보다 일찍부터 시작된 것이었다. 가령 1963년에 열린 제 1차 전국 가족계획대회는 "알맞는 수의 좋은 아기를 낳아 훌륭하게 기르자"라는 표어를 내걸고 열렸지만, 대회에서 채택된 "가족계획 10훈" 제 1항은 "높은 생활수준과 가족의 건강을 유지하고 나아가서 국민의 번영을 도모하는 데에는 3남매의 가정이 이상적이다" 라는 선언을 담고 있었다(대한가족계획협회, 1991a: 120).

가 조직되었다. 가족계획어머니회는 보건소나 병의원 등 출산조절 전달 체계가 마을 수준까지는 마련되어 있지 않은 상황에서 가족계획사업을 효과적으로 추진하기 위해 만들어진 마을단위 여성 조직이었다. 마을의 어머니회는 대개 12~15명의 유배우 가임여성들로 구성되었으며, 가족계획 요원의 지도를 받았다. 마을에서 활동한 가족계획 요원이 읍면 단위 행정기관에 소속된 계몽원들이었으므로, 가족계획어머니회는 실질적으로 마을의 개별 여성들을 행정 조직의 지도 아래 두는 형태로 운영되었다. 이런 마을 단위 가임 여성 조직이 시·군·구 단위의 어머니회 아래 배열되고, 시군 어머니회 조직은 전국조직인 대한가족계획협회의 군간사(모두 남성들로 충원되었다)들에 의해 관리되었다. 시군 어머니회의 도 수준 연합체나 전국적 조직체는 존재하지 않았다.

　요약하자면, 1960년대 한국 가족계획사업은 농촌의 읍면 단위까지 담당 요원을 배정하고 중앙에서 말단까지 행정의 각 단위마다 책임 목표량을 설정하여 대대적인 개별 설득과 권유를 통해 개인들의 출산조절 '수용'을 유도하는 방식으로 추진되었다. 1968년부터는 가족계획어머니회를 조직하여 민간의 여성들까지 가족계획사업의 실질적 수행자로 끌어들이기도 했다. 그러나 한국의 개발국가 가족계획사업에서는 출산억제와 인구증가 감속이라는 정책적 목표만이 강조되었을 뿐, 실제 출산조절을 실천하는 사람의 삶이나 여타 사회문제와 관련된 사항들은 고려되지 않았다. 가족계획사업이 일단 국가정책으로 채택되어 추진되기 시작한 다음에는 사업 그 자체나 출산조절 보급에 대한 반대론은 찾아볼 수 없게 되며, 단지 학교교육에 가족계획을 포함시키는 문제나 인공유산 합법화를 둘러싸고 약간의 논란이 벌어졌을 뿐이었다. 박정희 정권이 추진한 '조국 근대화'의 돌진적 성격은 가족계획사업 추진에서도 어김없이 나타나고 있었던 것이다.

3. 가족계획사업의 여성 수행자들

한국 가족계획사업은 임신과 출산을 여자의 일로 간주하고 여자의 일은 여자가 다룬다는 남녀분리의 원칙에 따라 사업의 실제 수행자를 여성으로 정했지만, 이 여성 수행자들은 사업의 목표나 추진방식의 방향을 설정하는 데 있어서 그 어떤 목소리도 내지 못하였다. 인구성장 억제 목표치가 경제기획원에 의해 결정되면 그것을 달성하기 위한 사업방식이 보사부와 대한가족계획협회에 의해 결정되고, 이것이 내무행정 계통을 타고 내려가 개별 요원들에게 목표량으로 주어지는 식이었다. 목표와 사업추진 방식을 결정하는 경제기획원, 보사부, 대한가족계획협회 중앙조직의 인적 구성은 거의 전적으로 남성으로 이루어져 있었다. 실제로 남성 관료들과 의사들, 그리고 1968년경부터 대한가족계획협회에 참여하기 시작한 재건국민운동 중심 세력들이 가족계획사업의 '구상' 기능을 독점하고 있었으며, 여성들은 사업의 하급 수행자로서 구체적인 '실행'을 맡았다.

여성들의 의견을 아래로부터 수렴하고자 하는 시도는 처음부터 전혀 없었다. 보건소의 지도원을 제외한 가족계획 요원은 모두 중졸이나 고졸 학력의 젊은 여성들로 충원되었으며, 가족계획어머니회는 마을 단위 어머니회가 활성화되었을 뿐 어머니회들의 연합회는 존재하지 않았다. 가족계획협회 군간사의 관리 하에 있던 어머니회 시군 연합회는 지역의 협회 행사들에 동원되거나 교육을 받는 대상에 불과했다. 어머니회 회원들의 의사를 중앙으로 전달할 어떤 조직적 체계도 존재하지 않았다.

여성들은 한국 가족계획 사업에서 주체가 아니었다. 그들은 어디까지나 출산조절을 수용하고 계몽과 교육에 따라 가족계획을 실천해야 하는 수동적 사업 대상일 뿐이었다.

1) 가족계획 요원

한국 가족계획사업이 가족계획 요원들의 활약에 크게 힘입었다는 것은 누구도 부인할 수 없는 사실이다. 1962년부터 보건소에 배치된 가족계획 지도원은 조산원이나 간호원 자격을 가진 사람으로서 시험을 거쳐 교육을 받고 현장에 투입된 국가공무원이었다. 〈조선일보〉 1962년 9월 12

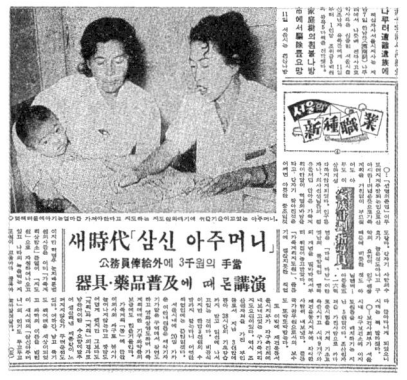

[그림 8] 가족계획 지도원에 대한 신문기사 (조선일보 1962. 9. 12.)

일자는 서울의 신종 직업으로 가족계획 지도원을 소개하였다. 이들은 전통적인 삼신 할머니가 아니라 삼신 아주머니라며, "낳고 죽기도 퍽 어려운 세상이 되었고 과학의 이름을 빌린 이 새 시대의 '삼신 아주머니'의 인기도 두고두고 높아갈 것 같다"고 예측했다.(그림 8)

전문직인데다 공무원 신분까지 갖고 있던 가족계획 지도원들과 달리 읍면 단위 계몽원들은 평균 학력 중졸 정도의 젊은 여성이 대부분이었으며, 대한가족계획협회의 기초적 훈련만 받고 곧바로 읍면 단위에 배속된 사업의 하급 수행자였다. 1966년 계몽원으로 가족계획협회에 입사하여 1989년 퇴직할 때까지 줄곧 가족계획사업 현장에 종사했던 백순희의 다음과 같은 언급은 당시 계몽원에게 제공되던 훈련이 얼마나 형식적이었는지 잘 보여준다.

> 가족계획협회에서 계몽원을 뽑는다는 소식을 들었어요. 그래서 가족계획협회에 간 거야. 그때가 쟤 돌 지났을 때니까, 66년도인가 봐요. … 그랬더니, 가족계획이 뭔지도 낱말도 모르는 상태에서 갔더니, 저기 뭐 "어떻게 어떻게 하는 거라고", 팜플렛을 하나 주더라고. 그러니까 팜플렛을 보는 거야. 열심히 팜플렛을 보고 가정방문을 들어가서 얘기를 하면, 뭘 질문하면 내가 대답을 할 수 없잖아요. 그것만 외우니까. 이건 안 되겠더라고. 다니다 말고 와 가지고, "나를 제대로 부려먹으려면 교육을 시켜라. 이 팜플렛 가지고 내가 무슨 일을 하겠느냐", 그랬더니 좋다고 일주일을 가르쳐주더라고 - 백순희의 구술, 국사편찬위원회, 2005: 266-267.

젊고 경험이 없는데다 교육도 잘 받지 못한 가족계획 계몽원들은 사업의 말단행정 기능을 담당하면서 가족계획사업에 대한 현장에서의 반감과 맞서야 했다. 특히 사업 초창기에는 '아이를 못 낳게 한다'는 것에 대한 전통적 저항감 때문에 문제가 불거지는 경우가 많았다. 1962년부터 경기도 고양에서 실시된 "농촌형 가족계획 시범사업"에 보건소 근무의사로서 참여한 여성 의사 최○○[30]는 이런 문제 때문에 자신을 비롯하여 당시 마을에 계몽 나갔던 여성들이 몹시 조심하였고, 마을 사람들의 심기를 건드리지 않는 것을 가장 중요하게 생각했다고 회고하였다.

---

30) 최○○은 1950년대말부터 경기도 고양보건소 보건의사로 근무하다가 1962년 이 지역에서 연세 의대 양재모 교수 주도로 실시된 "농촌형 시범사업"에 참여하였으며, 1960년대 중반 같은 지역에 산부인과를 개원하여 현재까지 현역 의사로서 일하고 있는 여성이다. 필자와의 인터뷰는 2003년 8월 경기도 고양에서 이루어졌다.

그때 당시에, 나하고 연세대학교에서 나온 PH-nurse(공중보건 간호원) 다섯 명이 마을을 다니면서, 나무 밑에나 어디나 모이시라고 하고 고무신도 드리면서 교육도 하고, 얘기도 하고 그랬거든. *쪼끄만* 환등기, 그거 가지고 자전거 타고 논길로 다니면서. 무계획적으로 애를 낳아서는 잘 살 수 없다는 말씀도 드리고 가족계획 방법도 얘기하고 했는데, 그것만 해 가지고는 사람들이 이상하게들 생각하니까 위생적인 생활 - 그때는 부엌도 수도도 없어가지고 많이들 몰랐어요 - 그런 것도 같이 얘기들 하고. 우리가 매일 얼마나, 아침마다 회의를 했다고. 절대 복장도 화려하게 해서는 안 되고 화장도 안되고. 손톱도 단정히 깎아야 되고. 이건 우리가 잘 살기 위한 것이다 이렇게 말씀드리고. 마을 사람들 심기를 건드리면 안되니까 - 최○○, 필자와의 인터뷰, 2003년 8월.

여성이었어도 어엿한 의사였던 최○○가 시범사업 중에 이만큼 신경을 써야 했을 만큼, 초창기 농촌 주민들이 가진 반감은 지대했다. 계몽원들이 마을 구석구석을 다니면서 생식생리 및 피임법 등에 대한 지식을 전달하게 되면서부터는 문제가 더 커졌다. 가족계획 계몽원들은 대부분 미혼의 젊은 여성들로서 전문직업인으로서의 권위도 못 갖췄기 때문에 상황이 더욱 어려웠다. 결혼도 안한 처녀가 성에 연관된 내용을 알고 말한다는 것 자체가 해괴한 일로 여겨졌고, 젊은 여자가 나이든 사람을 '가르치려' 한다는 것도 당시 사람들로선 받아들이기 어려운 일이었던 것이다.

가족계획 계몽원을 국민 거의가 '해괴망칙한 말세의 여자들'로 속칭하고 있었다. 실제로 초창기 계몽원이 전통적인 유교사상에 젖어 있었던 한국 국민들로부터 받았던 조롱과 멸시는 이루 다 헤아릴 수가 없다. 그것을 받아들여 실행할 부부들보다 그들의 부모인 노인과 노파들이 더 극성을 부렸다. 긴 장죽을 휘둘러 '집안 망하게 하는 흉물'이라고 호통을 쳤으며, 어느 때는 그러한 노인들로 구성된 그룹에 의해

이 골목 저 골목으로 필사적으로 쫓기고 쫓다가 몰매를 맞기도 했다. - 윤금초, "일선 가족계획 계몽원의 실태: 끝없는 희비극의 연속", 『주부생활』, 72/6: 156.

당시 대한가족계획협회 쪽에서도 이런 사태에 대해서 알고 있었지만, 그저 주민들의 무지 정도로 치부하고 넘어간 듯하다. 오히려 젊은 미혼 여성에 대한 통념을 가족계획사업을 부드럽게 만드는 양념 정도로 생각하고 당연시한 면도 있는 것 같다. 예컨대 대한가족계획협회가 발간한 사업 홍보용 잡지인 『가정의 벗』 창간호(1968년 8월호)에 실린 "가족계획 계몽원의 하루"라는 화보기사에는 "그림으로 어머니들에게 피임법을 설명하고 있는 황양. 처녀로서 좀 부끄러운지, 얼굴이 붉어져 있다"라는 사진 설명을 붙여 놓고 있었다.

당시에는 매스미디어 자체가 별로 없었던 데다 학교교육에서 피임법을 가르치는 길도 완전히 봉쇄되어 있었기 때문에, 가족계획사업을 위해 계몽을 하려면 제일 먼저 해야 할 것이 피임법 교육이었다. 문제는 먹는 피임약을 제외한 모든 피임법에 대한 설명이 생식기의 구조나 성행위의 장면에 대한 언급 없이는 불가능했다는 점에 있었다. 젊은 여성이 대중에게 가족계획을 교육하기란 참으로 난감한 일이 아닐 수 없었다. 1970년대에 전북 지역에서 보건소 가족계획 지도원으로 일했던 손헌옥은 텔레비전 인터뷰에서, 자신이 피임법을 교육하면서 이러한 민망함을 피하기 위해 우회적으로 표현했다가 발생한 에피소드를 소개하기도 했다. 콘돔 사용법을 가르치면서 손가락에 끼고 설명을 했더니, 정작 필요할 때 콘돔을 손가락에 끼고 사용함으로써 피임실패 임신을 한 사람이 생겼다는 것이었다(중앙방송, 2003).

섹슈얼리티 언급 문제는 가족계획사업에 대한 노인 집단의 반발을 더욱 증폭시켰다. 1970년대에 가족계획협회 전북지부의 군간사로 일했던 신동진(남성)은 자신이 농촌 마을에 홍보영화를 가지고 계몽 나갔을 때의 일을 이렇게 회고하였다.

> 처음에 영화를 한다고 하니까, 온 마을에 노인네들까지 다 나온 거야. 와 가지고 턱하니 영화 틀어놓고 보는데, 인간만이 누릴 수 있는 성욕 어쩌구 그러더니, 점점 들어가니까 피임 방법이 나오고 그러니까, 난리가 난 겁니다 노인들이. 작대기를 들고 당장 나가라고 - 중앙방송, 2003.

당시에 이런 정도의 일은 아주 흔했던 것 같다. 가족계획 요원들은 마을 할아버지들이 지팡이를 들고 쫓아나와 도망나오기 일쑤였다고 한다. 이런 노인 집단의 반감 때문에 여성들은 남편이나 시부모 몰래 피임을 하는 경우가 많았는데, 이런 관행은 이후 10년 넘게 지속되었다. 1973년까지도 남편 몰래 피임한 여성들이 57.4%나 되며, 시부모가 모르는 경우는 55.4%가 되었다(소현숙, 2001: 181). 노인들의 반발이 사업 추진에 큰 장애였기 때문에, 일선에서 가족계획사업을 수행하는 데는 마을 어른들을 회유하고 젊은 세대의 출산조절 실천에 대한 그들의 권력을 약화시키는 것이 매우 중요한 전략적 목표가 되기도 했다. 가족계획어머니회를 통해 지역사회개발 사업을 추진하고, '가족계획'이 실제로 그들의 삶을 경제적으로 윤택하게 해 준다고 느끼도록 하려 했던 것 역시 마찬가지 이유였다. 그러나 초창기의 이러한 반감들은 대대적인 홍보와 사회변화로 인해 1970년대가 되면 거의 사그라들게 된다. 60~70년대 내내 대규모로 이루어진 이농이 농촌의 마을 어른들로부터 공간적으로 분리된 젊은 부부들을 대거 만들어냈고, 강력하게 펼쳐진 개발국가의 가족계획 캠페인은 근대적인 핵가족의 이미지에 기대어 '가족계획'을 부모의 책임으로 규정함으로써 부부의 출산조절 실천에 대해 시부모를 포함한 다른 누군가가 왈가왈부 하는 것을 어렵게 만들었다.

그러나 가족계획 요원들을 괴롭히는 다른 문제가 있었다. '목표량 달성'의 부담, 과중한 업무 그리고 낮은 보수가 그것이다. 1979년 도시지역의 보건소 가족계획 지도원의 예를 들어 요원의 활동 내용을 보자면, 첫째가 계몽교육,[31] 둘째가 피임보급, 셋째가 기타보건사업, 넷째가 행정이었다. 행정은 문서관리[32]와 사업계획으로 나뉘어지는데, 지도원이 해야 할 사업계획의 첫 단계가 바로 목표량의 확인이었다(강희두 외, 1979). 즉 한국 가족계획사업에서 '목표'라는 것은 위에서 시달되는 것이지, 결코 자율적으로 정해지거나 조정될 수 있는 것이 아니었다. 가족계획요원은 자기에게 부여된 목표량을 확인하고 그것을 반드시 달성해 내는 것 이외에 다른 어떤 일도 할 수 없었다. 목표량을 달성하지 못하면 사직하겠다는 뜻으로 미리 사표부터 내 놓고 활동해야 하는 분위기였던 것이다.

---

[31] 1970년대 보건소 지도원이 담당했던 계몽교육 영역의 직무는 ①지역사회진단 ②가정방문 ③내소자 상담 ④집단계몽 ⑤홍보매개체의 활용으로 나뉘어진다. ①지역사회진단의 경우 지역사회주민의 보건요구 파악이 제일 먼저인데, 특히 "통반 단위로 『새마을가정건강기록부』를 가구별로 작성하여 요구하는 보건정보를 신속 정확하게 파악" 하는 것이 요구되었으며, 다음으로 집단별 특성파악, 사회문화적 특성파악으로 이어진다. 집단별 특성파악에서 가장 먼저 요구되는 것은 "관내에 있는 집단(자생조직 포함)들의 대표자, 관리자를 파악하여야 한다는 것이었다. 즉 가족계획 요원은 지역사회 조직 전체에 대해 파악하고 있어야 한다는 것이었다. ②가정방문의 경우 월 18일 이상 출장하여 가정방문하도록 하였다. ④집단계몽의 경우 그 활동분야가 (1)가두캠페인 (2)예비군훈련 (3)민방위훈련 (4)반상회이용 (5)유관기관종사자 (6)산업장종사자 (7)새마을부녀회 (8)중학교 어머니교실 (9)기타로 규정되어 있었다(강희두 외, 1979: 11-13)".

[32] 도시지역 보건소 가족계획 지도원이 기록해야 할 서식들은 대단히 많았는데, ㈎가족계획 등록부, ㈏가족계획등록증, ㈐가족계획수첩 및 실시용지, ㈑가족계획 통·동별 등록자 명단, ㈒불임 및 루우프 피시술자 명단, ㈓약제·기구 공급대장, ㈔루우프시술 진료기록표, ㈕불임시술 진료기록표, ㈖피임시술 부작용 진료기록표, ㈗가족계획실적표, ㈘피임시술기관명부, ㈙가족계획실시 의료기관 지정신청서, ㈚가족계획사업 실적표, ㈛사무일지가 그것이었다(강희두 외, 1979). 이로 미루어 가족계획사업의 하급 수행자로서의 가족계획 요원의 업무 중에는 행정잡무의 처리 역시 만만치 않았음을 알 수 있다.

불임시술, 일시피임 전부 합쳐서 100명이 넘어요 목표가. 그럼 그걸 목표를 채우기 위해서는 12월말까지 안하면 안돼요, 목표를. 월마다 회의를 허면 사직서 제출허고, 이달에 몇 명을 허겠느냐 … 그러니까 누가 대상이 됐다고 하면, 밤인지 낮인지 새벽인지 구별이 안 가요, 그 집을 찾아가기 위해서 - 1970년대 전북지역 보건소 가족계획지도원 손헌옥의 인터뷰, 중앙방송, 2003.

서산군 보건소 이재옥 소장은 가족계획이 국가시책인 만큼 최대한의 행정력을 동원해야 성공을 거둘 수 있다고 강조한다. 서산군의 경우 관내 면장을 동원, 정관수술을 권장했는데 그 효과가 크다라는 것. 실제 피임시술 실적을 보면 루우프가 2,387명으로 103%, 먹는 피임약이 2,420명으로 105%, 콘돔이 1,537명으로 117%, 그리고 정관수술이 75명으로 목표량의 45%를 달성했다. 역시 정관수술 실적이 부진한 상태였는데, '10월말까지 목표량을 달성하지 못한 요원은 모조리 사표를 쓰기로 했다'며 부석면 계몽원 유인숙 양과 서산군 보건소 지도원 오혜숙 양을 넘겨다보는 이재옥 소장은 의욕이 넘치는 행정가라는 인상을 짙게 했다. - "본보기어머니회: 충남 서산군 부석면 가사 3구", 『가정의 벗』, 73/11: 25.

목표량의 압박은 도시 가족계획사업에서도 마찬가지였다. 실적 경쟁과 압박 속에서 불필요한 시술을 시행하여 여론의 지탄을 받는 요원도 생겼다.

요원들을 전부 아침에 거기로 출근을 시켜요. … 인제 10시에 [차에 태우고] 현장에 갖다가 내려 놔요. 내려놓으면 누가 많이 갖다 데려오느냐 경쟁을 시키는 거야. 그러면 그 때 당시에는 사람들이 애기를 안 낳으려는 사람들보다는 그냥 애 많이 낳는 게 복이고, 애를 많이 낳아야 이런 자식도 있고 저런 자식도 있으니까 덕을 본다 생각하고 자기 몸은 어떻게 되든 간에 애를 많이 낳으려고 생각하니까, 어떻게 하면 그런 사람을 설득시켜 데려오는가가 관건이고. 또 많이 데리고 와야만 또 인제 자기 실적도 올라가고 그러니까, 막 돌아다니다 보면 만난 사람 또 만나고, 같은 지역이니까 만난 사람 또 만나고. 그래서 거길 데리고 와서 인제 차가, 차가 병원이니까 그 차 안에서 루프를 하루에 100명도 하고 많이 하는 날은 하루에 150명도 하고 - 백순희의 회고, 국사편찬위원회, 2005: 270.

정관수술 실적을 올리기 위한 계몽원이 70세 노인을 설득시켜 메스를 갖다 댄 일화도 있어 사회문제가 되기도 했다. - 윤금초, "일선 가족계획 계몽원의 실태: 끝없는 희비극의 연속", 『주부생활』, 72/6: 157.

행정의 말단에 있었던 요원들에게만 목표량이 강요된 것도 아니었다. 나중에 가족계획어머니회가 조직되면서 시군 어머니회 관리를 위해 고용된 대한가족계획협회의 군간사(남성)들이나, 이장이나 면장 등 행정직 하급공무원, 심지어 전혀 보수를 받지 않는 민간인 신분인 가족계획어머니회장에게까지 목표량의 완수는 큰 부담이 되었다.

그때 당시는 요원들한테 목표가 나와 있어요. 그러니까 군간사들한테 와서 협조를 구했죠. 내 손으로 한 3,500명 정도 한 것 같아요 정관수술을. 당시에 대한민국 정관수술왕 칭호를 받고 보사부에서 표창을 받았죠. 아이고, 그거 채우려면…. 동네 구장, 이장들 정관수술 다 시킨다고. 그 사람들 이미 애기 다 낳은 사람들이예요, 그래도 어떻게 어떻게 사정을 해 갖고서 … - 당시 가족계획협회 전북 옥구군 군간사 김영석의 인터뷰, 중앙방송, 2003.

젊은 여자 한 달에 열 명씩 목표를 줬어요, 각 마을 면단위 어머니회장들한테 목표를 줘어. 열 명 가족계획 하게끔 해라, 루프를 하자. (한달에?) 한 달에 열 명. 긍게로 그걸 목표를 채울라며는 겁나게 여자들이 뛰었지. 가서 시어머니들한테 혼나기도 하고 무릎 꿇고 빌기도 하고 그래요, 가족계획어머니회장들이. 너나 쪼금 낳지 왜 우리 집안 문 닫을라고 그러냐 아들 둘밖에 안 낳았는디, 셋은 낳아야 하는디 왜 못허게 하느냐, 그전에는 그랬죠. 다 지 먹을 것 타고 나는디 왜 그냐고 하면서 못 허게 했죠, 며누리들 못 허게 했죠. 나 가믄 막~오지 말라고 하는 사람도 있당게, 노인냥반들이 - 조○○[33]), 필자와의 인터뷰, 2003년 2월.

2) 가족계획어머니회

〈가족계획어머니회〉는 1968년 대한가족계획협회가 먹는 피임약의 지역 보급망을 만든다는 구실로 USAID 자금 $280,000을 미국인구협회를 통해 들여와 이를 종잣돈으로 조직한 마을 단위 여성 조직이다. 당시 협회는 야심차게 개발, 보급한 리페스 루프가 부작용이 심하여 시술받은 여성이 다시 제거하는 경우가 많아지자(당시에는 이것을 '탈락률이 높다'고 표현했다), 이를 대체하는 피임 수단으로 스웨덴으로부터 무상 제공받은 먹는 피임약을 보급하고자 했다. 그런데 한번 시술하면 그만인 자궁내장치와는 달리 먹는 피임약은 매일 꼬박꼬박 먹지 않으면 피임 효과를 기대할 수 없는 문제가 있었다. 어머니들을 조직하여 먹는 피임약 보급망으로 삼자는 발상은 여기서 나왔다. 매일 잊지 않고 복용해야 하는 어려움을 상호감독으로 보충하도록 하고, 아울러 서로 권장하여 널리 보급토록 하자는 것이었다(박형종 외, 1974: 50).

먹는 피임약 보급망 구축사업 자금으로 USAID 원조를 확보한 것은

---

33) 조○○는 1960-70년대 전북지역에서 면단위 가족계획어머니회 회장 활동으로부터 출발하여 나중에 가족계획어머니회가 새마을부녀회로 통합된 다음에는 새마을부녀회 중앙회의 간부 활동까지 한 여성이다. 간호학교를 졸업하고 종합병원 산부인과에서 간호사로 일하다가 결혼하여 농촌에 정착, 1968년 가족계획어머니회가 처음 조직될 때 어머니회장을 맡아달라는 가족계획요원의 부탁을 수락하여 가족계획어머니회 활동을 시작했다. 필자와의 면접은 2003년 2월, 경기도 분당에서 이루어졌다.

1968년 2월의 일이었는데, 피임약은 당장 같은 해 6월 1일부터 보급될 예정이었다. 따라서 대한가족계획협회는 그 날짜에 맞추어 어머니회 조직을 완료하기 위해 급하게 작업에 돌입해야 했다. 각 군 단위로 간사를 파견하기로 하고, 전국 군 보건소장의 추천을 받은 후보자를 대상으로 필기 및 면접 시험을 거쳐 139명의 군간사(모두 남성)를 선발하여 2주간 합숙훈련 뒤에 5월 15일 현지에 배치 완료하였다. 군간사들은 부임 당일로부터 활동을 시작해서, 7월 31일까지 전국 법정 리·동 중 99%에 해당하는 16,823개 마을에 어머니회 조직을 완료하였다(황정미, 2001: 138).

마을 어머니회는 평균 12~15명의 여성들로 구성되었으며, 마을 단위의 조직 작업에는 가족계획요원과 행정력의 지원이 중요하게 기여하였다. 초기에는 마을 이장이나 면장의 부인, 씨족마을의 경우 문중의 윗부인 등 지역 권력층 여성이 어머니회의 회장이 되는 경우가 많았고, 당시 농촌에서 매우 드문 고학력 여성이었던 고등학교 졸업자나 재건국민운동본부 산하 부녀회의 일선조직에 참가했던 경험이 있는 여성들을 가족계획 요원이 직접 수배해서 회장직을 맡기는 경우도 많았다고 한다(신현옥, 1999: 85). 회장이 먼저 정해지고 나서 마을 어머니회를 조직했는데, 마을마다 조직이 만들어진 실제 경위는 꽤나 다양했던 것 같다.

> 마을 안의 타 여성조직체를 맡고 있는 여성이 그 회원 중심으로 명단을 적어낸 것도 있는가 하면, 한 명씩 만나 동의를 얻어서 형성한 민주적 과정을 거친 곳도 있으며, 담당 면 계몽원과 상담해서 조직해 놓은 것 외에도, 몇 명이 지시에 의하여 해 나가면서 회원을 흡수한 곳 등 다양한 과정을 거쳐서 조직을 이루었다. - 박형종 외, 1974: 52.

이렇게 해서 조직된 가족계획어머니회의 회원은 초기에 총 194,614명에 이르렀으며, 10년 뒤에는 749,647명으로 약 56만명이 증가하였다. 1975년 전체 대한가족계획협회 회원의 90%이상을 가족계획어머니회 회원이 차지할 정도였다(대한가족계획협회, 1975). 1977년 새마을 부녀회로 통합될 때에 전국에 운영되고 있던 마을 단위 가족계획어머니회는 27,292개에 이르고 있었다고 기록된다(보사연, 1991). 표면상 먹는 피임약의 보급망으로 구상된 조직이었지만 가족계획어머니회는 실제로 마을 단위에서 가족계획 요원과 함께 가족계획사업의 실질적 수행자 역할을 했으며, 아울러 생활개선, 소득 증대 등 각종 지역사회개발 과제를 수행하는 지역 부녀회의 성격을 띠었다.

가족계획어머니회가 가졌던 지역 부녀회 성격과 지역사회개발 활동은 사실 어머니회 조직 당시 대한가족계획협회가 의도했던 목적 중의 하나였다. 1967년 5월 대한가족계획협회 회장으로 취임한 유달영은 가족계획사업이 범국민적 사회운동이 되어야 한다고 역설했다. 군정시기 재건국민운동 제 2대 본부장으로 국민운동의 민간화에 기여했던 그는 서울대 농대 교수 출신으로, 지역사회개발이 전공이었다.

> 나는 1967년 5월, … 대한가족계획협회의 회장직을 맡게 되었다. 당시 의사가 아닌 사람이 대한가족계획협회의 회장이 되었다는 사실이 화제 거리가 되어 신문지상에 오르기도 했었다. 내가 회장이 되면서부터, 앞으로의 가족계획사업은 의사들의 한정된 시술위주 범주에서 벗어나서 범국민적인 사회운동으로 전개돼야 함을 밝혔다. … 나의 회장 재직 시에 먼저 만들어진 것이 가임부 중심의 가족계획 어머니회 조직이었다. … 이 가족계획어머니회가 탄탄하게 자리를 잡게 되면서, 가족계획사업은 사회운동으로 크게 변모해 나갔다. - 유달영, "가족계획운동30년의 회고", 대한가족계획협회, 1991a: 329.

거의 의사들만으로 구성된 조직이었던 대한가족계획협회에 재건국민 운동 관련자들이 참여하기 시작한 것도 이 무렵이었다. 재건국민운동 출신으로 가족계획협회 중앙 활동에 중요한 역할을 한 사람은 국민운동 홍보부장을 맡았던 류덕천, 그리고 재건부녀회 출신의 원선희 등이 있었다. 이들에 의해서 가족계획어머니회는 재건국민운동과 유사한, 지역사회개발을 위한 국민운동의 형태로 구상되고 있었다.

> 내가 협회장의 책임을 맡았을 때에 가족계획 어머니회를 조직하고, 『가정의 벗』을 발간하였다. 전국 방방곡곡에 조직망을 가지고 사회운동의 발판을 마련한 것이었다. 어머니금고도 이 조직을 단단하게 여물게 하기 위해서 만든 것이었다. 내가 국민운동 때에 전개하던 그대로의 사회운동의 방식이었다. 이 방식의 조직적 운동은 앞으로 세계적으로 전개될 날이 올 것으로 믿는다. - 유달영, "이달의 초대석-살아남는 길", 『가정의 벗』, 76/4: 10-11.

창립 당시에 가족계획어머니회의 조직 목적으로 제시된 것은 첫째 부녀교육을 통한 여성의 자질향상, 둘째 부녀교육을 통한 자녀교육 향상, 셋째 협동활동을 통한 소득증대, 넷째 가족계획 및 건강증진, 다섯째 지역사회개발 등이었다.[34] 이러한 조직 목적은 여성들을 일차적으로 출산자이자 자녀양육자인 동시에 지역사회개발 참여자로 규정하는 것이었다. 가족계획어머니회를 비롯하여 1960~70년대에 만들어진 다양한 관 주도 마을부녀조직들은 대개 비슷한 목표를 갖고 있었다(신현옥, 1999: 125).

가족계획어머니회의 회원들은 일반적으로 20~45세 나이 대의 자녀

---

[34] 1968년에 만들어진 〈가족계획어머니회 조직 운영〉이라는 문건에는 가족계획어머니회의 목적이 다음과 같이 서술되어 있었다. "가족계획사업을 국민에게 뿌리를 박은 범 대중 조직 운동으로 전환하여 전 가임여성이 가족계획실천을 생활해 나갈 수 있는 풍토를 조성하고, 아울러 어머니의 자질 향상과 지역사회개발의 모체가 되어 인간개발, 사회개발을 위한 전위 조직체로 육성시키는 데 있다(대한가족계획협회, 1975: 88)".

출산 경험이 있는 여성들이었다. 이들은 일정 학력 수준을 가졌거나, 최소한 문맹은 아니어야 했다. 회원들은 피임약과 가족계획 팜플렛(월간 『가정의 벗』 등)을 배포하면서 인센티브를 받았고, 어머니회에 새로운 사람을 참가시키게 되면 또 일정액의 수당을 받았다. 이런 식으로 모인 돈은 다과회 형식의 월례회 개최를 북돋웠다. 이러한 어머니회의 운영 방식과 월례회는 한국의 독특한 지역 상호부조 모임이었던 계(契)를 모델로 한 것이었다 (DiMoia, 2008). 어머니회 회원들은 스스로 피임을 실천하여 모범을 보였을 뿐 아니라 요원들과 협조하여 적극적으로 '실적을 올리고' 농촌 마을 구석구석까지 보급하는 역할을 했다. 당시 가족계획어머니회 회장들의 다음과 같은 인터뷰 발언들은 이런 사실을 잘 보여준다.

> 제가 먼저 시범을 보였지요. 루프를 삽입하고 그것이 어린애가 생기지 않게도 해주거니와 허리가 아프거나 다른 병이 생기거나 하지도 않는다는 것을 보여 주었죠. 그랬더니 그들도 신기해서 다 따라했습니다. - "본보기어머니회를 찾아서 : 충북 보은군 내속리면 가족계획어머니회", 『가정의 벗』, 68/11.

> 저도 또한 회장으로서의 책임감 때문에 수렁과 흙탕물에 발을 빠지면서 한 집 한집 일일히 방문하여 가족계획대상자들을 설득했습니다. 그래서 얻은 성과가 일주일 동안에 남자 불임시술이 11명이나 되었습니다. 그러니 병원 측에서는 아무개 어머니회장은 그 마을의 씨앗까지 없애고 다닌다고 농담을 할 정도였죠. (웃음) 그러나 자녀들이 셋, 넷 이상 되는 대상자들만 골라서 했으니까 욕은 먹지 않았어요. 지금은 60호되는 저희 마을에 남자 불임시술자만 22명으로, 대상자는 모두 한 셈입니다. - 당시 경북 경산군 하양면 남하2동 가족계획어머니회장 김분이의 발언, 좌담 "여성의 사회참여와 어머니회가 나아갈 길", 『가정의 벗』, 72/8.

가족계획어머니회는 이처럼 실질적으로 사업의 수행자 역할을 했을 뿐 아니라, 계 방식으로 돈을 모아 가축을 사서 공동 사육하거나 마을 금고를 운영하는 등 다양한 활동을 해 나가면서 농촌 지역사회개발의 중요한 축으로 자리잡아갔다. 1977년 새마을부녀회가 만들어질 때, 실제로 대부분의 마을에 이미 활동적인 어머니회들이 존재하고 있었기 때문에 이것들을 '새마을운동'의 이름과 조직 아래 편제시키는 것만으로도 새마을부녀회 조직이 거의 완료될 정도였다.

어머니회의 이같은 성장은 일반적으로 가족계획협회의 의도적이고 체계적인 관리에 힘입은 것이라고 평가되고 있다(황정미, 2001: 142). 그러나 각 마을에 존재한 개별 어머니회의 운영과 성장에 협회의 수직적 관리 지도체계가 얼마나 기여했는지는 의문이다. 실제로 가장 활발한 가족계획어머니회 활동은 마을 단위 어머니회에서 이루어졌으며, 상위 조직일수록 형식적으로 운영되거나 보건소, 행정기관 등 위로부터의 개입에 의해 영향을 받아 자발적으로 운영되지 못했다. 군 단위 이상의 가족계획어머니회 중앙 조직은 아예 존재하지 않았다.

물론, 당시 공식 교육과 활동이 부족한 농촌 마을의 부녀자들이 아무리 소규모라 해도 어머니회 같은 조직을 운영한다는 것은 쉬운 일이 아니었다. 조직 운영에 있어서는 지역 가족계획요원들이 제공한 초기의 도움이 결정적이었다. 읍면 가족계획 계몽원들은 회원명부, 출석부, 회계장부 등을 기록하는 방법을 비롯한 조직의 구체적인 운영 방식 등을 어머니회원들에게 가르쳐주었다. 대한가족계획협회는 월례회 보조비로 마을 어머니회에게는 500원, 읍면 협의회에게는 1500원씩 분기별로 지급하여, 조직 운영을 재정적으로 지원하였다.[35]

---

35) 이 보조비는 비록 금액은 적었지만 어머니회가 월례회의를 정기적으로 개최하고 여성들을

그러나 대한가족계획협회의 어머니회 운영에 대한 도움은 처음 조직화 작업을 주도하고, 조직운영의 기초적인 방법을 가르쳐주고, 초기의 재정적 유인을 제공한 데에 국한되었다. 실제로 가족계획협회에서 어머니회에 제공한 자금은 처음부터 '다과비' 명목의 소액이었으며,36) 그것을 사용하지 않고 모아서 가축사육이나 공판장 운영 등을 하고 좀두리 쌀을 모으거나(절미저축) 계를 운영하여 목돈을 만든 것은 어머니회를 구성한 여성들의 자발적

[그림 9] 모범 가족계획어머니회에 관한 기사 (조선일보 1970. 5. 31.)

실천이었다. 1970년에 대한가족계획협회 경기도지부가 도내 어머니회들을 대상으로 한 실태조사 결과에 따르면, 당시는 어머니회가 조직된 지

모이도록 초기의 중요 유인으로 작용하였다. 실제로 매달 1번의 월례회의를 하는 어머니회가 70.4%가 되었으며, 어머니회 월례회의의 평균 출석율이 76%였다는 보고를 통해 볼 때 어머니회의 월례회는 매우 활발하게 운영되었음을 알 수 있다(74년 어머니회사업평가 보고서; 신현옥 1999에서 재인용).

36) 대한가족계획협회에서는 어머니회에 재정지원을 하지 않는 것을 오히려 자랑스럽게 여기고 있었다. 어머니회 조직을 지원한 USAID 자금은 1968년 한해로 끊기고, 이후부터는 협회가 먹는 피임약을 보급하면서 받은 소액의 수수료로 어머니회 조직 전체를 운영하고 있었으므로 실제로 제대로 재정지원을 해 줄 형편이 되지 못한 점도 있었다. "요즘도 외국인을 만나면 어머니회에 얼마나 돈을 주느냐고 묻곤 하는데, 겨우 3개월에 3000원 보조하고 있지 않아요? 그래서 이런 조직은 돈이 관계되면, 자금이 끊어질 때 무너진다고 설명해 줍니다. 어머니회가 국제적인 명성을 얻고 있는 것도 돈을 요구하지 않는 자발적인 조직이기 때문이라고 믿습니다(대한가족계획협회 5, 6, 7대 회장이자 당시 이사장이었던 이종진의 발언, "협회창립 15년 및 가정의 벗 100호 기념 좌담회", 『가정의 벗』, 76/12)".

2년여밖에 지나지 않은 때였음에도 불구하고 공동자금을 만들고 있는 어머니회가 438개(22.5%) 있었으며, 회원들 각자가 돈을 내거나 혹은 공동작업을 하고 받은 돈, 공동으로 운영한 구판장의 이익금 등을 모아 어머니회 자체의 기금을 이미 상당한 규모로 적립한 어머니회가 45개나 되었다.[37] 이후 대한가족계획협회는 『가정의 벗』의 "본보기 어머니회" 등의 기사를 통하여 이러한 활동을 적극 장려하게 된다.

> 어머니회를 창립하고서 뭔가 하기는 해야겠는데 기금은 없고 해서 저희 어머니회원들이 살림에 지장을 주지 않는 범위 내에서 절미(節米)운동을 벌였습니다.
> 그 후에 회비를 다소 모금하여 합친 돈 4천여원으로 어머니 회원들 27명 모두가 들고 나서서 조미료와 비누 등을 가지고 장사를 해서, 약 2만원 가량 모았죠. 이것으로 우선 어머니회원 전원이 단체복을 만들어 입었습니다. 그랬더니 이것이 좋게 보였는지 가입을 원하는 어머니들이 날로 늘어나 43명이 되었고, 3개월이 지나자 53명으로, 4개월째에 접어든 지금은 83명으로 불어났습니다.
> 저희 어머니회원들은 어머니금고를 통해 모아지는 기금으로 아궁이개량, 개수대, 조리대 등을 만들어 집집마다 분배해서 생활환경 개선에 중점을 두었습니다. 이렇게 집집마다 실제적인 이익이 돌아가게 되니 모든 회원들이 이제는 조그만 일에도 자발적으로 참여하고, 회원들도 날로 늘고 있습니다. - 당시 전북 완주군 삼례읍 가족계획어머니회장 이순래의 발언, "여성의 사회참여와 어머니회가 나아갈 길", 『가정의 벗』, 72/8.

그러나 가족계획사업이 시행되던 당시에 여성들의 이러한 활동과 실천적 행위성은 거의 무시되었다. 1977년에 나온 한 보고서는 가족계획

---

[37] 이렇게 적립된 돈은 이웃을 돕거나 공동시설물을 설치하는 데 쓰였다고 한다("어머니회 운영실태조사분석", 『가정의 벗』, 71/10.)

어머니회의 성공에 마을금고 등이 중요했다고 하면서도, 그것을 운영하기 위해 얼마나 많은 여성들의 피땀이 들어갔는지는 전혀 언급하지 않고 있다. 다음 구절에서 매달 지급되는 '다과비'를 모아 목돈을 만들고, 자기 집 농사짓고 집안 살림도 해 가면서 공동 작업에 구판장 운영까지 밤낮없이 일하여 마을금고를 만들어낸 여성들의 실천을 읽어내기란 대단히 어렵다.38)

> 초창기 어머니회의 구성이나 운영은 외원에 의존해 왔었다. 그러나 1970년도에 들어서면서 어머니회 모임을 촉진시킨다는 주요 취지에서 어머니회 금고가 설치되면서는 어머니회의 재정은 완전히 독자적으로 운영되어질 수 있었다. 즉 어머니회 회원들의 공동이해를 묶어 놓을 수 있는 사업의 하나로서, 회원들의 관여도, 나아가서는 단결심을 고양시키기 위해 금고가 구성된 것이다. 자세한 자료는 없으나 전체의 3/4 이상이 그들 자신의 금고를 갖고 있으리라고 대강 추정된다. - 연세대 사회과학연구소, 1977: 8.

실제로 가족계획어머니회의 마을금고 운영을 견인한 가장 큰 동기는 자신들의 열악한 가족적·사회적 지위를 극복해보려는 여성들의 절박한 욕구였다. 가정을 위해서, 마을을 위해서, 나라의 경제발전을 위해서 가난을 극복하겠다는 의지도 있었겠지만, 여성들 스스로 돈을 모아서 가정에서, 마을에서 인정받고 자신감을 얻고 싶다는 욕구가 그녀들의 열정을

---

38) 가족계획어머니회 운영에서 여성들의 실천력과 창의력을 인정한 서술은 1980년대 후반 이후에 나온 책에서야 겨우 발견할 수 있게 된다. "어머니회의 활동은 가족계획협회나 정부의 아이디어보다 여성 자신들의 지방 특색에 맞는 아이디어 개발이 더 다양하고, 더 효과적이고, 더 창의적이다. 중앙의 중산층 신분을 가진 사업 당사자들의 아이디어보다 현지에서 자기 실정을 토대로 한 현지 여성들의 아이디어는 종류를 헤아릴 수 없을 정도로 다양하였다. 대개 이와 같은 다양한 아이디어는 일정기간 어머니회 활동의 경력이 축적된 단계에서 자생적, 창의적으로 발생되기 마련이다(정경균, 1987: 27)".

어머니회 금고로 집중시키는 중요한 계기가 되었다. 여성들 스스로가 경제력을 가진다면 열악한 자신들의 생활상 지위가 나아질 것이라는 기대가 있었던 것이다. 예컨대 1960년대~70년대 전북지역에서 마을 가족계획어머니회장을 했던 정○○[39]는 필자와의 인터뷰에서, 자기 마을의 어머니회가 마을금고를 설치하게 된 계기에 대해 이렇게 말하였다.

> 대체 마을이 살라며는 농자금이 필요한데, 그때만 해도 농협 같은데 융자받기도 힘들고 … 더군다나 우리 마을은 아주 영세해요. … 돈을 벌 수 있는 길이라면 자녀들을 바깥에 내 보내서 식모 살아 갖고 조금씩 받아오고 그런 거 밖에 없는 데였어요.
> 그리고 그땐 정말 매 맞고 사는 여자들이 너무 많았고. 겨울 같은 때는 농한기가 두어 달 이렇게 길었는데, 남자들이 한번 술집 가서 술 먹기 시작하면 아무리 여자들이, 농촌 여자들은 도시하고 틀려서 저녁을 제때 식구들이 딱 먹어줘야 여자들이 밤에 자기들 일도 하고 어디 나가고 회(會)도 가고 그러는데, 아 이놈의 남자들이 술 먹고 앉아서 오덜 않아요, 지금은 연탄도 있고 가스도 있지, 그때는 청솔가지 그런 걸 때는데 그런 거 해갖고 밥 때 안 오면 식어빠져서 또 불 지펴야지 … 세상에 못할 일이어요 여자들이, 그랬었어요. 근데 막 그렇게 당하고 살더라고요. 한번이나 데리러 가면 그날 저녁에는 와서 매타작을 혀, 자기 데리러 다닌다고.
> 그러고 하는 거를 보고, 좀 이런데서 여자들이 탈피하려면 여자들이 경제력이 있어야 할 것 아니냐, 전혀 돈을 못 만지고 살았다고요 여자들이 그때는. 근데 (대한가족계획협회에서 주최한) 어머니회 교육을 갔더니 그 어머니 금고에 대해서 교육을 시키더라고. 거기서 복식부기를 내가 처음 다뤘어요. 옛날에 학교 다닐 때 아무리 수학을 했지만 시집가서 다 잊어버리고 했는데, 거기

---

[39] 정○○은 1960-70년대 전북지역에서 면단위 가족계획어머니회 회장으로 출발하여 군단위, 도 단위의 지역 부녀회장을 거쳐 새마을부녀회 중앙회 활동까지 한 여성이다. 필자와의 인터뷰는 2003년 2월 전북 전주에서 이루어졌다.

서 복식부기를 가르치면서 마을금고 할 수 있는 역량을 교육을 시켜 주드라고. 마을에 어머니 금고를 만들어서 우리 어머니들한테 통장을 줘서 자기 재산을 불려가게 되면 그걸로 농자금도 하고 남자들이 함부로 하덜 못헐 것 아니냐, 그래 인제 어머니금고를 해야겠다. … 긍계 어떻게 해야 할지를 모르지, 뭔가 하기는 해야겠는데 방법을 몰랐는데 그 교육을 받으니까 나로서는 그게 반짝반짝한거지 - 정○○, 필자와의 인터뷰, 2003.2.

마을 가족계획어머니회의 운영에서 대한가족계획협회의 역할은 어머니회를 구성을 주도하고 여성들의 조직 활동에 정당성을 제공함으로써 가족 내에 묶여 있던 여성들이 집 밖으로 나와 마을단위의 활동을 할 수 있도록 계기를 제공한 것 정도였다. 매달 『가정의 벗』을 발간하고 윤독시킴으로써 농촌 여성들에게 피임 뿐 아니라 육아, 위생, 영양, 가사 관리에 대한 근대적 지식을 제공하고, "본보기 어머니회"를 뽑아 상으로 라디오 등을 전달하고 모범 어머니회장을 표창하는 정도의 개입만으로도[40] 농촌 마을의 여성들은 너무나도 열심히, 즐겁게 어머니회 활

---

[40] 『가정의 벗』 1968년 12월호의 "본보기 어머니회" 기사는 대한가족계획협회의 어머니회 관리가 대단히 위계적 방식으로 이루어졌으며, 모범적인 사례를 골라서 표창하는 방식으로 활동을 독려하였음을 잘 보여주고 있다. 이 기사에서 본보기 어머니회를 방문한 대한가족계획협회 간부들은 중앙에서 아래로, 행정조직들의 위계를 따라 움직이며, 모범 어머니회에 라디오를 준다. 이후로도 "본보기 어머니회" 기사를 쓰기 위해서는 군수나 보건소장을 먼저 만나고 보건소의 가족계획요원과 함께 마을 어머니회를 방문하는 것이 일반적인 코스였다. "우리 일행은 유달영회장, 강준상 지도부장 등 모두 네 사람이었다. (…) 우리는 협회지부장인 김기복씨와 간사인 박종호씨 등의 안내를 받아 곧 충청북도 도청으로 향했다. (…) 우리는 김 도지사와 간단히 가족계획 그리고 분만개조사업에 대해서 의견을 나누다가 곧 자리에서 떴다. (…) 간단히 점심을 마치고 곧 보은군으로 달렸다. (…) 이중천씨와 김재구씨가 이곳의 군수와 보건소장을 각각 맡아보고 있는데 (…) 우리가 그곳에 도착했을 때는 2시반쯤 되었지만 전 면의 어머니회장들이 모여서 우리를 기다리고 있었다. 어머니회장 총회 같은 것이 열리고 있는 것이었으며, 유회장과 강준상씨가 축사를 하도록 미리 식순이 짜여져 있었다. (…) 축사에 뒤이어 유회장은 우리가 준비해 간 트란지스터 라디오 한 대를 이중천 군수에게 전달하고 이 군에서 모범적인 면 어머니회를 하나 골라서 전달해주도록 부탁했다. 식이 끝나니까 4시가 되어 있었다(『가정의 벗』, 68/12)"

동을 했다. 여성들은 집 밖으로 나와서 '한 번씩 모일 수 있는 것(『가정의 벗』, 68/9)'만으로도 해방감을 느꼈으며, 마을 여자들끼리의 작은 모임이었지만 함께 힘을 모아 가재도구도 마련하고 살림살이의 소소한 지식들을 배우면서 소통을 통해 만들어진 유대감을 즐기기도 했다.

> 생활에 기반을 둔 어머니회, 한 가정의 주부로서, 또한 한 가정의 살림꾼으로서 어머니회 회원이 되면서부터 수태조절에 대한 주의와, 실제 생활에 보탬이 되는 세간살이가 늘어나는 등 일거양득을 누릴 수 있기 때문에 언제나 모임에 나오는 시간이 마냥 즐겁기만 하다고 정희순(43세) 아주머니가 아주 만족스런 표정을 짓기도 한다. … 매월 15일 회의 때는 농촌 실정에 알맞은 요리 강습, 개량메주 쑤는 법 등 여러 가지 생활에 유익한 강습도 받는다고. 게다가 회의가 끝나도 이런 이야기 저런 이야기 생활에 얽힌 미담이며 미래에 대한 푸른 꿈을 펼치기도 하며 더욱 인정을 나누다 보면 자연히 밤 12시가 휙 지나기 마련이라는 것. 그래서 회의가 끝나고 나면 전체 회원이 김수옥 계몽원을 밤길 5리나 되는 용선리 집에까지 비바람이나 눈보라를 무릅쓰고 바래다 준다고 귀뜸해 준다. - "본보기 어머니회를 찾아서 : 생활에 기반을 둔 어머니회", 『가정의 벗』, 70/4.

가족계획어머니회는 가족계획사업 추진의 효율성을 높이기 위해서 대한가족계획협회에 의해 타율적으로 만들어진 도구적 조직이자, 여성들을 근대적 가정 관리자로 위치지우고 지역사회개발 과제를 떠맡긴 개발국가 시기의 관 주도 부녀조직이었지만, 여성들에게는 이러한 국가의 의도와는 관계없이 새로운 활동의 공간을 향한 문을 열어준 계기로 받아들여졌던 것이다. 1977년에 마을의 가족계획어머니회는 모두 새마을운동 부녀회로 전환되었고, 이후 부녀회는 새마을운동을 추진하는 중요한 지역 대중조직으로 기능하게 된다.

가족계획어머니회의 조직과정과 새마을부녀회로의 성격 전환은 지역에 흩어져 있던 개별 여성들을 전국적으로 조직화하면서, 가족계획사업과 새마을운동이라는 거대한 국가 프로젝트에 동원하는 과정이었다. 어머니회-새마을부녀회는 마을단위, 지역단위의 여성조직이었으며, 애초에 출산조절이라는 여성 고유의 욕구에서 출발했던 만큼 대중 여성운동조직으로 발전할 잠재적 가능성이 있었다고 볼 수 있다. 그러나 이 조직은 국가주도 경제발전 프로젝트의 하부 기구로만 기능했으며, 여성들의 역량을 국가 프로젝트에 동원하는 기제로 작동했다. 이 조직의 활동에서 (국가에 의해 주조되지 않은) 여성들의 목소리를 찾아보기는 매우 어렵다. 여성들은 개발국가가 만들어 준 조직적 틀을 기회로 활용하여 내용을 채우고, 가정과 마을에서 자신들의 발언권을 높여가며 나름의 유대감과 보람을 느꼈지만, 자신들의 활동에 대한 사회적 인정이나 권리 주장을 하지는 않았다.

　이런 방식의 여성 조직운동 안에서 여성은 국민의 일원으로, 가족과 국가의 경제발전을 위해 도구화된 모성으로, 조국 근대화 프로젝트에 동원된 수행자로 존재하게 된다. 그녀들은 '어머니'로서 출산력 감소를 매개로 뭉쳐 지역개발 활동에 참여했고, '부녀' 즉, 며느리인 여성으로서 새마을운동을 이끌었다. 여성들이 집 밖에서 공동체적, 사회적 활동을 하면서도 여전히 가족 내 지위를 가리키는 명칭으로 불렸던 당시의 상황은 이들의 조직 활동이 한국사회의 여성 지위에 어떤 의미를 가진 것이었는지의 문제를 해석하기 위한 어떤 단서를 제공한다. 어머니회 활동은 개별 여성들에게 분명히 권한부여(empowerment)의 경험이었지만, 이러한 경험이 정치사회적인 세력화나 참여 증진으로 이어지지는 않았다. 당시 가족계획어머니회 활동에서 분출한 여성들의 역량과 열정은 국가의 경제발전과 가족의 계층상승을 위해 소진되었고, 한국 여성의 젠더 지위 향상이나 여성운동의 발전으로 이어지지는 못했다.

한국 사회는 역사적으로 여성들 자신의 욕구와 목소리에 기반한 지역단위 조직이 만들어진 경험, 그런 조직이 여성들 자신의 참여와 주도로 전국화하고 힘을 가져본 경험을 거의 가져보지 못한 사회이다. 앞선 2장에서 이미 우리는 1950년대 대한어머니회의 활동을 통해 여성의 대중적 욕구에 기반한 여성운동의 가능성이 모색되었다가 쿠데타로 좌절되고 국가주도 프로그램에 복속된 과정을 살펴보았다. 3장에서 살펴본 가족계획어머니회는 여성들이 이미 갖고 있었으나 낮은 지위와 시부모의 권력 때문에 드러내지 못하고 있던 출산조절 욕구를 기반으로 하여 만들어진 조직으로, 일단 조직된 다음에는 별다른 지원 없이도 국가나 사업 주체들이 놀랄 정도의 성과를 보이면서 발전하였다. 단지 가족계획사업에만 기여한 것이 아니라 지역사회개발을 통해 '조국 근대화' 그 자체에 일익을 담당하면서 여성들은 개발국가의 근대화 프로젝트에 자발적으로 동원되었다. 1977년 어머니회가 부녀회로 전환되면서 새마을운동의 깃발 아래 다시 정렬한 이래, 한국 여성의 대중조직에 대한 감각은 새마을부녀회를 기준으로 형성되고 유지되어 왔다. 1950년대 말에 잠깐 등장했던 출산조절을 매개로 한 여성운동의 가능성은 이런 방식으로 국가 프로젝트에 복속되고 말았던 것이다.

4장. 모성의 왜곡과 출산의 가족전략화

1. 1970년대 한국사회와 여성
   1) 유신체제와 새마을운동 : 개발독재로 유지된 경제성장
   2) 딸에서 주부로 : 가족역할 속에서 이뤄진 여성 노동

2. 1970년대의 가족계획사업
   1) 사업 방식의 전환 / 2) 끼우거나 먹거나 수술 받거나 : 가족계획사업이 보급한 출산조절 수단들
   3) 가족계획사업의 자기표상과 담론들

3. 출산율 급락의 비밀 : 가족전략으로서의 출산과 '근대적 모성'
   1) 국가의 동원인가 여성의 선택인가 / 2) 계층상승 및 가족지위생산 전략으로서의 '가족계획'
   3) 낳는 어머니에서 기르는 어머니로 / 4) '여자가 알아서' : 가부장제 권력과 여성 자율성의 이중성

1. 1970년대 한국사회와 여성

1) 유신체제와 새마을운동 : 개발독재로 유지된 경제성장

1970년대 한국사회를 규정한 가장 중요한 두 개의 정치사회적 사건은 1972년 '10월 유신'과 1970년 새마을운동 출범이다. 대통령 박정희가 직접 제창한 새마을운동은 근면·자조·협동의 정신을 가지고 어제보다 나은 내일의 새마을을 만들자는 것으로, 개인들의 노동윤리 고취와 생활개선을 통해 지역과 국가의 발전을 이루자는 '국민운동'이었다. 이로써 5·16 쿠데타 직후부터 재건국민운동 등을 통해 모든 국민을 조국 근대화를 향한 돌진에 끌어들였던 박정희 정권의 동원 체제는 더욱 정교화된 형태를 띠게 되었다.

새마을운동 출범 2년 뒤 일어난 '10월 유신'은 박정희 정권 시대 개발국가를 '개발독재'로 규정할 수 있게 하는 가장 중요한 토대가 되었다. 1972년 10월 17일, 중앙청 앞에 탱크가 다시 등장했다. 1961년 5·16 쿠데타 이후 11년 5개월만이었다. 비상계엄령이 전국에 내려지고, 모든 정당의 정치활동이 중단되었다. 국회가 해산된 뒤 공고된 헌법개정안은 계엄령 하 국민투표에서 91.9% 투표율과 91.5% 찬성으로 통과되었다. 이른바 〈유신헌법)은 대통령을 통일주체국민회의를 통해 간선제로 뽑고, 대통령에게 긴급조치권과 국회해산권 같은 초헌법적 권한과 국회의원 정수의 1/3에 해당하는 의원과 법관의 임명권까지 부여하는 등 모든 권력을 대통령에게 집중시키는 내용을 담고 있었다. 유신체제는 제도적으로 의회 공간을 완전히 무력화시키고 대통령 1인 독재를 합법화하는 것을 골자로 하고 있었다. '한국적 민주주의', '국민총화' 등이 새로운 정치적 슬로건으로 등장하였다(조희연, 2007; 전경옥 외, 2011).

유신 체제와 새마을운동으로 1970년대 한국의 '조국 근대화'는 더욱 정교화되고 군사화된 방식으로 국민을 동원하는 국가 프로젝트가 되었다. 쿠데타로 집권한 정부라는 이미지를 씻기 위해 민정 이양 이후 상당히 절제되었던 군사 용어의 사용이 정치의 장에서 다시 빈번해진다. 대략 1960년대 말부터 산업전사, 산업의 역군, 수출의 역군, 수출의 기수 같은 새로운 단어들이 산업용어로 등장하기 시작했다. 이 단어들은 민족주의와 발전주의를 군대식 수사(修辭)와 결합했고, 노동자들을 국방을 위해서 싸우는 군인들과 동일시하였다(구해근, 2002: 207). 대통령 박정희는 실제 국군통수권자이기도 했지만, 모든 국민에게 전투 태세로 수출 증대, 경제발전, 조국 근대화를 향해 돌진해 갈 것을 명령하고 지휘하는 군대 사령관 같은 존재였다.

1972년 3월 7일 대통령령 제6104호에 의해 내무부 장관을 위원장으로 하여 관계부처(처음에는 15개 부처, 1975년부터 22개 부처) 차관급이 소속되는 새마을중앙협의회가 출범하였다. 각 도·시·군·면 단위에 각각 도지사, 시장, 군수, 면장을 위원장으로 하는 새마을추진협의회가 구성되었으며, 마을마다 마을개발위원회가 만들어졌다(박진도·한도현, 1999: 49). 새마을운동의 추진도 철저하게 군대식으로 이루어졌다. '새마을운동은 전쟁'이라는 당시 내무부 장관의 언명에 따라 군수·부군수·읍면장이 관내 전 지역을 순회해야 했고, 일반 직원들도 담당 마을이 있어 월 10-30회 가량 순회하는 것이 보통이었으며, 공무원들은 아예 마을에 상주하면서 새벽부터 종을 직접 치는 등 적극적으로 움직여야 했다(강준만, 2002a: 267). 정부가 보조하는 시멘트와 철근으로 마을 길 넓히기, 하수구 정비, 공동 빨래터 설치, 초가지붕 개량, 마을회관 건립 등 건설 사업이 추진되었고, 다양한 소득증대 사업 등이 마을마다 펼쳐졌다.

새마을운동 조직체계의 최정점에 있던 대통령 박정희는 운동을 통해 직접 국민의 정신무장을 독려했다. 박정희가 생각한 새마을운동은 일차적으로 나태·안일·퇴폐를 자조·근면·협동으로 바꾸는 '민족성 개조 운동'이었다. 1970년대 초 한 해 동안의 새마을운동 성과에 대해 평가한 박정희의 다음 언급은 이것을 잘 보여준다.

> 1971년은 바로 우리가 자조와 근면과 협동의 정신을 전국의 마을마다 번지게 만든 획기적인 한 해였다. 긴 겨울철의 농한기에 아무 하는 일 없이 나태와 안일에 빠져 음주나 도박으로 소일하는 퇴폐적인 풍조를 없애기 위해, 대대적인 환경개선 작업에 착수한 것이다.[1]

새마을운동은 단지 농촌의 지역개발운동 차원에 머무르지 않고, 도시 새마을운동, 공장새마을운동 등 전 지역, 전 국민의 생활영역을 아우르는 것으로 성장해 갔다. 모든 개인의 역량을 국가 프로젝트에 집중시키고자 하는 새마을운동의 국민 동원 체제는 다른 한편, 노동자들에게 순종적 노동윤리를 고취하고 고용주의 노동통제에 따르게끔 하는 자본 중

---

[1] 박정희(1978), "새마을운동과 국가건설," 『민족중흥의 길』, 광명출판사, 94쪽(강준만, 2002a: 265에서 재인용).

심적 기율 체제이기도 했다. 이 시기 여성 생산직 노동자들은 '수출역군' 으로 불리면서 공장새마을운동의 주요 수행자가 되기를 요구받았다. 공장 새마을운동은 도시 환경 정비를 위한 청소, 조경 등의 작업을 노동자들에 게 전가하였는데, 이는 개별 공장 차원에서 여성노동자들을 대상으로 한 사내 미화구역 관리책임 제도 및 경진대회 등으로 나타났다. 아침에 일찍 일어나 근무시간 전에 청소를 하게 하고, 맑은 정신과 단합된 정신을 만 들기 위해 함께 노래 부르게 하거나, 작업 전의 건강한 정신 상태를 위해 새마을 교육에서 배워온 내용을 한 소절 읽어 주는 등의 일들이 여성노동 자들에게 부과된 일상적 의례였다(김원, 2005: 398). 공장새마을운동이 일체 감을 조성한다며 내세운 '직장의 제 2가정화'는 다음과 같은 논리를 갖고 전개되었는데, 이는 기실 당시 한국의 많은 공장들이 채택했던 가부장적 노동통제 논리를 그대로 담고 있는 것이었다(조순경 외, 1989; 이종구 외, 2006)

> 기업주는 가장(家長)과 같은 위치에서 종업원의 불편한 점과 어려운 일들을 따뜻하게 보살펴 주어야 하고, 종업원은 또 기업주를 어버이처럼 따르고 존경 하고 회사 일을 자기 일처럼 알뜰하게 보살펴 나가는 자세가 중요한 것이다.
> - 이동우 외, 1983: 75.

당시 자본은 주로 미혼의 젊은 여성들로 구성되었던 여성노동자들을 효과 적으로 통제하기 위해 온정주의적 가부장의 이미지를 활용했다. 남성 사장이 나 기업주, 관리자를 딸들을 보호하고 부양하는 아버지의 이미지로 표상했던 것이다. 그러나 실제 현장에서는 폭력적이고 강압적인 아버지의 모습이 드러 나고 있었다. 특히 여성사업장의 경우, 자본 측이 남성노동자를 활용하여 폭언 과 폭력 등의 강압적 방법을 써서 여성노동자들을 통제하는 경우가 많았다고 한다. - 강인순, 2004: 86.

1970년대 한국의 경제정책은 1972년 시행된 제 3차 경제개발5개년계획으로 중화학 공업화가 시작되었다는 것으로 요약될 수 있다. 제 3차 5개년계획은 산업구조의 고도화, 국제수지 개선, 식량 자급, 지역발전 균형을 기본 목표로 하여, 제철·비철금속·전자·기계·조선·화학 등 여섯 개 중화학공업 분야에 집중적으로 투자하는 것을 주요 내용으로 하고 있었다. 노동집약적 경공업만으로는 수출 증대에 한계가 있다는 것이 점점 더 분명해지는 상황에서 개발국가는 선도적으로 중화학공업을 발전시킴으로써 성장을 유지하고자 했다. 국민들은 국가의 선전대로 '100억불 수출, 1000불 소득' 시대가 열리면 모두가 잘 사는 선진국에서 호강하며 살 것으로 기대하면서 허리띠를 졸라매고 열심히 일했다(전경옥 외, 2011: 235). 그 결과 1972~76년 동안 한국 경제의 성장률은 연평균 9.7%로, 제 2차 경제개발5개년계획기의 9.6%와 거의 같은 정도의 고도성장을 나타냈다.

소원하던 100억불 수출이 원래 목표 시기보다 앞당겨 달성된 것은 1977년의 일이었다. 그러나 역설적이게도 이 시기부터 한국 경제의 고도성장은 한계에 봉착하기 시작했다. 중화학공업에 대한 중복·과잉투자에 국제적인 오일쇼크까지 겹치자 경기가 나빠지는 것을 막을 수 없었고, 이를 반영하여 제 4차 경제개발5개년계획기인 1977~81년 시기에는 연평균 성장률이 5.8%로 떨어지게 된다. 1980년에는 마이너스 5.7% 성장률을 기록하기도 했는데, 이는 휴전 이후 처음 있는 일이었다(서중석, 2005: 268). 불황과 경제난 속에 1970년대의 국민 동원 및 노동통제 체제는 균열을 일으킬 수밖에 없었다. 1979년 8월 YH 여성노동자들의 신민당사 농성 사건으로 억눌려 있던 노동자들의 저항이 터져 나오기 시작했고, 같은 해 10월 터진 부마항쟁은 대통령 박정희의 피살로 이어졌다. 그렇게 박정희 정권의 개발독재는 끝나갔다.

2) 딸에서 주부로 : 가족역할 속에서 이뤄진 여성 노동

1960~70년대의 고도성장 속에서 압축적으로 일어난 한국사회의 변화는 여성들의 삶에도 많은 변화를 불러일으켰다. 급격한 산업화는 수많은 여성들을 집 밖에서 일하게 했지만, 여성들의 삶은 여전히 가족의 틀 안에 있는 것으로 여겨졌다. 여공으로 식모로, 또는 각종 서비스업 종사자로 도시에서 일하는 젊은 여성들이 많았지만, 이들의 노동 목적은 기본적으로 농촌에 사는 가족들의 생활비와 남자 형제들의 학비를 대는 것이었다. 이 여성들은 '노동자'라기보다는 '책임있는 딸'이었으며, 계층적으로는 '공순이'로 비하되어 불렸다(김승경, 1997). 여성노동에 대해 부정적인 사회인식은 여성의 취업에 대해 여성 스스로 굴욕적으로 인식하게 만들었고, 이로 인해 1980년대 중반까지 한국 여성의 경제활동참가율은 학력과 반비례하는 현상을 보였다(강남식, 2003). 고학력 여성은 취업하지 않았고, 결혼한 여성은 공식 노동 부문에서 대체로 배제되었으며, 비공식 부문에서의 불안정 고용과 무보수 가사노동에 종사했다. 나이 어린 저학력의 미혼 여성 노동자들은 저임금의 나쁜 일자리에서 장시간 일했다. 1970년의 한 자료에서는 제조업 종사 여성노동자의 69.8%가 24세 미만인 것으로 나타났다(전경옥 외, 2011: 218).

노동시장에서 여성은 기본적으로 결혼이나 임신, 출산 전에 잠시 동원 가능한 임시 노동력으로 인식되었다. 도시에서건 농촌에서건 여성들은 일단 결혼을 하면 가정에 충실해야 한다는 것이 당시의 통념이었기 때문이다. 한편에서는 '조국 근대화의 역군'으로 호명하면서 대다수 미혼 여성을 최저생계 조건만을 허락하는 저임금 노동 현장에 묶어 두고, 다른 한편에서는 근대적인 아내 또는 모성 의 이름으로 여성을 성별 분리의 확고한 틀인 가정의 울타리에 가두어 두는 것이 당시의 상황이었다(김영옥, 2001: 32). 여성노동자가 당시의 경제에서 차지했던 높은 비중에도 불구하고 여성노동 정책은 따로 없었고, 여성노동자들은 '근로여성'이라는 이름으로 불리며 영세 여성가구주, 미혼모, 가정폭력피해자, 성매매여성, 빈곤여성, 노인여성, 가출여성과 함께 묶여 〈노동청소년부녀보호위원회〉가 관리하는 '요보호' 대상 여성으로 취급되었다(전경옥 외, 2011: 217). 박정희 정권 아래서 여성노동 문제는 결코 평등이나 권리의 차원에서 생각될 수 없었다. 그것은 정책 대상 영역이 아니거나, 기껏해야 시혜적 복지나 구제 차원의 문제였다.

공적노동에 참여했던 빈곤한 계층의 미혼 여성들은 결혼 후에는 1950년대 이래의 '억척어멈'이 되어 가족 단위 생계유지에 주력하였다. 남편의 소득이 불안정한 경우가 많았기에, 만연한 성차별에도 불구하고 이 여성들은 어떤 형태로든 경제활동에 참여해야 할 수 밖에 없었다. 당시 보통의 도시지역에서는 미혼 여성의 경제활동 참가율이 결혼한 여성보다 3,4배 높았던 반면, 농촌이나 도시빈민 지역에서는 결혼한 여성의 참가율이 더 높게 나타났다(조은, 1984: 14). 취업한 미혼 여성의 절대다수가 임금노동을 한 반면, 결혼한 여성은 자영업, 무급가족종사자 등 임금을 받지 않는 노동이나 집에서 하는 가내공업에 종사하는 경우가 많았다.

결혼을 하고도 돈을 버는 여성의 비율은 빈곤층에 훨씬 많았지만, 이 여성들의 경제활동이 그녀들의 가족 내 지위를 보장해 주지는 않았다. 빈곤층은 중·상층보다 집안에서 남성의 권위와 우위를 인정하는 성향이 훨씬 더 강했기 때문이다. 도시 빈곤층 여성과 농촌의 여성들은 전통적인 엄격한 성별 분리와 남성 우위의 권력 구조를 수용하면서(조은, 1983: 191-193), 집 밖에서 돈벌이 여부와 관계없이 가족 내에서는 살림하는 며느리로서의 종래 역할을 충실히 담당해야 하는 이중의 부담을 안고 살았다.

그러나 1970년대 중반 이후 본격적으로 등장한 중산층 가족에서는 사정이 조금 달랐다. 중산층 여성들은 근대적인 고등 교육을 받는 경우가 많았지만 별다른 취업 경험 없이 곧바로 결혼하였고, 집안 살림을 맡아하는 주부로서 조국 근대화와 가정의 행복을 위한 실천을 다양하게 펼쳐갔다. 1960년대 이래 꾸준히 선전되어 온 '근대적 가정주부'의 이상은 1970년대 중반 이후 중산층 여성들을 통해 비로소 그 실체를 얻었다. 압축적 근대화가 진행되던 시기 한국 중산층 가족에서, 결혼한 여성들은 가정경제의 관리자이자 자녀교육을 통한 계층상승 수행자로서 자신의 지위를 점점 더 확고히 해 갔다. 조혜정은 이 시기에 한국사회 여성 권한의 바탕이 모권(母權)에서 아내권으로 바뀌었다고 지적한 바 있다.

> 초고속의 도시화 과정 속에 대규모의 아파트 단지들이 들어서고, 아파트 구입에 결정적인 공헌을 한 근대 교육 수혜 여성들은 시어머니를 제치고 안방을 차지하게 된다. 여성이 '아내'로서의 주체 의식을 확고하게 가지게 된 것인데, 그것은 물론 의식적 운동의 산물로서가 아니라 경제개발 과정에서 생긴 일이었다. 이러한 아내권의 형성 과정은 경제성장에 뒤따르는 70, 80년대 도시화와 핵가족화에 밀접하게 연결되어 있다. 도시로의 이주는 농촌에 있는 노인 세대와 분리된 공간에서 젊은 아내들이 수행할 역할을 늘렸고, 이에 따라 젊은 아내의 권리는 더욱 늘어났다. 시부모와 같이 살더라도 며느리는 현대적 교육을 받았다는 사실 하나로 목소리를 높일 수 있는, 근대적 '지식과 능력'이 중시되던 상황이었다. - 조혜정, 1998: 150-151.

그러나 그러면서도 성별 분리 원칙과 강고한 성별분업은 지속되고 있었다. 당시 여성의 일-가족 양립을 지원하는 그 어떤 사회제도도 없었던 상태인데도 도시의 고학력 기혼 여성들 중 일부는 교사, 약사 등 소수의 직종에 종사하는 경우가 있었는데, 이는 그때까지도 쉽게 구할 수 있었던 '식모' 등 풍부한 가사보조 노동력 덕분이었다. 중산층 취업주부라도 가사 노동에서 남편의 분담을 요구하는 일은 거의 없었다. 여성들 스스로가 원칙적으로 가사와 육아를 여성 책임으로 보았기 때문이다. 중산층 이상의 취업주부는 '자신의 직장 활동을 허용 내지 이해해 준 남편에 대해 고마움'을 가져야 하는 것이 오히려 사회 일반의 보편적인 분위기였다(전경옥 외, 2011: 222).

이 시기 개발국가의 정책 담론에서 주부의 역할은 더욱 세부화된 목록들을 갖추며 내적으로 강화되는 수순을 밟았다. 1960년대에 강조되었던 가족계획의 실천 외에 새마을운동을 통해 지역사회개발에 참여함으로써 국가발전에 기여할 것이 강력히 요구되었다(보사부, 1975. 제 4차 5개년 계획: 369).[2] 1973년 새마을운동이 전국적으로 체계화될 무렵, '부녀층의 폭넓은 참여와 부녀 지도자의 육성'에 관한 논의가 시작되었다. 여성 농민은 새마을운동의 계몽 대상이기도 하고, 실천의 주체가 되기도 해야 하는 그야말로 새마을운동의 주인공이었다(전경옥 외, 2011: 253). 새마을운동에서 요구하는 이상적인 여성 농민의 모습은 가정에서의 어머니, 아내, 며느리의 역할을 지역 사회와 국가로 확대시켜 봉사하는 것이었다(내무부, 1973: 50). 여성의 자기희생적 가족 내 역할을 그대로 둔 채 그것을 국가와 지역사회에로 확장시키는 것이 여성들에 대한 새마을운동의 요구였던 것이다.

---

[2] 1970년대 중반의 〈국무총리 훈령 제 141호(1977.7.8)〉은 새마을부녀회의 사업내용을 가족계획사업, 교양사업, 생활개선사업, 저축사업으로 규정했다. 새마을부녀회 규약도 일원화되어 "부녀복지 향상을 기하고 새마을 정신의 생활화로 건전 가정의 육성과 지역사회 발전에 공헌하여 새마을 운동의 영속화"를 기하는 것이 목적으로 명시되었다(황정미, 2001: 159).

한국 여성은 대가족 제도 하에서의 시집살이를 통해서 오랜 세월 동안 인내의 미덕을 배웠고, 자기를 희생시키어 가족에게 봉사하는 슬기를 체득해왔다. 이 자질만 승화시키면 새로운 사회가 요구하는 차원 높은 가치관을 습득하기란 그리 어려운 일이 아닌 것으로 여겨진다. 내 아이 남의 아이 차별 말고 서로서로 아끼고 돌보아 주고, 내 부모 남의 부모 구별 말고 한 자리에 모시고 협동적으로 봉양하는 풍조가 싹터야 한다. - 새마을지도자연수원, 1977: 134-135.

실제로는 "순수한 인심, 풍요한 생산, 풍치 좋은 고장 건설에의 적극 참여"라는 당시 부녀정책의 슬로건에서 드러나듯, 당시 요구되던 주부의 역할이란 가정 내에서의 활동 범위를 훌쩍 뛰어넘는 것이었다(최유정, 2010: 242-243). 그러나 국가는 이 역할을 여성이 가정을 이탈하지 않으면서 직접 사회적인 활동에 가담해야 한다는 식으로 갈등 없이 제시하였다. 가정 내에서 '근대적인' 주부로서 삶을 꾸려가는 동시에 이것을 그대로 확장하여 국가가 제시한 프로그램에 참여하는 것이 여성이 국가·사회에 기여할 수 있는 유일한 방식으로 제시되었다. 가정관리, 소비생활의 합리화, 절약과 저축, 부업 역시 국가 경제에 필수적인 행위라는 점에서 그 중요성을 획득했다.

새로운 현상이라면 여성의 역할이 국가의 경제발전이라는 차원에서 규정되는 담론이 여전히 유지되는 가운데, 국가의 정책 담론에서 부분적이나마 여성 성역할의 하나로 모성의 차원이 부각되기 시작했다는 점이었다.(최유정, 2010: 247). 1970년대 들어 주부의 역할이 여성다운 생활태도 배양, 현모양처로서의 역할 등으로 극히 세분화되어 가는 가운데, 특히 중점 부각되기 시작한 것이 바로 '어머니로서의 역할'이었던 것이다. 당시 각종 부녀정책에서 '어머니로서의 자질 향상'은 가장 빈번히 언급되는 표현의 하나였다. 가족계획어머니회가 여성의 어머니로서의 자질

향상을 가족계획 실천 보급을 위한 노력과 함께 조직의 주된 목표로 내세운 것이나, 부녀복지사업이 어머니의 자질 향상을 세부과제로 삼아 어머니교실의 교육 내용으로 명시한 것 등이 모두 이러한 흐름을 반영한 것이라고 볼 수 있다.

2. 1970년대의 가족계획사업

1) 사업 방식의 전환

(1) 외원의 변화와 10월 유신의 효과

1970년대의 가족계획사업은 "딸 아들 구별 말고 둘만 낳아 잘 기르자"라는 슬로건으로 요약될 수 있다. 개별 가족에 적당한 자녀 수의 표준을 제시하는 동시에 남아선호를 타파하자는 계몽적 의미를 담고 있는 이 슬로건은 1971년 대한가족계획협회의 '둘 낳기 운동' 표어 공모의 당선작으로, 1970년대 내내 이루어진 대규모 캠페인과 교육·홍보의 중심축 역할을 했다. 1972년 '10월 유신'으로 제 4공화국이 출범하자, 가족계획사업은 더욱 돌진적이고도 공격적인 방식으로 대 국민 물량 공세를 펼쳐가게 된다.

1972~76년 제 3차 경제개발5개년 계획 기간 중의 목표 인구증가율은 1.5%로 설정되었고, 모자보건법 제정, 민법의 가족법 부분 개정, 소득세법·법인세법 개정 등 다양한 법적 조치들이 가족계획사업 목적으로 이루어졌으며, TV나 라디오 드라마 내용에 대한 직접 개입이나 1976년 서

울, 경기도, 강원도 등지에서 열린 "피임실천 촉진대회" 같은 대규모 군중 동원 방식이 채택되었다. 1977년부터 시작된 제 4차 경제개발5개년 계획 시기에는 가족계획사업을 명시적으로 "인구정책"으로 전환한다는 선언이 나왔고, 당시 9년여 간 활동해온 마을 단위 가족계획어머니회를 모두 새마을 부녀회 가족계획부로 배속하는 조치가 있었다. 농촌지역 1만 2,742개 마을에 속하는 86만 6,456명의 부녀회원을 대상으로 유배우 가임여성 가정건강 기록부의 작성에 착수했으며(김명숙, 2008: 272), 불임시술 수용자에게 주공아파트와 주택부금 아파트 분양 시 우선권을 주기로 결정하여 당시의 아파트 붐을 가족계획사업에 활용하기도 했다.

1970년대의 가족계획사업은 외국으로부터의 지원, 곧 외원(外援)의 변화로부터 크게 영향을 받았다. 한국 가족계획사업에서 '외원'은 단순한 재정지원만을 뜻하는 것이 아니었다. 국제 인구통제 기관들은 대한가족계획협회나 다른 국내의 가족계획 기관들에 재원을 직접 제공하거나 매개해 준 국제 인구통제 기관들은 사업의 구체적인 내용이나 발전 방향을 지시해 주기도 하였다. 한국 가족계획사업에서 펼쳐진 하부 사업의 항목들을 보면, 한국 측에서 구상하여 외원을 요청한 것들도 있지만 그보다 훨씬 많은 것이 국제 인구통제 기관이 먼저 제안하고 지원을 약속함으로써 추진된 것들이다.

실제로 국제 인구통제 기관은 초창기의 시범연구들과 이후의 각종 평가, 연구들, 그리고 연구 및 행정 인력에 대한 교육 등을 통해 한국 가족계획사업의 방향과 사업모델 설정을 거의 지도했다고 해도 과언이 아니다. 이동시술반 운영이나 가족계획어머니회 조직, 『가정의 벗』 발간 등 주요 사업을 가능하게 한 직접적인 계기 역시 외원의 확보였다.[3] 가

---

[3] 이동시술반 운영을 위한 차량, 가족계획어머니회 조직 비용, 『가정의 벗』 발간을 위한 용

족계획사업 수행을 위한 예산에서 외원의 비중은 매우 컸다. 보건소와 읍면동 행정기관에 고용된 정규·비정규 공무원 신분의 가족계획 요원들에 대한 보수를 제외하고는 사실상 거의 모든 사업비가 외원을 통해 충당되었던 것이다. 한창 사업이 실시되는 기간에는 해마다 가족계획협회 예산의 약 80%가 외국원조에 의한 것이었다고 기록되어 있다(대한가족계획협회, 1991b: 171).

[그림 10]은 1961~90년까지 한국의 가족계획사업에 투여된 재정을 출처별로 도표화한 것이다. 사업 초기부터 1960년대 말 정도까지 외국에서 들어온 재정지원이 꾸준히 증가하면서 국내 예산의 투여를 견인했지만, 1970년을 전후해서 외원이 뚝 떨어지는 것을 볼 수 있다. 이때 외원이 한꺼번에 감소한 것은, 1968년경 국제 인구통제 기관들의 활동 지형이 변하면서 그동안 '한국'이 갖고 있던 독점적인 외원 수혜국으로서의 위치가 흔들린 것과 관련이 있다. 1968년 무렵은 이전까지 몇몇 열성 활동가들과 사설 기관들(록펠러재단과 미국인구협회, IPPF등)의 관심사에 머물러 있던 '인구통제'가 일약 전 세계적인 정치적 관심사가 되고 있던 때였다. 미국 정부 및 유엔이 제 3세계 인구통제 활동에의 개입을 공식적으로 선언했고, 유엔인구활동기금(UNFPA)이 마련되면서 1970년대부터의 국제 인구통제 활동의 전성기를 예고했던 것이다. 그런데 이것이 한국의 가족계획사업에는 역설적인 결과를 가져오게 되었다. 점점 더 많은 제 3세계 국가들이 인구통제 정책을 채택하게 되면서, 국제 인구통제 기관들이 지원해야 할 나라의 수가 급증했던 것이다. 이러한 상황은 한국 가족계획사업에 매우 큰 위기로 작용하였다. 1975년에 당시 대한가족계획협회 회장 이종진은 다음과 같이 쓴 바 있다.

지 등이 모두 미국인구협회나 IPPF, SIDA 등 외원 기관으로부터 제공되었다.

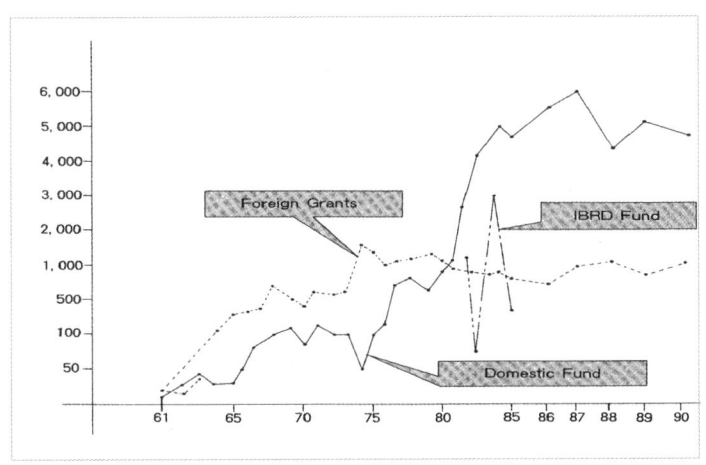

[그림 10] 가족계획사업 재원의 변화 (출처: 대한가족계획협회, 1991b: 69)

현 시점에서 더욱 심각한 문제는 외원의 체감이다. 과거 10년간 국제 가족계획사업 분야에서 한국의 사업을 시범사업이 되게 재정적 후원을 해 준 미국 국제개발처(USAID)를 비롯한 여러 외국 공사립 기관들이 점차 우리나라에서 손을 떼려는 기미를 보이고 있다. 한국의 가족계획사업은 이만큼 성취되었고 정부도 상당히 경제발전을 이룩했으니 이제는 다른 후진국을 도와야겠다는 것이 그들의 퇴장의 변이다. … 이대로 가다가는 사업은 하지 않고 사무실만 유지해야 하는 딱한 입장이 되어 버렸다. - 이종진, "한국가족계획사업의 전망", 대한가족계획협회, 1975: 38.

그러나 1972년에 10월 유신이 일어나면서, 잠시 주춤했던 가족계획사업이 다시금 돌진적으로 추진될 수 있는 계기가 마련된다. 국가가 제시하는 발전 방향이나 정책에 대해 누구든 이견을 제시하는 것 자체가 불가능해진 유신 체제 하에서, 1960년대 말에 한번 시도했으나 종교계의 반대에 부딪혀 실패로 돌아갔던 인공유산의 합법화 조치가 이루어졌다. 국회가 해산된 상태에서 비상국무회의를 통과하여 1973년 공포된 〈모자보건법〉은 명목상으로는 그동안 법적 근거가 부재한 상태에서 시행되어 온 가족계획 정책/사업에 근거를 마련하기 위한 것이었지만, 실제로는 합법적 인공유산에 대한 규정을 마련하고 의사가 아닌 사람도 일정한 훈련을 이수하면 자궁내장치 시술을 할 수 있도록 허용하는 등, 모자보건보다는 출산억제를 위한 실적 위주의 가족계획사업을 뒷받침하는 것이었다.

1970년대 초에 잠깐 줄어들었던 외원은 1974~5년경부터 다시 크게 증가했는데, 이는 주로 1972년부터 들어오기 시작한 UNFPA의 지원이 이 무렵부터 크게 늘었기 때문이었다. 미국인구협회와 아시아재단 등 이전에 거액의 재정지원을 해 왔던 국제 인구통제 기관들의 원조금은 1975년에 중단되었지만, UNFPA라는 새로운 외원을 확보하면서 다시 재정의 숨통이 트이기 시작했다. 그 외 일본가족계획국제협력재단(JOICFP), 1972년부터 USAID 지원 양곡대금 이자에서 지원된 융특지원금, 76년부터의 서문화센터(EWCI)와 국제식량기구(FAO) 원조금 등이 중요한 외원의 출처였다(대한가족계획협회, 1991a: 171-172).

국제 인구통제기관의 제안과 재정지원이 국내의 가족계획사업의 내용과 심지어 주체까지도 결정하게 되었던 것은 1970년대 중반 〈한국여자의사회〉[4]가 가족계획 관련 사업에 참여하게 되기까지의 과정에서 대표적으로 드러난다.(한국여자의사회, 1986: 87-104) 당시 주한 미국 대사관 USAID 담당관이었던 닥터 글렌이 1974년 '세계 인구의 해'와 1975년 '세계 여성의 해'를 맞이하여 가족계획 관련 행사를 할 것을 여자의사회에 제의하였고, 생각지 못했던 제안에 여자의사회는 급히 회의를 열어

---

[4] 5·16으로 해산되었던 1950년대의 〈대한여자의사회〉가 1972년 재건된 단체가 〈한국여자의사회〉이다.

수락을 결정했다고 한다. 이후 닥터 글렌의 주선으로 USAID의 재정지원이 미국 소재 국제가족계획후원회(Famliy Planning International Assistance, FPIA)를 통해 한국여자의사회에 전달되었고, FPIA 아시아 담당인 로렌자나 여사가 내한하였다. 로렌자나 여사는 여자의사회 임원들과 함께 1975년의 전국 여의사대회 개최를 협의하고, 행사 진행까지 함께 한 뒤에 귀국하여 FPIA 본부에 보고서를 제출하였다. 이 전국 여의사대회가 성황리에 끝나자, FPIA는 한국여자의사회를 사업 파트너로 삼아 한국에서 가족계획사업을 하기로 결정하게 된다. 그 다음 해인 1976년 3월에 먹는 피임약(노리닐) 10만 싸이클을 무상 제공하여 여자의사회 회원들의 병원을 통해 배포하도록 했으며, 2년 뒤인 1978~9년에는 복강경 기계와 미니랩 세트, 윤스링 등 여성 불임수술 시술에 필요한 장비들을 제공하여 여자의사회로 하여금 무료 시술을 하도록 하였다. 그리하여 이 기간 동안에 여자의사회의 사업을 통해 불임수술을 받은 한국 여성의 수는 14,000명에 이른다.[5]

(2) 홍보와 교육, '둘 낳기' 캠페인

국제 인구통제 기관들의 지원 감소에 따라 외원을 이용하여 피임기구를 들여와 계몽요원이 대면접촉을 통해 수용을 설득한 뒤 무료로 시술해주는 기존의 직접 전달식 사업방식이 한계에 부딪히게 되면서, 대략 1968년경부터 한국 가족계획사업은 사업방식의 다양화를 모색하게 된다. 1968년 가족계획어머니회 조직과 『가정의 벗』 창간이 그 시작이었다면,

---

[5] 외원 기관이 한국 가족계획사업을 실질적으로 끌어간 예는 이것 외에도 아주 많은데, 가령 대한가족계획협회가 1974년 주부클럽연합회가 펼친 "임신 안 하는 해" 캠페인이나 1970년대 중반 가족법 개정운동을 지원했던 것도 실은 아시아재단이 그렇게 할 것을 제안하고 재정을 대어 주었기 때문이었다고 한다(대한가족계획협회, 1991a).

1970년대 들어서는 각종 슬로건·표어·라디오 및 TV 드라마 등 각종 매체를 통한 홍보 사업이 크게 강화되었다.

1970년대 전반 기간(1971~1975년) 동안 대한가족계획협회는 기획실 및 학술부를 폐지하는 대신 홍보부를 신설하여 대대적인 캠페인을 전개했다. 주요 홍보활동으로 유네스코 지원에 의한 가족계획 지역훈련 및 세미나, 어머니 글짓기 및 그림공모전시회 개최, 전국 의과대학장 대상 세미나, 가족계획을 위한 신용협동조합 군 촉진대회, 전국 약사 대상 세미나, 시·도 가족계획지도자 세미나, 일선교사 및 방송작가 대상 세미나, 대학생농촌봉사 대상자에게 교육, 가족계획실천수기 공모 등이 있었다(김명숙, 2008: 289-290).

1970년대 후반 기간(1976~1980년)에는 어머니회 자원지도자 교육, 청소년 인구교육, 전국 50여 개 어린이집 시설장 대상 가족계획 교육, 기업체 최고경영자 및 가족계획 관계자 회의 개최, 새마을부녀회 일선 관리자 세미나, 새마을청소년지도자 세미나, 전국 농촌 리·동 새마을부녀회장과 전국 도시지역 부녀회장 교육, 30개 지역 가족계획 촉진대회, 산업장 가족계획 책임자 및 청소년 지도자 세미나, 서울 시내 통반장 대상 교육, 농촌진흥청 산하 새마을 시범사업부락 주재 지도자 교육 등 다양한 교육 사업이 펼쳐졌다(김명숙, 2008: 290). 서울 시내 40개 지역에서 가두 캠페인을 전개한다거나, 경제인 및 과학자, 언론인 대상 심포지엄, 계몽영화 〈딸이 더 좋아〉 제작 및 시도지부 및 유관기관에 배부, 대규모 군중을 동원한 피임실천촉진대회 개최(서울 상계 지역, 경기도 동두천 지역, 강원도 장성 지역 등), 노인회를 통한 표어 배포 등과 같은 다각도의 대량 홍보 역시 계속 이루어졌다(대한가족계획협회, 1991a: 410-427).

가족계획사업이 피임수단의 보급에서 교육과 홍보로 방향을 바꾼 것은, 1970년대 박정희 정권의 국민 동원이 의식개혁을 위한 캠페인을 전투적으로 벌이는 방식으로 이뤄졌다는 점과 궤를 같이하는 것이었다. 새마을운동에서 나타나듯이, 어떤 사회적 조건이나 제도적 변화를 모색하기보다는 직접 국민 개개인에게 대대적인 계몽과 교육을 쏟아 부어 이들의 태도와 생활을 바꿈으로써 국가의 목적에 맞는 사회 변화를 일으키고자 하는 것이 당시 개발국가의 전략이었고, 홍보와 캠페인, 그리고 영구불임수술로 사업방향을 바꾼 가족계획사업 역시 이같은 전략을 그대로 따르고 있었다.

1971년은 대한가족계획협회가 이른바 '둘 낳기 운동'을 시작한 해다. 협회는 이 운동의 공식화를 보사부와 경제기획원에 건의하는 한편, 표어를 공모하여 "딸 아들 구별 말고 둘만 낳아 잘 기르자" 등을 채택하고 이 표어를 전국 방방곡곡에 게재함으로써 엄청난 홍보 효과를 가져왔다. 이로써 1966년 세 명으로 제시되었던 표준적 자녀 수는 두 명으로 줄어들었다.

그런데 '둘 낳기'라는 목표는 아들을 낳기 위해 계속 출산하는 경향을 고치지 않고서는 달성하기 어려운 것이었다. 한국 가족계획사업이 남아선호 문제의 해결을 사업의 중요한 목표로 내세우게 된 것은 이런 연유에서였다. 하지만 가족계획사업이 실제 남아선호 문제에 대해 얼마나 실질적인 문제의식을 가졌던가에 대해서는 부정적인 평가를 내릴 수밖에 없다.[6] 대한가족계획협회가 딸의 민법상 지위를 아들과 동등하게 하

---

[6] 이미 1964년에 사회학자 이만갑은 남아선호가 인구문제 해결에 걸림돌이 되리라고 예견하면서, 이 문제를 해결하기 위해서는 가족제도의 근본적 개혁이 필요하다고 제안한 바 있다. 그러나 1970년대 가족계획협회가 벌인 남아선호 타파 사업들은 이런 항목을 전혀 포함하지 않고 있었다. "가족계획이 보다 성공적으로 실천되기 위해서는 근본적인 면에서 가계가 딸을 통해서도 상속될 수 있으며, 따라서 제사도 딸에 의해서 행해질 수 있도록 (해야 하며, 나아가) 가족이 친족이나 문중에서 완전히 분리되어 독립성을 갖도록 (…) 4대까

겠다는 취지로 1970년대 중반의 범여성 가족법 개정운동에 결합하기도 했지만,[7] 실제 활동 내용은 몇 번의 행사에 참여한 것이 고작이었다.[8] 가족계획사업은 문제를 기본적으로 고루한 전통적 남아선호 '사상'에 있는 것으로 여겨, 홍보와 교육을 통해 그 사상을 타파하겠다는 단순한 전략만을 갖고 있었다.

둘 낳기 캠페인은 대대적인 물량 공세로 이루어졌다. 1971년 한 해 동안 표어를 담은 천연색 사진판 포스터 4만매와 선전 리플렛 4만 8천매를 제작하여 전국에 게시했고, 당시 주요 매스컴들이 전개한 둘 낳기 운동 주제의 방송 프로그램만 하더라도 9개가 넘었다(대한가족계획협회, 1991a: 1)55. 1974년부터 UNFPA가 홍보사업을 중점적으로 지원하기 시작하면서부터는 공세가 더욱 강화되어, "딸 아들 구별 말고 둘만 낳아

지의 제사와 시제를 가급적이면 없애고, 조부모까지의 제사를 보다 충실하게 실시하도록 하는 것이 적절할 것으로 생각한다(이만갑, "한국에서의 가족계획: 인구문제의 합리적 해결은 무엇?", 『사상계』, 64/10)".

[7] 가족법 개정운동은 1960년대부터 시작되었으나 별 성과를 보지 못하다가, 1973년 61개 여성단체가 연합한 〈범여성가족법개정촉진회〉의 결성으로 본격적으로 펼쳐졌다. 여성계는 1974년 가족법 개정안 및 이유서를 작성해 그해 7월 8일 여성 국회의원들을 통해 국회에 제출했다. 여성계는 개정안에서 호주제도의 폐지, 친족범위 결정에 있어서 남녀평등, 동성동본 불혼제도의 폐지, 소유 불명한 부부재산의 부부공유, 이혼 배우자의 재산분배청구권, 협의이혼제도의 합리화, 적모서자 관계와 계모자 관계의 시정, 부모의 친권 공동행사, 상속제도의 합리화, 유류분 제도 등을 제안했지만, 완강한 반대에 부딪혔다. 유림의 반발이 결사적이었다. 교착 상태에 있던 운동은 1976년 12월 박정희 정권이 〈종합인구대책〉을 발표하면서 "남아선호사상이 인구 억제의 장애요소"라는 이유로 민법상의 남녀차별을 철폐하겠다는 계획을 세움으로써 다시 활기를 띠게 된다. 그러나 정부는 과감한 법 개혁보다는 각종 사회 혜택을 통해 가족계획 시책의 한계를 극복하려는 쪽으로 주저앉고 말았다. 가족법 개정안은 상정된 지 3년만인 1977년 12월 17일 국회 본회의를 통과하여 1979년 1월 1일부터 시행되게 되었는데, 극히 지엽적으로 개정 보완되었을 뿐이다. 개정 조항은 소유 불명재산에 대한 부부공동소유, 협의이혼제도의 합리화, 재산상속에 있어 여자 몫의 증가, 유류분 제도의 신설 등이었고, 부모의 친권공동행사는 일부 수정 통과되었다. 나머지 핵심적인 것들은 원안에서 삭제하여 개정되지 않았다(강준만, 2009: 164-166).
[8] 대한가족계획협회와 가족법개정운동의 연합 활동으로는 1976년 〈종합인구대책〉 발표된 다음날인 12월 2일에 한국여성단체협의회 회의실에서 전국의 가족계획어머니회 회장들이 참석한 "가족법의 비합리성과 인구증가" 제하의 세미나를 열었던 것, 범여성가족법개정촉진회가 자체적으로 인구정책 관련 행사를 연 것 등을 들 수 있다(이태영, 1992: 182).

잘 기르자"는 말 그대로 어디서나 볼 수 있는 일상생활의 일부가 되었다.9) 국가는 당시 방영되는 모든 TV 드라마에 등장하는 부부를 두 명 이하의 자녀를 가진 것으로 묘사하게 하는 조치를 취하기까지 했다(김은실, 2001: 319).

1974년부터는 UNFPA를 통한 재정지원으로 국내 가족계획사업에서 외원의 비중이 다시 큰 폭으로 늘어나게 되는데, 이 시기 시작된 이른바 '특수사업' 즉, 예비군 가족계획사업, 사업장 가족계획사업, 도시영세민 가족계획사업 등이 모두 UNFPA의 지원으로 이루어졌다. 1960년대의 고도성장이 가져온 급격한 도시화로10) 과거 농촌 중심으로 이뤄졌던 가족계획사업 방식의 개선이 불가피하게 요구되는 시점이었다. 도시민을 대상으로 하는 피임의 보급 체계가 시급히 마련될 필요가 있다는 문제의식 하에서 도시영세민 대상 가족계획센터가 설치되었다. 중산층을 위해서는 병원을 통한 가족계획사업이 실시되었다. 1971년 미국인구협회 지원으로 시작된 이른바 병원가족계획사업에는 도시지역의 33개 종합병원이 참여하였고, UNFPA 자금을 얻은 1974년에는 전국 75개 종합병원으로 늘어났다(홍승직, 1980: 34).

농촌에서의 가족계획사업이 계몽요원을 통한 설득과 보건소에서의 시술로 이루어졌다면, 도시민을 위한 가족계획사업은 '쿠폰제'를 통하여 이루어졌다. 도시에는 가족계획 계몽원이 따로 배치되지 않았고 각 보건

---

9) 1974년에는 둘 낳기 포스터를 인쇄한 부채 25만개를 제작하여 전국적으로 배포하였으며, 시내버스 정류장과 지하철 역, 버스 터미널 등에 가족계획 포스터와 선전용 수퍼칼라가 전시되었다. 1976년도에는 차량을 이용한 이동홍보반과 이동전시대가 운영되고, 1977년도부터는 가족계획의 달 기념우표와 기념담배가 발매되기 시작하고 극장 및 공연장 입장권에도 가족계획 표어를 인쇄하게 하였다. 뒤이어 은행예금통장(78년)과 주택복권(79년)에도 가족계획 메시지를 넣었다(대한가족계획협회, 1991a: 176).
10) 1960년대 초만 해도 전 인구의 70-80%를 차지했던 농촌인구는 1970년대 초 과반수 미만이 되었으며, 도시 빈민의 수가 증가하였다.

소의 지도원이 그 역할을 하게 되어 있었는데, 도시 생활의 특성상 이들이 낮에 각 가정을 방문한다 하더라도 주민을 직접 접촉하기가 매우 힘들었다. 그래서 1970년대 중반을 넘어서면서는 대도시 지역을 중심으로 대대적인 가두 캠페인을 벌이고, 캠페인 장소에서 직접 쿠폰을 발행하여 그것을 가지고 병원이나 보건소에서 무료로 시술받도록 하는 방식이 시도되었다.

이러한 캠페인에는 대한가족계획협회가 조직한 기존의 가족계획어머니회[11] 뿐 아니라 〈주부클럽연합회〉, 〈여성단체협의회〉 등의 기존 여성단체, 직장인, 동호회, 대학생 등 다양한 집단이 동원되었다. 대규모 가두 캠페인이 벌어질 때면, 이동 시술차가 동원되어 직접 그 자리에서 수술을 받을 수도 있었다. 가령 『가정의 벗』 1975년 8월호에는 서울 미아지구 가족계획어머니회가 동년 7월 6~9일 나흘 동안 캠페인을 벌여 총 99명에게 정관수술을 받게 하고 544명에게 무료 정관수술 쿠폰을 발행했다는 기사가 사진과 함께 실려 있었다. 그 외에 통반장, 교회, 새마을부녀회 등을 출산조절 전달 체제로 이용하는 방안이 연구되었고(양재모 외, 1975; 이성진 외, 1979; 김지자 외, 1979), 1970년대 말이 되면 상업망을 통한 피임약의 유료 배급을 모색하는 시도가 나타나기도 했다(홍성열 외, 1979).

(3) 사회지원책 : 가족계획을 넘어서?

1970년대 중반을 넘어서면서, UNFPA를 비롯한 당시 국제 인구통제 기관들이 선호한 새로운 사업 방식인 이른바 BFP(Beyond Family Planning,

---

[11] 1968년에 처음 가족계획어머니회가 조직될 때는 농촌 지역만을 대상으로 하였지만, 1972년부터는 도시지역에도 조직되기 시작했다(한국보건사회연구원, 1991: 82).

"가족계획을 넘어서") 모델이 한국 가족계획사업에도 도입된다. 1970년대 후반에 도입되어 1980년대 이후로 더욱 강화되는 이른바 '사회지원책'이라는 것이 그것이다.

BFP 모델이란 개인들의 출산에 대한 동기와 태도에 주목하여 자발적인 출산억제 욕구를 유발할 수 있도록 사회 변화를 유도하는 정책적 개입을 추구하는 것으로, 이전에 국제 가족계획운동이 갖고 있던 '출산조절이 필요한 여성에게 출산조절 수단을 제공한다'는 단순한 사업모델을 극복하기 위해 제기된 것이었다. 국제 인구통제 기관들에서 BFP가 논의되었을 때 그것은 매스미디어를 통한 홍보·계몽이나 학교교육을 통한 태도 변화 시도 뿐 아니라, 산업화와 발전 및 복지의 증진을 통해 자녀의 가치를 변화시켜 자발적으로 소자녀 가치를 갖도록 유도하는 것까지 포함하는 매우 폭넓은 내용을 담고 있었다.12)

그러나 한국사회에서 실시된 이른바 사회지원책은 이러한 BFP 본연의 의미와는 아주 다른 것이었다. 한국에서 그것은 법률이나 세금제도 같은, 가족계획사업 바깥의 정책 영역에서의 개입을 통해 가족계획사업을 지원하는 소극적인 의미로 받아들여졌다. 그것은 전반적인 사회 변화나 복지의 증진과는 연관되지 않은 채, 세금 제도 등을 통하여 국가의 가족계획정책에 동조하지 않고 다자녀 출산을 하는 개인들에게 페널티를 주는 방식으로 이루어졌다. 국가가 권장하는 수 이상의 자녀는 세금공제 대상에서 제외한다든가 의료보험 혜택을 주지 않는 등의 제도가 그것이다.13) 1977년부터는 두자녀를 둔 불임시술자에게만 대한주택공사

---

12) 예컨대 자녀에게 노후부양을 기대하는 것 때문에 출산율이 높다면 노년기의 삶을 지원하는 사회복지 제도가 마련되어 노인부양의 책임이 가족 단위를 벗어나게 함으로써 출산율을 낮출 수 있으리라는 제안 같은 것이 대표적인 예다.
13) 가령 1975.1.1부터 종합소득세제를 도입하면서 부양가족 공제대상 자녀수를 3인으로 제한했다가 1977년 1.1부터는 다시 2인으로 줄였고, 1982년 1.1 신설된 자녀교육비 공제제도

나 국민주택부금으로 건립되는 민영아파트 입주권을 부여하고, 도시 영세민이 불임시술을 할 경우 수술에서 회복하는 기간 동안 생계비를 지급하거나 취로사업에 우선권을 부여하는 등의 조치도 실시되었다(김미현, 1993: 42-43).

개인의 삶을 사회나 국가가 지원한다는 복지의 개념은 기본적으로 1970년대의 한국사회에서는 매우 낯선 것이었다. 실제로 한국 가족계획사업은 출발부터 '복지를 대신해서' 주어진 정책이기도 했다. 그것은 처음부터 아이를 낳고 길러 사회의 노동력으로 만드는 사회적 과정을 개별 가족과 여성의 책임으로 환원하는 '재생산의 사생활화' 논리에 근거해 있었으며, 복지의 책임을 개별 가족에게 돌리는 정책논리를 갖고 있었다.

한편 1970년대 중반 이후의 홍보 계몽은 종래 35세 이상의 단산연령 중년부부에 대한 개별적 접근을 탈피하여, 젊은 성인층과 청소년에 대한 교육을 강화하는 방향으로 가게 된다. 이는 '가족'과 '부부'에게 직접 출산조절 수용을 설득하는 모델을 벗어나 다양한 사회적 장면에서 사업이 수행되게 됨을 의미하였다. 이로부터 출산조절 방법과 원리에 대한 단순한 정보전달을 넘어서서 가치관과 태도를 변화시키려는 계몽이 시작되었다. 그리하여 1970년대 후반의 가족계획사업은 더 잘사는 새로운 미래, 근대적 생활양식과 가정의 행복을 더욱 강조하는 쪽으로 발전하게 된다. 가족계획사업은 점점 더 과학적 위생관리[14]와 가정관리, 농촌지도

에서도 공제대상 자녀수를 2인으로 제한하는 등의 조치가 취해졌다. 상속세법에서도 상속세 계산시 미성년자(20세 미만자녀) 공제대상 인원수를 2인으로 제한했다. 그러나 1980년대를 지나면서 출산율이 2명 이하로 낮아지면서 더이상 출산억제를 위한 정책적 개입의 필요성이 없어졌다는 판단에 따라 종합소득세 부양가족 공제대상 자녀수 제한은 1995.1.1에, 자녀교육비 공제대상 제한은 1994.1.1.에 폐지되었고, 상속세 역시 1997.1.1부터 연령에 관계없는 자녀공제 제도로 바꾸면서 인원제한도 없어졌다.

및 생활개선 등 근대적 생활태도의 정착과 관련된 활동들과 연계해서 이루어지게 되었고, 특히 학교교육을 통한 가치관 변화가 매우 강조되는 모습을 보이게 된다.15)

2) 끼우거나 먹거나 수술 받거나 : 가족계획사업이 보급한 출산조절 수단들

의사들과 경제 관료들에 의해 주도된 한국 가족계획사업은 출산조절 수단의 확실한 출산억제 효과에만 초점을 맞춤으로써, 출산조절의 의료화(medicalization)를 기본적인 전략으로 삼았다. 1961년 가족계획사업이 국책화한 이래 주기법이나 질외사정, 콘돔 등의 방법은 거의 무시되었다.16) 한국의 가족계획사업 주체들은 이것들을 '재래식 피임법'이라고 부르면서 효과가 불확실한 방법으로 치부했다. 실제로는 이 재래식 피임법

---

14) 가령 1978년 IPPF와 JOICEFP(일본 가족계획 국제 협력재단)이 지원한 외원자금 12만달러로 〈한국기생충박멸협회〉와 대한가족계획협회가 공동으로 실시한 가정보건사업이 그 예이다. 경기도 화성군에서 약 5만명의 주민을 시범사업대상자로 해서 가족계획사업, 기생충 구충사업 및 영양개선사업 특수사업을 실시하였다고 하는데, 가임인구 3,841명 가운데 2,580명이 피임을 실천, 57%의 실천율을 보였다고 한다(대한가족계획협회, 1991a: 180).
15) 이른바 학교가족계획사업이 1970년대 초반부터 실시되었는데, 이 사업은 단순히 교육과정에 가족계획을 포함시키는 것만을 의미하는 것이 아니라, 학교를 가족계획사업의 전달 장소로 만들려는 모든 시도를 뜻하는 것이었다. 가령 1973년도에는 7월 16일 서울 시내 중고등학교 교장들을 대상으로 학교 교육과정에 있어서 인구문제와 가족계획 교육의 필요성을 계몽하고, 서울 시내 80개 국민학교의 학부모들로 어머니교실을 편성케 하여 가족계획 교육과 피임수술을 받도록 권장하였는데(대한가족계획협회, 1991a: 168), 학교를 일종의 출산조절 전달 체계의 하나로 이용하는 이런 종류의 활동을 통틀어 학교가족계획사업이라고 불렀다. 1970년대 후반에는 학교의 (1977년 고등학교, 1978년 중학교, 1979년 국민학교) 정규 교과과정에 인구교육이 포함됨으로써 학교교육을 통해 가족계획사업 시행의 당위성을 홍보하고 청소년기부터 출산 억제 태도를 기르는 정책이 본격적으로 시행되었다.
16) 콘돔의 경우 1962년 한 해 동안 보급되었지만, 남성들이 기피하여 인구성장 억제에 크게 도움이 되지 않는다는 이유로 곧 중단되었다. 1968년 먹는 피임약이 보급되기 시작하면서 콘돔 보급 역시 재개되었지만, 여성인 가족계획 요원들이나 어머니회원들이 남성용 피임기구를 권유하고 다닐 수도 없는 일이어서 사업에서 차지하는 비중이 매우 낮았다고 한다.

들이야말로 신체에 별다른 무리가 없고 사용자가 합의에 의해 사용해야 하는 것들로서 그들의 자율성을 가장 많이 보장하는 방법이 될 수 있었는데도 말이다. 하지만 이러한 특징은 가족계획사업 시기에는 '사용될 때마다 동기화되어야 한다'고 평가되어 단점으로 지적되었다.

1960년대에 한국 가족계획사업이 주력한 피임 수단은 자궁내장치인 리페스 루프와 먹는 피임약이었다. 1970년대에는 먹는 피임약 보급에 더하여 불임수술의 시술이 중요한 사업의 목표가 되었다. '조국 근대화'의 돌진성이 군대식으로 점점 더 도를 더해가면서, 사용자의 피임 의지가 계속 갱신되어야 하고 자칫 피임실패 임신의 위험성도 있는 일시피임보다는 한번 시술로 출산억제가 완료되는 불임시술의 보급이 더 효율적이라는 분위기가 생겼기 때문이다. 하지만 1970년대 중반까지만 하더라도 여성의 불임시술인 난관수술은 개복(開腹)을 해야 할 정도로 큰 수술이었다. 그래서 한때 대대적인 정관수술 캠페인이 일어나기도 했다. 그러나 다음 [표 3]에 나타나듯 캠페인에도 불구하고 정관수술을 받는 남성은 그다지 늘어나지 않았다. 그러다가 1970년대 후반, 여성 불임시술에서 과거보다 간단한 수술법이 개발되자[17] 난관수술을 받는 여성이 폭발적으로 늘어나게 된다. 그리하여 1980년대 이후 한국 가족계획사업에서는 여성의 불임수술이 가장 중요한 수단으로 보급된다. [표 3]에는 포함되지 않았지만, 가족계획사업 시기에도 인공유산이 많이 행해졌다. 즉, 한국 가족계획사업이 주력해서 보급한 출산조절 수단들은 모두 기본

---

17) 미니랩과 복강경 수술이라는 새로운 시술법이 1970년대 중반 경 거의 같은 시기에 개발되었다. 미니랩은 자궁거상기(子宮擧上器)를 이용하여 자궁을 복벽으로 밀어 올려서 아주 작은 복부 절개만으로도 난관을 절제 또는 결찰하는 방법이며, 복강경 수술은 복강 내를 들여다 볼 수 있는 내시경을 이용하여 수술하는 방법이다. 두 수술법 모두 1976년부터 정부 가족계획사업을 통해 시술되기 시작했는데, 1977년 한해에 무려 20만에 가까운 수의 여성들이 수술을 받아 관계자들까지도 놀라게 하였다고 한다(한국보건사회연구원, 1991: 374-376).

적으로 여성들의 몸에 대한 의료적 개입을 전제로 하는 것이었다. 끼우거나 먹거나 수술을 받거나. 한국 가족계획사업 시기 여성들은 자신의 출산력을 조절하기 위하여 다양한 방식의 외삽적 수단들을 자기 몸에 적용해야 했다.

[표 3] 방법별 피임실천율 변동추이 : 1964-1988   단위: %

	연도	1964	1965	1966	1967	1971	1973	1974	1976	1978	1979	1982	1985	1988
피임방법	정관수술	-	-	3.1	-	2.3	4.6	3.0	4.2	5.6	5.9	5.1	8.9	11.0
	난관수술	-	-	-	-	1.0	-	2.0	4.1	10.9	14.5	23.0	31.6	37.2
	자궁내장치	-	-	9.3	-	7.0	7.9	8.0	10.5	9.5	9.6	6.7	7.4	6.7
	먹는피임약	-	-	0.5	-	6.8	8.0	9.0	7.8	6.6	7.2	5.4	4.3	2.8
	콘돔	-	-	3.1	-	3.1	6.5	6.0	6.3	5.8	5.2	7.2	7.2	10.2
	기타방법	-	-	5.2	-	4.2	9.0	9.0	11.3	10.4	12.1	10.3	11.0	9.2

출처: 한국보건사회연구원, 1991: 701에서 재구성.

(1) 안전이 검증되지 않은 리페스 루프

한국 가족계획사업은 결혼한 남녀에게 자기 가족의 출산에 대한 계획을 세우는 근대적 주체가 되라고 요구했지만, 실제로는 개인 내지 개별 가족의 자율성 증진에 대해 관심이 없었다. 출산조절 방법의 선택, 권유, 보급에 있어서도 효율성과 인구성장 억제만이 중시되었고, 사용자의 편리성은 물론 신체적 안전성조차 거의 고려되지 않았다. 이런 경향으로 인해 가장 많이 희생된 것은 실제 출산조절 실천을 하는 여성들의 자율성과 신체적 안전이었다. 리페스 루프의 임상실험과 대대적인 보급 과정은 이같은 사실을 보여주는 대표적인 예이다.

리페스 루프는 1963년부터 한국 여성들의 자궁에 끼워지기 시작한 피임 장치이다. 당시 리페스 루프는 개발 중인 상태인 미완성품이었다. 미국에서 기술적인 개발이 막 이뤄지는 단계였고, 1963년 한국 가족계획사업의 시범사업으로 이루어진 시술이 세계 최초의 임상실험이었다.[18] 그런데도 2년 예정의 시범사업이 채 끝나기도 전에 대대적인 보급이 결정되었고, 한해 몇 십만명씩의 한국 여성의 몸에 장착되었다. 부작용을 못 견뎌 다시 제거하는 사람도 부지기수였다. 미국 여성들에 대한 루프 시술이 막 시작된 1964년에 미국인구협회는 한국의 가족계획사업을 위해 2만 건의 리페스 루프를 공급해 주기로 약속했고, 한국 가족계획사업이 목표량을 몇 배로 증가시키자 루프의 국내 생산을 위해 원료인 바륨을 무상 공급해 주기도 했다. 리페스 루프의 국내 보급 과정에 대해, 1953년부터 보사부의 가족계획 주무부서에서 일하기 시작하여 1960년대 내내 중앙 가족계획 행정 관료로 근무했던 김택일은 다음과 같이 회고한 바 있다.

> 1963년, 당시 리페스 루프를 사용한 자궁내장치 임상연구가 진행 중에 있었고 우리나라 부인에게도 적합하다는 보고가 나와 있었다. 이를 근거로 하여 1964년도 국가가족계획사업에 자궁내장치 보급을 포함하기로 하고 2만 건의 시술사업비를 예산에 반영하여 결재를 올렸다. 나의 예산안 브리핑을 받고 계시던 정희섭 장관께서는 자궁내장치 목표를 30만 건으로 하라고 말씀하셨다.

---

[18] 리페스 루프는 1962년부터의 한국, 대만 등에서의 임상실험 결과를 토대로 1964년 미국 FDA의 사용승인을 얻었고 그 해부터 미국 여성을 대상으로 한 시술이 시작되었으나 많은 부작용과 중도 제거율로 악명 높았다. 1974년 FDA가 자궁내장치를 끼고도 임신을 한 여성 238명을 대상으로 조사해본 결과, 리페스 루프는 5명의 사망과 21건의 유산의 원인이 되었다. 1970년대 초 자궁내장치로 인한 입원환자는 매년 15,000명에 달했다고 한다. 1985년 리페스루프는 결국 미국 시장에서 퇴출되었다. (http://www.rlbm.tripod.com/All_Encyclopedia/encyc032.txt).

나는 아직 시범사업도 완결되지 않고 있으며, 첫해부터 그렇게 높은 사업목표를 세울 수는 없다는 견해를 말씀드렸더니 장관께서는 당신은 왜 장관 말보다는 협회의 양재모 박사 말을 더 잘 듣는가 하고 대노하셨다. … 1964년도 사업실적은 10만 건이 넘었으니 그때의 장관님의 사업추진 의욕과 판단은 놀랄 만한 것이었다.

그런데 이때 가장 큰 문제는 리페스 루프를 원하는 수량만큼 어떻게 확보하는가 하는 것이었다. 미국 인구협회에서는 2만 건을 위한 수량만 공급해 주기로 되어 있었기 때문에 긴급히 국내생산을 하는 일 외에는 방법이 없었다. 리페스 루프는 미국 내에서도 개발 초기에 있었고 특허품이어서, 미국인구협회만이 일괄 구매하여 개발도상국을 위하여 소규모의 무상공급을 시작하고 있었던 것이다. 다행히도 나는 리페스 루프의 규격을 소개하는 문헌을 입수할 수 있었고, 동아제약의 강신호 박사의 협조를 받아 국내생산에 착수했다. … 문헌에 따라 몰드가 주물로 만들어지고 영등포 소재 모 프라스틱 공장에서 포리에치렌 분말과 조영제인 유산바륨이 80대 20의 비율로 혼합되었고, 오류동 소재 국립 소년직업보도소에 미국원조로 도입되어 있던 프라스틱 사출기로 루프를 찍어내고 낚시줄로 사용되는 나일론 실을 루프 끝에 매달았다. 우여곡절 끝에 리페스 루프는 생산되고 납품되었다. - "김택일의 회고", 한국보건사회연구원, 1991: 36~38.[19]

이 회고담은 한국 가족계획사업이 이루어진 돌진적이고도 폭력적인 방식을 그대로 보여준다. 사업의 추진이 얼마나 위계적이고도 군대식으로 이뤄졌는지, 개발국가의 남성 관료들이 자기들의 정책적 목표를 위하

---

19) 김택일은 여기서 이것 외에 또 한번의 이른바 '자궁내장치 파동'을 언급하는데, 그것은 1966년도 예산안에 30만 건을 연간목표로 책정해 놓았는데, 당시 경제기획원 장관이었던 김학렬이 유니세프 동남아지역대표의 예방을 받고 그의 설명에 매혹당하여 갑자기 차년도 시술목표를 100만 건으로 늘리라고 하는 바람에 주무과장이던 자신이 이리 뛰고 저리 뛰어 다른 피임법 사업비를 줄여서 간신히 40만건 목표로 했다는 것이다. 여기서도 당시의 남성 관료들에게 자궁내장치는 '건수'와 실적 이외에 다른 아무것도 아니었음이 분명히 드러난다.

여 얼마나 폭력적으로 여성들의 몸에 개입해 들어갔는지 여실히 드러나고 있다. 가족계획사업을 추진한 박정희 정권의 관료들은 임상실험이 끝나지 않은 신개발품을 여성들의 몸 속에 끼워 넣게 하면서도, 자신들의 의사결정이 그녀들에게 무엇을 뜻하는 것이 될지에 대해서 전혀 의식하지 않았다. 처음부터 의식할 필요가 아예 없었기에, 어쩌면 의식할 수조차 없었는지도 모른다. 그들에게는 국민의 안전도 행복도 지지도 중요하지 않았다. 중요한 것은 오직 수량적으로 드러나는 '실적' 뿐이었기 때문이다. 이들이 정한 목표량과 시간표에 따라 수많은 한국 여성들의 자궁에 리페스 루프가 장착되어 그녀들에게 얼마나 어려운 적응 과정을 겪도록 했는가를 생각해 보면, 안전성에 대한 그 어떤 보장도, 기술지도도 없이 얼렁뚱땅 문헌만 보고 만든 장치를 수십만 명의 여성 몸에 끼우도록 한 관료들의 결정은 어처구니가 없을 지경이다.

제대로 된 과정을 거쳐 만들어지지 않은 장치가 제대로 효과를 발휘할 리가 없었다. 일선에서 시술되기 시작한 리페스 루프는 부작용도 많았고, 중도 제거하는 것을 의미하는 '탈락률'도 높았으며, 전체적으로 가족계획사업에 대한 신뢰도를 떨어뜨렸다. 1960~70년대 전북지역에서 가족계획어머니회장을 했던 조ㅇㅇ는 리페스 루프의 부작용 경험에 대해 다음과 같이 말한다. 여성들의 자궁 형태나 크기의 다양성을 완전히 무시하고 한 가지 모양과 싸이즈로 일괄 생산되었던 것이 문제였다는 것이다.

> 루프를 한 달에 열 명씩 하자 해도 안 되드라구요, 성과를 많이 올린 사람들이 두 명 세명, 그렇죠. 그렇게 가서 루프 끼고, 껴주고 했죠. (끼는 거는 선생님이 하는 게 아니죠?) 아, 병원에 가서 했죠. 우리는 권유하고, 그 사람들을 인솔해서 데리고 가서 시술은 병원에서 하고. 나는 산파 자격이 있어 놔서…. 루프 껴가지고 출혈을 막 하는 사람이 있어요, 느닷없이. 내가 데리고

가서 루프 시켰는데 출혈을 막 한다고 난리라고 그러면, 그때는 교통도 안 좋았잖아요, 그 시골에. 그래 가지고 빨리 병원 가덜도 못허고 그러면 어쩌, 내가라도 빼 줘야지, 빼 주고 지혈을 시켜주어야지. 그렇게 허는 사람도 한 두명이 아니었어요. 그때 당시 가족계획 한다는 것이 굉장히 힘들고 어려웠어요. (기술적으로 좀 안 좋았던 건가요?) 그랬던가. 하여튼 싸이즈가 … 옛날에는 싸이즈가 없어. 무조건 한 가지였잖아. 몇년 후에는 싸이즈가 나와서 맞는 걸 껴주고 그랬는데, 그때는 싸이즈가 안 맞으면 그렇게 출혈을 하고 했어요. - 조○○[20], 필자와의 인터뷰, 2003년 2월.

그럼에도 불구하고 실적에 급급했던 가족계획사업 추진 세력은 의사가 아닌 조산원에게 단기 훈련을 시켜서까지 루프 삽입을 시켰다.[21] 조산원 자격을 가진 보건소 가족계획지도원들이 단 몇 번의 실습 후에 끼워주던 루프는 그만큼 여러 가지 문제를 더 일으킬 수 있었다. 문제가 단순히 의학적 안전성에만 있는 것도 아니었다. 당시 이른바 루프 '수용

---

[20] 조○○는 1960-70년대 전북지역에서 면단위 가족계획어머니회 회장 활동으로부터 출발하여 나중에 새마을 부녀회 중앙회의 간부활동까지 한 여성이다. 간호학교를 졸업하고 종합병원 산부인과에서 간호사로 일하다가 결혼하여 농촌에 정착, 1968년 가족계획어머니회에 처음 조직될 때 어머니회장을 맡아달라는 가족계획요원의 부탁을 수락하여 가족계획어머니회 활동을 시작했다.
[21] 이에 대해 한국보건사회연구원에서 나온 『인구정책30년』은 이렇게 서술하고 있다. "1973년에 새로 제정된 모자보건법에서는 자궁내장치 시술의 수요증가에 비해 시술의사의 부족현상이 초래되었고 일반적으로 남자로부터의 시술기피 경향 등에 대한 대응책으로 간호원 또는 조산원으로 하여금 특정의 훈련을 거쳐 시술행위를 허용토록 하는 길을 열어놓았다. (…) 1974년 자궁내장치 시술요원에 대한 훈련을 처음으로 개발하여 우선 가족계획사업에 종사하고 있는 간호원과 조산원 중 희망자를 대상으로 소위 비의사로서의 자궁내장치 시술요원을 배출하게 되었다. 의사가 아닌 요원에 의해 시술을 시도하는 것인 만큼 경험이 오랜 가족계획요원 90명을 선정하여 법에서 정하고 있는 60일간의 학과교육과 실습훈련을 실시한 것이 첫 해의 시도였다. 그들은 실습기간중에 각자 30건 이상의 시술실습을 완료하여야만 자격을 부여하는 것으로 되어 있다. 의사보다 실습건수가 10건 더 많은 셈이다. 상당수의 요원이 오랫동안 루프 삽입을 조력한 경험이 있지만, 시술상의 안전을 도모하기 위하여 산부인과 과정의 교육을 보다 철저히 하도록 훈련에 많은 정성을 들였던 것이다. 그 후 시술요원에 대한 훈련은 계속되어 1980년까지 가족계획연구원에서 훈련받은 자궁내장치 시술요원은 443명에 달했다. (한국보건사회연구원, 1991: 276-277)"

대상자'였던 농촌 여성들의 사회적 위치와 상황들이 루프와 관련한 문제들을 더욱 증폭시켰다.

산부인과 병원에서 진찰 한번 받아 본 경험이 없었던 1960년대의 농촌 여성들은 가족계획요원들의 권유와 출산조절을 하겠다는 자신의 결단에 의하여 보건소나 지정병원에 루프를 끼우러 갔다. 가족의 동의를 얻어서라기보다는 아무도 몰래, 아니면 겨우 남편으로부터 '허락'을 받고 자궁내장치 시술을 받기로 마음먹고 시술자 앞에 선 여성들은, 생각지도 못한 호된 경험을 하게 된다. 낯선 의사에게 생식기를 보여야 했고, 질을 통한 장치 삽입이라는 '부끄러운' 작업을 견뎌야 했으며, 시술을 마치고 집에 돌아와서도 성관계시 질강(膣腔)에 남아 있는 끈이 방해된다는 남편의 불평을 참아내야 했다. 그나마 몸에 별 문제를 일으키지 않으면 다행이었지만, 반수가 넘는 여성들이 출혈과 요통 등 각종 부작용을 겪어야 했다. 그것을 빼기 위해서는 다시 보건소나 병원을 방문해야 했고, 또다시 의사에 의한 생식기에 대한 직접 개입을 겪어야 했다. 그 사람은 의사이고 이건 의료적 시술이니 부끄러워하거나 무서워할 필요가 없다고 말해주는 사람도 없었다고 한다. 그러므로 당시의 루프 시술은 지금의 기준으로 보면 결코 안전한 의료적 개입이 아니었다. 무엇보다 병원에 가 본 경험이 별로 없었던 당시의 농촌 여성들은 서양의학의 신체에 대한 개입에 전혀 익숙해 있지 않았다.

리페스 루프의 부작용이 워낙 많았기 때문에 그것을 대신해서 1968년부터 가족계획어머니회를 통해 본격적으로 보급되기 시작한 먹는 피임약 역시 마찬가지로 여러 가지 부작용을 일으켰다. 그러나 가족계획사업 주체들은 여성의 '마음의 자세'를 거론하면서 인내심으로 극복하기를 호소하였다. 가족계획사업이 보급한 출산조절 수단이 일으킨 부작용은 단

한번 제대로 된 연구도 없이, 단순한 심리적 문제로 치부되곤 했다. 의사도, 정부도, 대한가족계획협회도 어느 한 사람 여성들의 신체적 고통을 해결하고자 고민하지 않았다.

> 먹는 피임약은 내가 꼭 필요에 의해서, 나 자신을 위하고 가족을 조절하기 위해서 먹어야 되겠다는 정신이 선 다음에 복용한다면 이런 현상(부작용)이 훨씬 적어지리라 봅니다. - "먹는 피임약, 마음 놓고 권하세요, 마음 놓고 잡수세요", 『가정의 벗』, 70/8.

(2) 피할 수 없었던 인공유산

가족계획사업이 실시된 다음에도 인공유산이 크게 줄어든 것 같지는 않다. 가족계획사업 초창기인 1960년대에는 주로 농촌지역 주민들을 대상으로 설득과 보급 작업이 이루어졌다. 그래서 특히 도시지역의 갓 결혼한 여성들은 피임 방법에 대한 정보를 접해보지 못한 경우가 많았다. 1970년대 초중반부터 도시 가족계획사업이 시작되었지만, 이때도 역시 일정 수의 아이를 낳은 단산 연령의 유배우 가임여성에 대한 불임수술에 치중했기 때문에 피임의 구체적인 방법이 대중적으로 알려지지는 못했다. 한국 가족계획사업은 매스미디어를 통해 대대적으로 홍보와 캠페인을 벌이면서도 주로 '가족계획'의 당위성과 인구문제의 심각성만 언급하고, 섹슈얼리티에 관한 언급이나 환기를 피할 수 없는 구체적인 피임 방법에 대한 정보는 여전히 비밀스런 영역에 남겨 두었다. 가족계획사업이 성적인 문란을 유발해서는 안 된다는 이유에서, 미혼이나 배우자가 없는 여성들은 피임 방법에 대해서 알지 못하도록 해야 한다는 분위기가 있었던 것이다. 가족계획사업 시기에조차 제대로 피임하지 못하고 원치 않는 임신을 하는 여성이 여전히 많았던 이유다. 그래서 1970년대에 이르러서도 (이미 1950년대부터 도시지역에서는 쉽게 시술받을 수 있었던) 인공유산이 여성들에게 피임의 대안이 되는 경우가 많았다.

『가정의 벗』 1973년 4월호에는 "경험자가 말하는 가족계획"이라는 특집이 실렸는데, 여기서 필자의 한 사람인 소설가 양인자는 자신이 첫애를 낳기 전 여섯 번의 인공유산을 받았음을 고백하였다. 그 글을 쓸 당시에 첫 아이가 두 돌 정도라고 하였으니, 그녀가 이 글에서 언급한 여섯 번의 인공유산은 모두 가족계획사업이 국책화된 이후인 1960년대에 일어났을 것이다. 그런데도 수술을 해 준 의사는 그녀에게 피임에 대해 단 한 번도 정보를 준 적이 없었고, 그녀는 그 결과 심각하게 건강을 해치고 말았고 첫 아이를 낳을 때 심한 난산으로 고통받았다. 필자는 인공유산 수술을 몇 번이나 해 주면서도 한 번도 피임에 대해 말해주지 않은 의사를 '경멸한다'고 말하면서, 첫 아이를 낳고 나서야 먹는 피임약의 존재를 알게 된 자신의 처지를 애석해 한다.

> 이제야 고백하건대 나는 첫아이를 낳기 전 여섯 번의 임신중절을 했었다. … 결혼 당시 우리는 아이를 가질 형편이 아니었다. 남편은 부평초처럼 말없이 흘러가고만 있었고 때문에 나는 직장생활을 떠날 수 없었다. … 그러기를 여섯 번, 죽음의 세계에서 여섯 번 깨어난 것이었다. 그때 여섯 번의 수술을 도맡아했던 의사는 비로소 입을 열었다. "이 이상의 수술은 위험합니다. 다음에는 낳도록 하십시오." 나는 지금 그 의사를 경멸한다. 내가 바보처럼 피임이 무언지 어떻게 하는 건지 모른 탓도 있지만 그 의사는 어쩌자고 여섯 번을 하는 동안 한마디 일러주지도 않았단 말인가. 그러나 당시, 나는 그를 신뢰했다. 수술 후 30분 만에 깨어나면 신기하리만큼 그 전의 상태로 돌아와 일을 할 수 있었기 때문이었다. … 열리지 않는 자궁구 내에 고여 있었던 썩은 피, 그

속에서 위험천만하게 움직이고 있었던 태아, 유난히 힘들었던 분만, 이것이 모두 여섯 번의 임신중절 후유증이었다. - 양인자, "먹는 피임약으로 터울조절에 성공", 『가정의 벗』, 73/4: 9.

다른 한편, 1970년대 한국사회에서 인공유산은 여전히 불법이었기에 그 수술조차 받기 힘든 여성들이 있었다. 비용도 많이 들었고, 특히 농촌 지역에는 병원이나 의사가 턱없이 부족해서 수술을 받을래야 받을 수도 없었다. 가족계획사업망에 접근하지 못해서 피임을 몰랐거나, 혹은 알았더라도 피임에 실패해서 원치 않는 임신을 했을 경우에는 여전히 위험한 자가 낙태가 이뤄지고 있었던 것 같다. 산파 경력이 있는 조○○는 여성들이 했던 위험한 자가 낙태 시도들을 회고하면서, 가족계획사업은 그런 낙태의 위험으로부터 여성들을 구한 것이니 결국 "국가에서 여성들한테 행복을 안겨준 것"이라고 말하고 있다.

> 그때 여자들도 안 낳을라고 하는 사람이, 예를 들어서 열 명이면 반절은 있었을 거예요, 그만 낳고 싶은 사람이. … 그래도 어쩔 수 없이, 어떻게 허덜 못허니까. 애기를 고만 낳을라고 약도 먹고 간장을 한 동이씩 먹고 출혈도 하고 하는 사람들도 많어. 내가 봐 줄 수 있는 경우에는 괜찮지만, 없으니까, 그때는 의료보험도 없고, 한번 아파서 병원에 가며는 병원비가 그 얼마나, 살림이 다 넘어가잖어요. 그런데다 교통도 나쁘지, 그래서 가서 보면 하―얗게 … 너무 출혈을 많이 해서. 지금 생각하면 내가 참 용감했다 싶어. 그래도 어떻게 해서 그 사람들을 다 살렸어요. 그 사람들이 다 나한테 전화를 해서 조언을 받고 … 했는데, 그러니까 아마도 그때 여자들이 반 이상이 아마 고만 날라고 하는, 생명을 내놓고 그만 날라고 하는 사람들이 많이 있었어요. 어떻게 헐 수가 없어서 못허고 했는데 가족계획이 딱 생기니까 그 사람들한테는 정말로, 여성들한테는 행복을 안겨준 것이죠, 국가에서. 안 그려요? - 조○○, 필자와의 인터뷰, 2003년 2월.

결국 한국 사회에서 가족계획사업은 인공유산을 줄이는 쪽으로는 작용하지 않았던 것이다. 1973년의 〈모자보건법〉 제정에서 드러나듯이, 낙태를 피하기 위한 것이라는 표면적 명분과는 달리 인구통제 정책으로만 추진되었던 한국의 가족계획사업은 인공유산의 실시를 합법화하고, 심지어 원치 않는 임신의 해결책으로 권장하기까지 했다. 일종의 조기낙태법인 월경조절술(MR, Menstration Regulation)이 피임법으로 소개되고 보건소를 통해 시술된 것 역시 국가가 인공유산을 금하려는 의지가 없었음을 드러내는 것이었다.

월경조절술은 1970년대 초에 개발된 출산조절 기술로, 월경예정일에 월경이 없을 경우 예정일로부터 10여일 이내에 (임신 8주 이내) 자궁 내용물을 음압을 이용해서 흡인기로 빨아내는 방법이다. 그런데 이 방법은 시술 전에 임신 여부를 확인하지 않으므로 낙태인지 아닌지 불명확한 점이 있었고, 그래서 '피임법'의 하나로 한국 사회에 소개될 수 있었다. 1973년 12월에 한국에 도입된 월경조절술은 1974년부터 대한가족계획협회 부속병원에서 시범사업으로 보급되기 시작했으며(『가정의 벗』, 73/8), 곧 각 보건소와 병원에서 시술받을 수 있게 되었다. 가족계획사업을 통해 보건소에서 월경조절술 시술을 받을 경우 1건당 얼마씩 소액의 정부 보조금이 나왔는데, 임신 8주가 경과한 후에는 가족계획사업이 보급하는 피임방법으로 인정되지 않아 개인부담이 추가되었기 때문에 임신 9~12주가 된 여성이 8주 이내라고 우겨 무료시술을 받는 경우도 있었다고 한다(이미경, 1989b: 63).

(3) 남녀의 불임시술 : '거세 수술' 대 '배꼽 수술'

정관수술은 별다른 피임 수단이 없었던 1960년대 초에 가족계획사업이 보급한 최초의 출산조절 수단 중의 하나였다. 그러나 리페스 루프라는 여성용 피임 수단이 도입된 뒤에는 국가도 남성들도 정관수술에 대해서 관심을 두지 않았다. 정관수술은 간단하고 부작용도 거의 없는 간단한 수술이었음에도 불구하고 남성들은 이것을 '거세 수술'이라 여기거나, 정력 감퇴 등을 우려하며 기피하였다. 1976년 미니랩과 복강경 등 발전된 시술법이 개발되면서 여성 불임수술이 본격 도입된 이후로는, 남성의 정관수술 기피현상이 더욱 두드러졌다(한국보건사회연구원, 1991: 374). 1970년대 중반 이후 불임수술을 받은 남성들은 대부분 예비군 훈련시의 혜택을 이용한 경우였다.[22]

1968년 8월에 나온 『가정의 벗』 창간호에는 서울의대 교수로 당시 정관수술의 세계적 권위자였던 이희영의 "남자 불임술, 그 빗나간 생각들"이란 글이 실려 있었다. 정관수술에 대한 세간의 통념을 교정해 주려는 것을 목적으로 한 이 글은 '고자가 된다, 멍청이가 되어 아무 일도 못하고 누워있게 된다, 정력이 너무 강해져서 바람을 피게 된다' 등을 당시 떠돌던 잘못된 통념으로 지적하였다. 그는 정관수술이 남성에게 가져올 수 있는 부작용에 대해서 '무료시술이 문제'라며 단지 심리적인 문제일 뿐이라는 논지를 폈는데, 이는 이후 정부가 보급한 피임법들에 대

---

22) 단적인 예로 1984년 정관수술 정부사업실적 123,222명 중 83,527명, 즉 약 70%가 예비군 훈련에서 시술받은 것으로 나타나고 있다(홍문식·서문희, 1986: 12). 예비군 가족계획사업은 1974년에 시작되었는데 1983년까지는 예비군훈련 마지막 날 첫 시간으로 가족계획교육이 배정되는 데 그쳤으나, 1984년부터는 첫날 오전에 교육을 하는 동시에 정관수술 희망자는 현장에서 바로 시술기관으로 연계되어 무료로 시술받는 한편 잔여훈련은 면제해주는 조치가 이루어졌다(한국보건사회연구원, 1991: 214).

한 부작용 호소가 있을 때마다 반복되는 논리였다. 루프나 먹는 피임약의 부작용에 대해서도 같은 논리가 동원되곤 하였다.

> 이 수술을 받더라도 사정된 정액 속에 아기씨인 정자가 없을 뿐이지 다른 모든 조건은 수술 전과 다를 것이 없다. 따라서 이 수술을 받은 뒤에 나타나는 나쁜 조건이나 반대로 좋아지는 조건이 다 정신적으로 오는 영향이지 이 수술 자체로 오는 것은 절대 아니다. … 우리는 흔히 같은 쌀밥이라도 배급 타온 쌀로 지은 것은 맛이 없고 비싸게 자기 돈으로 산 쌀로 지은 밥은 맛이 있다고 생각한다. 이와 꼭 같이 자비로 자진해서 수술 받은 사람들 중에는 수술 후에 나빠졌다는 사람이 거의 없는데 반해서 국가보조로 무료로 수술 받은 남자들 중에는 불평을 하는 율이 비교적 높다. - 이희영, "남자 불임술 그 빗나간 생각들", 『가정의 벗』, 68/8: 16.

3장에서 지적했듯 한국 가족계획사업은 기본적으로 여성을 사업의 타겟 집단으로 하고 있었고, 남성들을 피임에 끌어들이려는 노력을 거의 하지 않았다. 출산억제의 욕구가 여성이 더 강하다는 이유로, 또 남성은 기피 심리가 있다는 이유로, 더 안전하고 몸에 무리가 가지 않는 남성 피임 방법을 놓아두고서 여성 피임법이 주로 보급되었다. 1960~70년대의 국회 속기록을 분석하여 입법부에서의 가족계획사업 관련 논의 과정을 분석한 이명선은, 1960년대에는 가족계획 정책 대상으로 여성만이 논의되었으나 1970년대가 되면 여성 국회의원을 중심으로 피임 대상을 남성으로 전환해야 한다는 주장이 대두됨을 발견한 바 있다(이명선, 1990). 문제는 이런 주장이 등장했을 때조차 남성의 기피심리나 자율성 존중 등의 문제가 주로 주제화되었다는 것이다. 이는 여성 피임법에 대한 논의가 피임 효과만을 강조하고 그 외의 문제에 대해서는, 심지어 기초적인 신체적 안전 문제조차 아예 무시해버렸던 것과는 사뭇 다른 것이었다.

> 정관을 절제시켜 버리는 것이 확실한 방법인데 이것을 한국 남성들이 부작용이 생긴다고 별로 안 합니다. … 그래서 종국 루프에 의존할 수밖에 없는데 루프는 지금 굉장한 효과를 올리고 있습니다. - 7대 국회 72회 4차, 보사위 K보사장관.

> 정관수술이 가장 효율적인 것으로 알고 있습니다. 그러나 여기에는 강제성을 띠지 못하고 어떠한 법적 근거도 없기 때문에 인격문제가 있고, 그래서 스스로 지원하기 전에는 이것을 시키지 못합니다. - 6대 국회 45회 21차, 보사위, O보사장관.

가족계획사업이 지나치게 여성만을 대상으로 삼고 있는 것에 대해 1970년대의 여성 국회의원들은 성차별적이라며 비난하기도 했다. 가령 김윤덕 의원과 이승복 의원은 남성보다 여성에게 강요되는 피임시술이 의학상, 예산상으로 불합리함을 지적하였다. 여성에게 피임법을 선택할 수 있도록 그 취지를 알리는 것이 필요하다고 주장하기도 하였다(전경옥 외, 2011, 151).

> 금년도 예산을 보면 남자가 6만 건이고 여자가 16만 건을 시술하는 것으로 되어 있는데 이것은 균형상으로 안 된다. 여성에게 너무 과중한 부담이며 모자보건 측면에서 다시 생각해야 한다. 막대한 예산을 들여서 여성들의 배만 지질 필요는 없다고 생각한다 . - 이승복 의원, 국회 보사위, 1977.10.28.

> 왜 가냘픈 여성 배에다만 칼을 대느냐, 여러 가지 방법이 있는데 왜 그 방법을 택하고 권장하느냐? … 정 그렇게 하려면 홍보하고 설득하고 취지를 알

려서 스스로 선택하게 해야 됩니다. - 김윤덕 의원, 국회 보사위, 1977.6.29.

보수적이고 남성중심적인 국회에서조차 이런 문제제기가 나오게 되자 1970년대 중반에는 대대적인 정관수술 캠페인이 일어나기도 했다. 1975년이 (1974년 "세계 인구의 해"에 이어) 유엔에 의해 "세계 여성의 해"로 정해지자, 여성단체인 〈주부클럽연합회〉는 대한가족계획협회와 손잡고 "남성이 더 피임하는 해"를 선포했고 정부도 이 캠페인을 받아들였다([그림 11]참조).

[그림 11] 1975년의 '남성피임' 포스터

그러나 이 캠페인은 단 한해로 그쳤다. 바로 다음 해에 복강경 시술법이 개발되어 개복하지 않는 여성 불임수술이 가능해지자 가족계획사업의 정관수술에 대한 관심이 곧바로 시들해졌기 때문이다.

남성들이 별다른 부작용이 없는 수술인데도 정관수술을 기피한 반면, 여성들은 복강경 시술법이 도입되자 난관수술을 '배꼽수술'이라 부르며 큰 거부감 없이 받아들였다.[23] 실제로는 신기술이 도입되었더라도 여전히 난관수술이 정관수술보다 훨씬 더 크고 어려운 수술이었는데도 말이다.

---

23) 1961년부터 시작된 정관수술이 1980년까지 20년 동안 총 47만여 명에게 시술된 데 비해, 난관수술은 민간병원에서는 73년도부터, 가족계획사업으로는 76년부터 보급되었으면서도 1980년까지 단 몇 년 동안에 81만 2천여 명에게 시술되었다고 한다(대한가족계획협회, 1991a: 167).

이는 피임 문제가 일차적으로 여성의 몸에 결부된 것이어서 여성들이 더 적극적이었던 것으로 해석될 수도 있지만, "남자 몸에 칼 대게 하느니 여자가 하지"와 같은 가부장적 통념이 끼친 영향도 상당했다. 또한 당시 단산하고자 하는 여성들은 이미 몇 번의 인공유산을 경험했을 경우가 많았는데, 난관수술은 인공유산에 비하면 간단한 수술이라 오히려 겁을 덜 냈을 수도 있다. 이미경이 1988년에 면접한 한 여성은 피임이 보편화되기 전 출산을 하여 인공유산을 거듭한 자신의 경험에 비추어, 난관수술을 할 수 있는 지금은 "세상 편하고 좋아졌다"고 말하고 있었다.

> 그때 시상에는 배꼽수술이 있었간디? 아이고 얼마나 좋아, 지금 시상은. 처음에는 애기는 생기는 대로 낳는 것인 줄만 알았제. 어쩌다 한 번씩 자면 이 놈의 애기가 생기고 생기고 허네. 막둥이 낳고서 하두 안 되겠어서 유산을 3번인가 4번인가 했제. 지금은 애기 몇명 낳고 딱 수술해버리니까 시상 편하고 좋제(이미경, 1989b: 66).

실제로 난관수술은 인공유산에 연계되어 실시되는 경우가 많았다. 적극적인 피임을 하지 않았거나 피임실패로 인하여 원치 않는 임신을 하였을 경우, 보건소를 찾아와(가족계획사업 실적이 되는) 난관수술을 전제로 인공유산을 하는 경우가 많았던 것이다. 1970년대 보건소 가족계획 지도원이었던 한 여성은 2003년 10월에 제작된 방송 다큐 프로그램에서 다음과 같이 회고하였다.

> 그때 당시에는, 필요 없는 임신을 했을 때 가족계획을 하러 와요. 낙태를 하면서 수술을 했어요, 난관을. 그때 당시에… 지금 생각하면 못 시키겠더라

고. 그때는 정말 너무 몰랐어요 저도. 왜 그냐면 국가에서 시책으로 밀어붙이고 할 때니까 … - 당시 전북 임실군 보건소 가족계획지도원 손헌옥의 회고, 중앙방송, 2003.

1970년대 후반에 도입된 일종의 인공유산인 월경조절술 역시 난관수술의 유인 기제로 사용되었다. 일종의 혜택(값싼 인공유산)으로 간주되어 가족계획요원의 조그만 권력자원이 되기도 했다고 한다. 이미경이 면접한 전남 장성군의 한 가족계획 요원은 1988년에 다음과 같이 말하고 있었다.

그때 우리 1년 난관 목표가 38명인데 월경조절술은 11건밖에 티오가 없으니, 그 혜택을 난관하려는 사람한테나 주지, 아무한테나 주겠어? 그것도 모자란다고. 월경조절술 1건당 정부에서 보조를 28,000원씩 해 주는디, 누구나 다 해줄 수는 없는 일이제(이미경, 1989b: 62).

(4) 합의에 의해서 사용되는 피임법 : 콘돔과 주기법

주기법과 콘돔은 효과가 미흡하다는 이유로 가족계획사업이 별로 권장하지 않은 피임법이다. 그럼에도 불구하고 1970년대 말 정도가 되면, 젊고 고학력이며 계층적으로 상층인 사람들 사이에서 콘돔 사용이 늘어나게 된다. 1979년에 실시된 한 조사에서는 "난관수술, 먹는 피임약, IUD의 세 방법이 전체 피임방법의 56.1%를 차지하고 있으며, … 콘돔은 학력수준이 높을수록, 생활수준이 높을수록, 연령이 낮을수록 이용자가 많았으며, 먹는 피임약은 콘돔의 경우와 반대되는 특성을 가진 자들이 많이 이용하고 있다(홍성열·홍문식·최정은, 1979: 179) 고 지적하고 있었다.

그런데 이러한 경향은 국가의 가족계획사업이 거의 콘돔 사용을 장려하지 않았던 것이 역설적으로 반영된 현상이었다. 한국 가족계획사업의 사업 주체들은 처음부터 피임 수단으로서 콘돔에 대해 신뢰하지 않았다. 계속해서 동기화가 필요한데다 "술 먹고 사용을 안 해서" 임신하는 확률이 높았고, 성 문란의 우려 역시 배제하기 어려웠기 때문이다. 먹는 피임약이 국가 가족계획사업망을 통하여 흔하게 보급되고 있었던 반면, 콘돔은 약국 등에서 따로 개인이 돈을 내고 구입해서 써야 했던 것은 그런 까닭이었다. 그런데 1970년대 말이 되어가면서 전반적으로 생활 수준과 교육 수준이 상승하자, 특히 대도시의 고학력 중간층 이상 젊은이들이 국가 가족계획사업망의 이용을 기피하기 시작했다. 비용은 싸게 들지만 신체적 안전성이나 개인의 자율성이 보장되지 않았기 때문이었다. 이 즈음에는 그동안의 대대적인 가족계획 캠페인이 사회 전체의 출산 관련 담론 지형에 변화를 일으켜 젊은 부부들이 분명한 소자녀 지향을 갖게 되고, 그럼에도 불구하고 가족계획사업망의 '실적'은 크게 늘어나지 않고 있었는데, 젊은이들이 먹는 피임약이나 대대적으로 권장되던 불임수술보다는 개인적으로 콘돔을 구입해서 쓰는 것을 더 선호했기 때문이다. 반면, 가난하고 학력이 낮은 고연령층 집단은 여전히 국가 가족계획사업망에 의존해야 했으므로 먹는 피임약 이용률이 높았던 것이다.

주기법의 사용 역시 가족계획사업에서 별로 권장되지 않았다. 그러나 주기법은 '자연피임법'이라는 이유로 가톨릭 교회가 인정한 유일한 피임법이기도 했다. 콘돔과 주기법은 루프나 난관수술, 먹는 피임약 같은 여성용 피임법이나 정관수술같은 남성용 피임법과는 달리, 실제 성관계가 일어나는 현장에서 남녀간의 합의에 의해 사용되는 피임법이다. 1950년대의 대한어머니회가 남편이 '가정의 리이더'임을 들어 피임에 있어서 남성의 협력을 강조했던 것도 당시에 실행가능한 효과적인 피임법이 콘돔과 주기법 뿐이었다는 점과 관련된 것이었다.

그러나 가족계획사업이 본격화되기 전에는 피임에 대한 남성의 협력을 얻는다는 것이 매우 어려운 일이었다. 가령 『여원』 1962년 5월호에는 「테스테-프」라는 배란일 측정 테이프의 광고가 실려 있었는데, "「테스테-프」는 과학적으로 배란일을 측정하여 줌으로써 상대방에게 과학적 증거가 된다"는 광고 문구를 달고 있었다. 이는 여성이 배란기라고 하면서 성관계를 거부했을 때 상대가 무시하면 "과학적 증거"를 들이대서라도 자신의 의지를 관철하라는 메시지를 담은 것이었다. 그런데 가족계획사업이 배란기 등 기초적인 생식생리에 대한 지식을 적어도 결혼한 사람들 사이에 일반적인 대중적 상식으로 만들자, 상황이 달라졌다. 계속되는 임신을 피하고 출산조절을 열망했던 여성들은 가족계획사업을 통해 방법과 기술을 얻었을 뿐 아니라, 배란기 등에 대한 지식을 통해 원치 않는 성관계를 거부할 수 있는 핑계거리도 획득했다(그림 12 "잉꼬부부", 『가정의 벗』, 72/4).

가족계획사업이 진행되는 동안 피임이라는 주제는 점점 더 '부부간의' 내밀한 문제가 되어갔다. 그것은 시부모나 다른 사람들에게 알릴 만한 것이 되지 못했다. 피임은 섹슈얼리티와 관련되어 있는 주제였기 때문에 공공연하게 말할 만한 꺼리

[그림 12] 잉꼬부부

가 되지 못했으며, 다만 가족계획어머니회 회원들끼리나 가족계획요원 등 직접 가족계획사업과 연관된 사람들과만 얘기할 수 있는 주제였다.

    (부부가 합의를 해서 어른들은 모르게 하는 경우는 없었나요?) 그런 경우가 대부분이었죠. 부부간에 합의가 되면 시부모한테 안 알리고, 부부간에만 알고. 나랑 같이 병원에 루프 하러 가도 같이 따라가 주고. 루프 하고 나면, 끼고 나면 상당히 몸이 안 좋더라구요. 그래서 남편이, 행여나 자기 부인 어떻게 될까 싶어서 따라가 주고(조○○, 필자와의 인터뷰, 2003년 2월).

3) 가족계획사업의 자기표상과 담론들

  1961년 처음 가족계획사업이 국가정책적으로 시행되었을 때, 가족계획사업이 스스로 내세운 사업의 목표는 분명했다. 경제발전을 위해 인구성장을 억제해야 한다는 것이었다. 그런데 이러한 국가적 목표를 개인이 실천해야 할 피임이나 불임시술로 연결시키기 위해서는 여러 가지 다른 설득 논리가 필요했다. 당시 재건국민운동 등이 아무리 국민 모두를 '조국 근대화'의 대열로 끌어들이고 있었다 하더라도, 1960년대 내내 출산장려를 정책기조로 삼았던 국가가 하루아침에 태도를 바꾸어 출산을 억제하라고 하는 것이 쉽지는 않았기 때문이다. 이를 위해 한국 가족계획사업은 여러 가지 자기표상들을 만들어냈으며, 가족계획 홍보와 교육을 통해 출산을 둘러싼 담론적 지형을 변화시켜갔다.

  가족계획사업이 생산하고 활용한 관련 담론들은 국가의 인구억제 및 경제개발이라는 목표에 개인들을 동원하는 효과를 낳기도 했지만, 다른 한편 여전히 아이를 많이 낳기를 원하는 시부모 등에 대항하여 자신의 출산을 줄이고 싶어 했던 여성들에게 자기 정당화 논리를 제공하는 것이기도 했다. 개별 가족과 부부, 여성들에게 자신의 자녀 출산에 대해 철저하게 계획을 세우도록 요구하고, 다른 한편 아동에 대한 양육 및 교육의 책임을 철저하게 부모에게 귀속시킨 가족계획사업의 담론은 이후 한국인의 가족생활을 구조화한 중요한 요인이 된다.

(1) 국가의 발전과 개인의 행복 : 병렬적 강조

1961년 4월 1일, 대한가족계획협회가 출범하던 날 발표된 〈대한가족계획협회 창립 취지문〉은 한국의 가족계획사업이 어떤 논리를 통해 '조국 근대화' 과업과 개인의 출산조절 실천을 연결시켰는지를 가장 잘 보여주는 자료이다. 당시 연세대 의대 교수 양재모가 초안한 이 창립취지문은 창립총회에서 거의 수정 없이 채택되었고(김옥경, 1971: 26), 그 뒤 50여년 동안 협회의 명칭이 두 번이나 바뀌고 활동 내용도 달라졌어도 단 한 구절 수정됨이 없이 그대로 사용되고 있다. 취지문의 전문은 다음과 같은데, 특히 주목해 볼 것은 ①번, ③번, ④번 문장들이다.[24]

① 가족계획운동이 지향하는 바는 대체로 불임증 부부에 대하여는 임신을 도모하며, 임신 가능한 부부에 대하여는 그 수태 횟수와 터울을 조정함으로써 도의적으로나 모성의 건강을 위하여서나 좋지 못한 인공 임신중절을 피하고 원치 않는 수태를 미연에 방지할 뿐 아니라, 태어난 자녀에 대하여는 그 생명을 존중하고 잘 양육하게 함으로써 적절한 가족 수 유지와 명랑하고 윤택한 가정생활을 이룩하고 나아가서는 국민 생활의 질적 향상을 도모함에 있다.
② 따라서 가족계획은 인간 생명을 그 수태된 때부터 존중하려는 도의운동이요, 육체적으로나 정신적으로 모자의 건강을 유지하려는 공중보건운동이요, 국

---

24) 각 문장 앞에 붙인 번호는 설명의 편의를 위하여 필자가 붙인 것이다.

민경제수준을 향상하여 현실생활에 대한 보람을 느끼게 하려는 문화운동이다.
③ 우리나라는 협소한 경지면적에 비해 인구는 이미 지나치게 조밀한 상태에 있는지라 증가 일로에 있는 우리 인구를 이 이상 더 방치하여서는 여하한 국민경제 성장률로도 우리 겨레의 생활수준을 향상하고 복지사회를 이룩할 수 없음에 조직적 가족계획운동이 전국적으로 전개되기를 갈망하는 공론이 자자한지 이미 오래다.
④ 그러나 가족계획운동의 특성은 인생의 심오에 속하는 성(性)에 관련하는 문제이고 보니 정부나 타인으로부터 강압될 것이 아니고 국민 개개인의 자각에 의지하는 수밖에 없으니 이것을 위하여는 식자(識者)의 정신적 및 기술적 지도가 무엇보다도 필요하다.
⑤ 그래서 이 일에 뜻을 같이 하는 개인이나 단체의 힘을 모아서 사단법인 대한가족계획협회를 설립하여 대외적으로는 국제가족계획연맹(IPPF)에 입회 제휴하고 국내적으로는 여망에 부응하는 성과를 거두고저 노력하려는 바이다.

- [1961년 4월 1일 발기인 일동]

①번 문장은 낙태 방지와 개인 및 가족의 행복을 '가족계획운동' 즉 출산조절 보급운동의 목표로 제시했던 당시 IPPF를 비롯한 국제 가족계획운동 단체들의 담론을 그대로 반복한 것이다. '가족계획'이란 의학적인 수태조절 방법을 이용하여 자녀의 수와 출산시기를 조절하는 것을 말하며, 이러한 조절을 하는 목적은 생명존중과 가족 및 개인의 행복을 위해서라는 것이이들의 주장이다. 이런 주장은 1950년대 말까지 한국사회에서 상당히 힘을 갖고 있던 우생학 담론의 뉘앙스를 상당히 탈피한 것으로서, 국가나 민족을 위해서가 아니라 개별 가족과 개인의 행복과 생명을 위해 가족계획을 하자는 개인주의적 논리를 담고 있다. 이후로도 이런 설득 논리는 가족계획사업이 진행되는 과정에서 종종 돌출적으로 부각되는데, 가령 1966년 양재모와 신한수가 공편한 『가족계획교본』에서는 가족계획사업이

국가의 목표보다 개인의 행복을 선행시키고 있는 것처럼 말하고 있다.

> 가족계획의 궁극 목적은 어디까지나 개개 가정의 행복, 다시 말하면 국민 각자의 생활향상에 있는 것이지 결코 국가나 정부의 인구정책이나 경제정책만을 위하여 개인과 가정의 행복을 희생시키려는 것이 아니다. - 양재모·신한수, 1966: 14.

그러나 한국의 가족계획사업이 실제로 얼마만큼이나 '개인과 가정의 행복'을 중시했는가에 대해서는 의문이 있다. 대한가족계획협회는 개별 가족의 부부 혹은 개인 여성을 자신의 출산력을 통제하는 주체로 만드는 데 대해 완전히 무관심했다. ①번 문장에서도 이 사업이 주체로 간주하는 것은 어디까지나 '가족계획운동'이며 개별 부부들은 이 '운동'이 임신을 도모 혹은 방지하기 위해 개입해 들어가는 대상으로만 위치지워져 있음을 알 수 있다. 한국 가족계획사업에서 개별 가족 혹은 개인, 여성들은 처음부터 자기 출산력을 조절하는 주체라기보다는 운동의 계몽 대상, 의료적 개입의 대상일 뿐이었던 것이다.

이런 점은 설립취지문의 ④번 문장에서 "정부나 타인으로부터 강압될 것이 아니고 국민 개개인의 자각에 의지할 수 밖에 없으니"라고 말하면서도 정작 촉구하는 것은 "식자(識者)의 정신적 및 기술적 지도"인 것에서도 잘 드러난다. 국민 개개인은 스스로 깨달아야 하지만, 그들이 깨달아야 할 것은 스스로의 자율성이 아니라 잘 살기 위해서는 식자의 (대한가족계획협회 구성원 자신들의) 지도에 따라야 한다는 사실일 뿐이었다.

또한 ④번 문장은 ③번 문장과 함께, 대한가족계획협회가 IPPF의 담론 구성을 그대로 따르고 있지만은 않았음을 드러내주고 있다. 당시의 IPPF 담론은 이전의 우생학이나 신맬더스주의 담론을 모두 탈피하고 '가족의 행복' 그 자체를 직접 운동의 목표로 강조하고 있었으나, 대한가족계획협회 창립 취지문의 ③번 문장은 명시적으로 경지면적과 인구를 대비시키는 맬더스주의 논리를 구사하였고, ④번 문장은 식자의 지도에 따라 자각할 사람들을 부부도 여성도 아닌 '국민 개개인'이라고 호명하여 국가와 국민을 단위로 하는 신맬더스주의 인구통제를 담론적 기반으로 삼고 있음을 드러내었다. 이러한 논리구성은 박정희 정권 하의 개발국가가 가족계획사업을 "경제발전을 위한 인구통제"를 위한 수단적 목적으로 국책사업화하는 데 중요하게 기여했다. 그런 목표가 없이 단순히 개인의 혹은 개별 가족의 행복을 위한 것으로 가족계획사업을 표상했다면 이것을 국가정책으로 실시하지도 않았을 것이다. 5·16 이후 군정 시기 집권 세력은 개인이나 가족의 행복을 증진시키는 문제를 고민한 적이 없다. 국가 경제가 발전하고 민족이 근대화되면 개인이나 가족의 행복은 자연히 따라오는 것으로 여겼던 것이다.

이후 '국가의 발전'을 위한 인구통제와 '개인의 행복'을 위한 가족계획(피임, 출산조절)이라는 것은 한국 가족계획사업에서 언제나 나타나는 짝말이 된다. 이 짝말은 1961년 12월에 발간된 산부인과 의사 김사달의 『좋은 아기를 낳는 가족계획』[25]에도 전형적으로 나타났다. 저자는 책의 서문에서 가족계획이 필요한 근거로 인구문제 해결과 낙태의 회피를 들었지만, 제 1장에서는 "솔직히 말씀드린다"며 지금까지 인구문제에 대한 설명은 "장황한 말씀"이었으며 실은 아이의 장래와 아내의 건강, 즉 가족의 행복이 가족계획의 필요성이라고 말하고 있다.

---

25) 이 책은 국가재건최고회의에서 가족계획사업이 국가시책으로 채택되기 직전인 12월 1일에 나왔는데, 당시 대한가족계획협회 회장이던 의학박사 김명선 명의의 서문이 붙어 있었다. 가족계획사업 출범 직전 한국 출산조절 기술의 실태와 더불어, 아직 국책사업으로서의 '가족계획'이 그 담론적 구조를 명확히 하지 않은 상황에서 가족계획 주창자들이 구사했던 담론을 보여주는 매우 유용한 자료다.

지금까지 장황한 말씀으로 인구문제를 말씀드렸습니다. 솔직히 말씀해서 가족계획을 해야 하겠다는 근본 의도는 우리나라의 적정인구에 입각지를 둔다는 것보다도 먼저 자라나는 아이들의 장래의 행복을 위해서입니다. 또한 사랑하는 아내의 건강을 위한다는 제 2의 목표도 있습니다만은, 주로 다음 세대를 걸머질 제 2세들의 행복과 안정이 깃들도록 염원하는 뜻에서 필연코 가족계획을 필요로 하는 것입니다. - 김사달, 1961: 26.

이 짝말의 문제점은, 인구문제 해결이라는 언명이 '개인적 행복' 또는 '가족의 행복' 담론과 구분되지도 않았고 그 둘이 어떤 관계인지도 해명되지 않았다는 점이다. 국가발전을 위한 인구문제 해결과 개인적인 '가족의 행복'은 그저 병렬되기만 했다. 그 둘을 연결시키려는 어떤 설명도 시도되지 않은 채, 그저 가족계획은 '개별 가족의 행복을 위한 것'이고 그것이 또한 '국가를 위해서도 좋은 것'이라는 논리가 반복될 뿐이었다. 국가의 발전과 가족의 행복은 언제나 함께 등장하는 짝말이었지만, 이 둘은 제대로 연결되어 있지 못했다. '국가의 발전' 옆에 아무런 설명 없이 병렬되는 '가족의 행복'. 이것이 한국 가족계획사업의 자기표상에 담긴 가장 큰 특징이었다. 한국 가족계획사업의 담론 속에서 개인은 선택의 주체로도, 행복의 주체로도 드러나지 않았다. 앞에 인용한 김사달의 구설에서도 '아내의 건강과 자녀들의 장래 행복'을 위해서라는 표현이 사용될 뿐이어서, 행복의 주체로서 개인 혹은 개별가족이라는 단위는 흐려져 있는 것을 발견할 수 있다.

국가의 발전과 개인 또는 가족의 이익을 아무런 연결점 없이 단순 병렬하는 이같은 담론구성은 1970년대 가족계획사업에서도 계속되었다. 대표적으로 1973년 발간된 『가족계획: 요원훈련용교재』는 "근래에 이르러 가족계획은 또다른 의미를 갖게 되었다. 급격한 인구증가의 해결책으로서 우리나라를 비롯한 여러 나라들이 가족계획을 그 수단으로 채택하고 있는데(가족계획연구원, 1973b: 5)"라고 하여 가족계획사업이 인구억제 수단으로 시행되고 있음을 인정하면서도, "피상적으로 판단하면 소수의 자녀를 권장하는 출산 부정적인 의미로서만 가족계획이 적용되고 있는 듯하나, 출산수준의 저하와 아울러 모성 및 영유아 보건의 중요성이 강조됨으로써 가족계획의 진정한 뜻이 결코 망각되고 있지 않다(가족계획연구원, 1973b: 5)"고 부기하였다. 여기서도 국가발전과 개인의 이익이 그저 병렬적으로 나열되고 있는 것이다. 이 서술이 1960년대의 가족계획 담론과 다른 점은 개인과 가족이 가족계획에서 얻을 수 있는 이익이 추상적인 '행복'이 아니라 '모성 및 영유아 보건'으로 협소화되어 있다는 점 정도이다.

(2) 생활의 근대화, 합리화, 과학화 : 재생산의 사생활화

한국 가족계획사업은 가족계획의 실천이 개별 가족이나 개인에게 어떤 행복, 어떤 이익을 주는지 구체적으로 제시할 수 없었다. 그러므로 당연하게도 그런 행복이나 이익을 가능하게 하는 국가 발전의 모습이 어떤 것인지를 질문할 수도 없었다. 가족계획사업의 국책화가 박정희 정권의 돌진적인 조국 근대화 프로젝트의 일환이었음을 상기해 볼 때 이는 어쩌면 당연한 일일지도 모르겠다.

1960년대 초반 가족계획 국책사업화를 주창했던 사람들은 쿠데타 직후부터 가족계획을 '계획성', '합리성'과 같은 근대적 생활태도와 강하게 연관시켰다. 이는 그러한 생활태도의 고취가 조국 근대화에 무엇보다 필수적인 것으로 여겨졌기 때문이었다. 이 논리에 따르면 '가족계획'이란 조국 근대화를 위해 극복되어야 할 한국 고래의 전통적 태도와 대비되는 근대적인 그 무엇이었다. 모두가 잘 사는 국가와 민족을 만들기 위해서는 국민 개개인이 미래를 준비하고 계획하는 근대적 태도를 갖추어야 하며, 그러한 태도의 근대화를 가족생활에서 실천하는 것이 곧 '가족계획'이라는 논리가 유포되었다.[26] 이런 논리는 1968년 가족계획어머니회 조직 당시에 대한가족계획협회가 배포한 "가족계획어머니회에 협회에서 알리는 말씀"이라는 제목의 글에서 전형적으로 드러난다.

> 일 년 농사에도 새봄에 세우는 영농계획이 있고 하루 일에도 아침에 생각하는 계획이 있는데, 오천년 기나긴 역사를 살아오는 동안 우리는 가장 절실하고 중차대한 계획을 잊고 있었던 것입니다. 즉 가문의 영광과 발전, 행복한 인생설계를 갖지 않고 덮어놓고 살아왔다는 데에 우리의 불행과 고난이 있다는 진리를 이제야 깨달았다는 것이오, 이것이 가정의 설계인 '가족계획'인 것이란 얘깁니다. 가족계획은 말 그대로 가족의 계획, 즉 가족 수의 계획, 경제계획, 교육계획, 식량(영양) 계획 등 행복을 쟁취하기 위한 모든 계획의 알맹이를 얘기하는 것입니다. 따라서 가족계획어머니회의 할 일은 곧 잘 사는 가정, 잘 사는 마을을 만드는 일이라면 무엇이든지 앞장서서 실천하고 계몽하여야 하겠습니다. - "가족계획어머니회에 협회에서 알리는 말씀", 『가정의 벗』, 68/8: 20.

다른 한편, '가족계획'을 좀 더 일반적인 의미에서 사용하는 용례도 있었다. 이 용례에서는 가족계획이 개별 부부가 자녀를 양육할 자신들의

---

[26] 이러한 논리에 의해서 '가족계획'은 잘살기 운동으로 규정될 수 있었으며, 인생과 가정의 설계, 즉 생활의 합리화와 '근대화'를 위한 실천 그 자체와 동일시되었다. 가족계획이 지역사회개발과도 결합될 수 있었던 논리적 기반은 여기에 있었다. 이로써 한국의 가족계획어머니회는 흔히 제 3세계 사회의 근대화 과정에서 농촌 여성들이 맡게 되는 '마을살림의 관리자' 역할까지 함께 수행하는 형태로 운영될 수 있었던 것이다(신현옥, 1999: 32).

처지와 여건을 고려하여 자녀 출산의 수와 시기를 조절하는 근대적 출산조절의 실천을 뜻하는 말로 사용되었다. 이러한 용례는 대한가족계획협회 창립취지문이나 혹은 1966년 『가족계획교본』의 다음과 같은 정의에서 잘 나타난다.

> 가족계획이란 "알맞는 수의, 좋은 자녀를, 좋은 터울로 낳아서, 잘 길러, 잘 살아보자"라는 것이다. 좀 더 구체적으로 말하자면 첫째로는 부모의 건강, 둘째로는 가정의 경제능력, 셋째는 자녀를 양육해 낼 부모로서의 책임을 감당할 능력, 이상 세 가지 여건에 알맞게 잘 계획을 세워서 출산할 것이요, 또 기왕이면 머리 좋고 몸 튼튼한 양질의 자녀를 두도록 하자는 것이다. - 양재모·신한수, 1966: 14.

1973년에 나온 『가족계획 요원훈련용 교재』는 특히 '미리 계획한다'라는 것이 가족계획의 요체임을 대단히 강조하고 있었다.

> 우리나라에 있어서는 이미 일정한 수의 자녀들을 갖고 있는 가정에서 더 이상 자녀를 원하지 않을 때 수태조절의 방법을 이용하여 임신을 예방하는 것이 가족계획이라고 흔히 오해되고 있다. … 물론 이미 오랜 결혼생활 끝에 많은 자녀를 가진 부부들이 단산하겠다는 것은 너무나 당연한 일이지만 가족계획의 참뜻이 미리 계획한다는데 있으므로 위에서 말한 가족 제한의 의미는 사실상 가족계획에 실패한 예라고 말할 수 있다. 따라서 가족계획은 결혼과 함께 시작되며 결혼부부의 연령, 직업, 경제사정 등 여러 면을 고려하여 초산의 시기, 터울을 조절함으로써 부인이 가장 건강한 연령에서 원하는 자녀수를 갖고 단산할 수 있도록 하는 것이 이상적이라 하겠다. - 가족계획연구원, 1973b: 3-4.

한국 가족계획사업이 스스로 표상한 바 '가족계획'이란, 사람들이 출산을 더 이상 자연적이거나 운명적인 사건으로 받아들이지 않고, 스스로 계획한 바에 따라 조절될 수 있는 어떤 것으로 이해하는 태도를 전제하는 것이었다. 이는 자신의 생식력을 스스로 조절하고자 하는 여성들의 근본적인 욕구를 금지하거나 부인해 온 전통적인 출산장려 입장에서는 결코 나올 수 없는 태도였다. 그런 의미에서 국가정책으로서의 가족계획사업은 이미 출산억제의 욕구를 드러내고 있던 한국 여성들에게 자신의 출산력을 조절할 수 있도록 길을 열어주는 담론적 조건을 만들었다고 평가될 수 있다.

그러나 다른 한편, 가족계획사업이 출산에 대해 계획하고 실천해야 하는 단위를 여성이 아닌 부부 혹은 가족으로 전제하고 있었던 것은 가족계획 담론의 여성해방적 효과를 상당히 제한적인 것으로 만들었다. 한국 가족계획사업의 가족계획 담론은 결혼을 통해 합법적인 성관계에 들어가게 된 남녀에게 부모됨에 관한 자신의 일대기를 '계획을 세워서' 실천하는 근대적 주체가 되기를 요구하였으나, 부부 쌍방이 각각 자신의 개인적 일대기 설계의 주체가 되라고 요구하지는 않았다. 가족계획에서 계획되는 것은 부부의 (기본적으로 남편의 것이고 아내의 그것은 남편에게 복속되는) 일대기이지, 여성의 개인적 생애설계가 아니었다. 이는 서구의 국제 가족계획운동이 당시에 이미 개인의 선택권을 강조하는 개인주의적 출산조절 관념을 운동의 기반으로 삼고 있던 것과는 매우 대비되는 일이었다.

한국 가족계획사업은 임신과 출산을 오롯이 여자의 일로 보았고 피임 역시 당연히 여자의 일로 여겼다. 여성들은 몸으로 출산하고 직접 양육하며, 또한 이른바 여성용 피임법을 동원하여 출산조절의 모든 부담을 자기 몸으로 견뎌야 했다. 그러나 가족계획사업이 실시되는 시기의 한국

사회에는 여성들이 자기 자신의 개인적 욕구나 계획에 따라 출산조절을 하도록 문화적으로 지지하는 담론이 존재하지 않았다. 가족계획 담론에서 출산에 대한 계획은 어디까지나 가족 단위의 일대기 설계에 포함되어야 하는 것으로 표상되었다. 국가는 계획 없이 낳아서 과잉인구가 될 아이들을 부양할 책임은 가족 이외의 그 누구도 대신 져 주지 않을 거라는 전제 위에서 부부에게 자녀 수에 대한 계획을 세울 것을 요구했다. 만약 그런 계획과 출산억제 실천 없이 자녀를 낳아 아이들을 기르느라 가족이 빈곤하고 불행해지더라도, 그것은 그야말로 가족계획을 하지 않은 해당 가족 자신의 책임이므로 가족이 알아서 해결해야 할 문제라는 것이 가족계획사업의 '계획성' 강조가 내포한 이면의 정책 담론이었다. 이것이야말로 박정희 정권 하 개발국가 시대에 한국 경제가 고도성장할 수 있었던 사회적 전제인 '재생산의 사생활화(privatization of reproduction)' 논리의 결정판이었다. 개인의 삶을 지원하는 그 어떤 사회적 안전망도 갖추지 않은 채 가족 단위로 제 살 길을 찾도록 요구한 개발국가 연간의 이른바 '가족에 의한 복지(장경섭, 1996: 226)'의 근간에는 바로 이러한 가족계획사업의 논리가 깔려 있었다.

다른 한편, 한국 가족계획사업이 일관되게 유지한 의료화 전략은 가족계획을 서구의 우월한 의학 및 과학기술의 혜택과 연관시키게 하였으며, '모자보건'이라는 명분을 가능하게 하였다. 실제 한국사회에 보건소를 비롯하여 기초적인 의료전달체계가 만들어진 것 자체가 가족계획사업에 힘입은 것이기도 했다. 이런 방식으로 여성들의 몸에 대한 의료의 개입이 곧 근대적인 우월한 과학의 도입, 조국 근대화의 필수조건인 가정생활의 합리화로 포장될 수 있었다(황정미, 1999: 180). 1970년 보사부가 발간한 자료에 나타난 다음과 같은 가족계획의 정의는 이러한 담론의 발전 방향을 잘 보여준다.

정부에서 표방하는 가족계획은 모체의 건강과 자기가정의 경제력을 참작하여 가장 적절한 나이와 출산시기에 적절한 터울로 알맞게 계획하고 수태하여 원치 않는 임신을 피함으로써 이상적 가정생활을 건설하고자 하는 것을 목표로 할 뿐 아니라 혼전 지도, 결혼 지도 및 육아 등을 포함한 광범위한 가정의 설계로서 가정생활 향상을 위한 합리적이고 과학적인 생활의 기술이다. - 보사부, 1970.

이후 한국사회에서 가족계획의 정의는 피임이나 출산조절 그 자체보다는 점점 더 근대화된 가정의 이미지를 강조하는 쪽으로 발전해 갔다. 가정생활의 합리화와 과학화가 행복을 가져다 줄 것이라는 희망은 가족계획사업의 담론과 연계되어 점점 더 부풀려졌다. 이런 쪽으로 담론이 발전될수록, 부부와 가족 안에 내포된 권력관계나 젠더화된 섹슈얼리티에 관련한 주제가 제기될 수 없었던 것은 당연했다.

(3) '경제발전을 위한 인구통제'의 고집과 모성의 왜곡

1974년 유엔이 지정한 "세계 인구의 해"를 맞이하여 한국에서도 인구대회가 개최되었다(가족계획협회, 1991a: 164). 이 대회에서 〈인구대회 선언문〉이 채택되었는데, 이 선언문 역시 '경제발전을 위한 인구통제'와 '가정의 행복'을 그 둘의 상호관계에 대한 언급없이 병렬적으로 구사하고 있었다. 이 선언문은 세계 인구의 해를 맞아 개최된 유엔 주최 행사의 일환으로 나온 것이었으므로, 한국 가족계획사업의 담론이 당시 국제 인구통제 활동에서 통용되던 담론들과 얼마만큼 같고 다른지 확인할 수 있는 좋은 자료가 된다.

1974년에 열린 〈부카레스트 세계 인구회의〉는 여러 모로 국제 인구통제 담론에서 변화가 일기 시작한 계기였다. 1960년대 이래 국제 정치의 장을 휩쓸었던 경제발전을 위한 인구통제 담론은 이때부터 약화되기 시작했다. 대신 복지의 증진이 강조되었으며, 출산조절을 기본적으로 개인의 '권리'로 규정하는 선언이 터져 나와 각국 가족계획사업을 뒷받침하는 근거로 확립되었다. '모든 커플들과 개인들은 자녀의 수와 터울을 자유롭고 책임 있게 결정할 수 있는 기본적 권리를 가진다'는 명제가 그것이다. 그러나 같은 해 나온 한국의 〈인구대회 선언문〉은 이러한 변화를 전혀 반영하지 않았다.[27] 오히려 새로운 언어를 교묘하게 사용하며 과거의 내용을 반복하는 모습을 보였다.

① 우리의 여망인 고도의 경제성장과 균형된 사회발전을 성취하기 위해서는 적정 인구의 유지가 필요하며 이의 해결에 사회 각 계층의 자발적인 참여가 있어야 한다.
② 부존자원이 빈약한 우리나라는 국토의 효율적인 이용으로 식량을 증산하고 자원을 절약하며 자연을 보존해야 할 초미의 과제를 안고 있는 바, 이는 인구문제와 불가분의 관계가 있음을 명심해야 한다.
③ 자녀에 대한 올바른 가치관을 확립하고, 소가족구성의 건강하고 윤택한 가정을 통하여 국민생활의 질적 향상을 도모해야 한다.
④ 자녀 수의 결정은 부모의 기본 권리인 동시에 의무이며, 이를 계획하고 실천하는 방법을 숙지하고 또 생활화해야 한다.
⑤ 출산과 양육에 얽매여 생산적인 사회참여의 제한을 받아온 여성에게도 더욱 경제 사회 교육 등 제 분야에 균등한 기회를 주어 여성의 지위를 향상시켜야 한다.
⑥ 인구문제는 전 인류가 직면하고 있는 가장 절박한 과제임을 느끼고 그 대책수립을 위한 국제적인 협력에 적극 참여한다.
⑦ 인간생명을 그 시초로부터 존중하려는 가족계획은 육체적, 정신적, 사회적

---

27) 각 문장 앞에 붙인 번호는 설명의 편의를 위하여 필자가 붙인 것이다.

으로 삶에 대한 보람을 느끼게 하려는 생활운동인 바, 이 운동이 지향하는 '둘 낳기'에 국민적인 참여를 촉구한다(후략).

- [1974년 12월 20일, 인구대회 주최단체 일동]

①, ②, ⑥번 문장은 경제발전을 위한 인구통제 테제를 다시 한 번 반복하면서 국가적 문제의 해결을 위해 적극 참여해야 하는 국민의 도덕적 책무를 강조하는 '조국 근대화' 담론의 구조를 보여주고 있으며, ③, ④, ⑤번 문장은 개인적 혹은 가족적인 행복에 대한 담론이라 할 수 있지만 역시 독특한 한계를 드러내고 있다. ④번의 경우 자녀수 결정이 부모의 권리라고 말하면서도 의무임을 더 강조하고 있는데, 이는 가족계획사업이 개인과 커플의 자율성을 침해하면서 이루어져서는 안 된다고 강조한 부카레스트 회의의 결의와는 매우 거리가 먼 것이었다. 개인의 의무를 강조하는 이같은 담론은 가족계획을 '조국 근대화'를 위한 국민의 과제로 표상해온 1960년대부터의 논의를 그대로 반복하는 것이었다.

⑤번 문장은 좀 더 세밀한 해석이 필요하다. 여성에게 경제·사회·교육 등의 분야에 균등한 기회를 주어 '출산과 양육이 아니라' 생산적인 사회 참여를 하도록 하는 것이 곧 '여성의 지위 향상'이라는 논리구성은 특히 의미심장하다. 여성의 지위를 향상시키기 위해서는 여성을 출산과 양육 같은 모성 기능으로부터 해방시켜 공적 영역에 참여하게 해야 한다는 것은 당시 국제 발전 담론에서 성평등에 대한 주류 접근으로 영향력을 발휘하던 WID(Women in Development) 접근의 논리와 일견 유사해 보이는 것이다.[28] 그러나 이 선언문에서 언급되는 바 여성의 생산적인 사

---

28) WID 접근은 남성에 대한 여성의 종속을 고용과 시장에서의 불평등 때문인 것으로 보고 여성에게 훈련, 신용, 고용에 대한 접근을 제공함으로써 평등을 달성하려 하는 전략으로, 1970년대와 1980년대초까지 국제 발전기관, 원조기관들, 국제여성운동에 광범위한 영향을 주었다.

회참여라는 것을 곧바로 WID 접근에서 강조하는 여성들의 고용 및 시장에 대한 참여 증대와 같은 것으로 해석할 수는 없다. 당시 한국사회에서 '여성'이란 기본적으로 어머니이거나 어머니가 될 사람으로 간주되었으며, 여성의 사회참여란 시민이나 노동자로서의 여성 개인이 아닌 가족 구성원으로서의 여성, 즉 '어머니'의 자격으로 집 밖의 활동에 참가하는 것을 의미하는 것으로 여겨졌기 때문이다. 여성 자신이 가족적 맥락에서 벗어나 개인적 삶을 추구하는 것은 이기적인 태도라고 비난받았다.

그러므로 당시 한국 상황에서 '출산과 양육을 벗어난' 여성의 '생산적인 사회참여'라는 말은 매우 모순적인 것일 수밖에 없다. 당시에 국가와 사회가 권장하던 여성의 사회참여란 여성이 '어머니'로서의 정체성을 가진 채 지역사회개발 등 집 밖의 활동에 참여하는 것을 의미했는데, 출산과 양육은 어머니의 기본적인 활동이자 어머니 정체성의 핵심이기 때문에 이것을 사회참여와 대립시키는 것은 당시 국가와 사회를 떠받치던 가부장적 논리를 위협하는 상당히 위험한 일일 수 있었다. 이 구절은 실제로는 여성의 생산적인 '사회참여'를 증대시키는 데 기여하지 않았으며, 오히려 '출산과 양육'이라는 모성 기능을 '생산적인' 사회참여와 대비시킴으로써 모성은 비생산적이라는 의미를 만들어냈을 뿐이었다. 한국 가족계획사업이 암묵적으로 갖고 있던 모성 기능에 대한 이같은 이해 방식은 결국 당시 한국사회의 정책 일반에서 나타난 모성에 대한 사회적 인정의 부재로 이어졌다.

국가가 어머니들에게 출산과 양육보다는 오히려 피임과 단산을 적극적으로 권유하고 계몽하는 상황에서, '어머니'라는 피상적인 이름이 아닌 실제 '모성(母性)'을 적극적으로 가치평가하고 지원하는 정책은 성립될 수 없었다(황정미, 2001: 184). 여성들의 모성 역할을 통해 이루어지는 인간 재생산의 문제는 공적인 가치를 지닌 것으로 인정되기는 커녕 완전히 사적인 개인생활 영역인 것으로 받아들여졌다. 당시에 이같은 담론에 제대로 문제제기하지 못했던 한국 여성운동은 이후 1990년대까지도 여성의 모성 역할에 대한 사회적 인정이나 공적 지원을 요구할 수 있는 담론적 바탕을 만들어내는 데 어려움을 겪었다. 국가 담론이 모성에 대한 사회적 의미화 자체를 왜곡하는 상태에서, 당시의 여성운동은 모성 담론의 왜곡에 맞서 싸우기보다는 차라리 모성과 분리된 '여성'으로서 스스로를 애국적 주체로 표상하는 쪽을 택했다.29)

1970년대 한국사회에서 피임, 즉 여성의 출산력 억제는 단순히 한국의 경제발전과 조국 근대화를 위해 필요한 일일 뿐 아니라 지구상의 인류가 겪는 온갖 문제를 다 해결할 수 있는 방도로까지 제시되었다. 대한가족계획협회가 1968년 이래 계속 배포해 온 잡지 『가정의 벗』 1975년 12월호에 실린 "가정 만평 : 여성이 앞장서서 병든 지구를 구출하자"라는 만화는 이러한 담론을

[그림 13] 가정만평 : 여성이 앞장서서 병든 지구를 구출하자

---

29) 대표적으로 1976년 대한주부클럽연합회가 그 해의 슬로건으로 선포한 표어는 "나라사랑 피임으로"였다. 여성단체들은 가족계획사업에 적극 호응함으로써 여성이 '조국 근대화'에 앞장서는 주체임을 주장하면서 반대급부로 여성의 지위 향상이나 권리가 얻어질 수 있을 것으로 생각했다. 한국여성단체협의회는 1970년대 중반에 '가족계획을 통한 여성의 인간화'를 목표로 인구문제에 대한 계몽·홍보활동에 박차를 가했다고 한다(한국여성단체협의회, 1993: 140).

압축적으로 보여주고 있다. 전쟁, 식량위기, 자원고갈, 질병 등에 시달리는 병든 지구의 모든 문제에 "피임"이라는 주사기를 들고 맞서는 사람들을 제시하는 것이다. 여성은 지구를 구출할 수 있는 대안적 세력이 될 것을 기대받지만, 그것은 오직 그녀들이 자신의 출산력을 억제하는 한에서만 가능하다.([그림 13] 참조)

여성의 출산력 자체를 전쟁, 식량위기, 자원고갈, 질병의 원인으로 보면서 여성들에게 지구를 구하러 나서라고 말하는 이같은 캠페인은 기실, 여성이라는 존재 자체의 가치에 대해 대단히 모순적인 메시지를 담은 것이다. 더욱 역설적인 것은 당시 한국 사회에서 성인 여성을 부르는 일반적인 호칭이 '어머니'였다는 점이다. '여성'이란 존재를 기본적으로 '어머니'로 동일시하면서도 다른 한편 여성의 생물학적 모성 기능, 즉 어머니됨 자체는 국가의 경제발전 지체와 인류의 위기를 일으킨 원흉으로 취급되었다. 가족계획사업 시기에 이같은 담론 구도가 지속적으로 재생산되면서 한국 사회에서 '여성'과 '모성'은 둘 다 왜곡된 기표가 되고 말았다.

박정희 정권 하 개발국가는 결혼한 여성이 한평생 어머니로 살 것을 요구하며 그녀들에게 다른 정체성을 허용하지 않았다. 여성은 모성으로 환원되었지만, 다른 한편 모성은 고유의 가치를 인정받지 못한 채 가족계획사업의 목표와 '조국 근대화', 그리고 나아가 인류 전체의 문제를 해결하기 위해서는 억제되어야 할 그 무엇으로 여겨졌다. 여성들은 '어머니'로서 가정생활의 합리화와 지역사회개발을 위해 동원되었지만, 정작 그녀들의 어머니로서의 삶이 가진 진정한 의미는 무시되었다. 모성은 여성을 동원하기 위한 수단에 불과했으며, 모성으로 환원된 여성들은 그자체 국가의 목표를 달성하기 위한 도구였다. 여성들은 자신의 모성 기능을 특정한 방식으로 관리하고, 국가와 사회가 요구하는 방식으로 어머니 역할을 수행함으로써 국가발전에 기여하는 국민으로서의 자격을 얻을 수 있었다. '여성'과 '모성'은 충돌하는 동시에 융합되고, 제 자리를 찾지 못한 채 의미 없이 떠돌며 실제 여성들의 삶 속에 모순적인 의미만을 만들어내게 되었다. 이런 담론적 상황 하에 있던 1970년대 한국 사회에서, 일반 대중 여성들이 성평등과 사회적 인정을 요구하기란 애초에 불가능한 일이었다.

3. 출산율 급락의 비밀 : 가족전략으로서의 출산과 '근대적 모성'

한국의 가족계획사업에서 개발국가는 여성들을 대상으로만 여기고 주체로 보지 않았다. 여성들을 권리를 가진 사람이라고 보기 보다는 억제해야 할 출산력을 지닌 몸들로만 보았다고 해도 과언이 아닐 것이다. 사업 초기 노인층의 심기를 건드리지 않기 위해서 극도로 조심했던 것이나, 1970년대 잠깐의 남성 피임 캠페인에서 남성들의 주저나 불안감을 존중해야 한다는 주장이 나왔던 것에 비해 본다면, 가족계획사업이 사업의 주된 타겟 집단이었던 여성들에 대해 가졌던 태도는 어처구니없을 정도로 권위적이고 비하적이었다. 여성들은 일방적인 계몽의 대상일 뿐이었고, 심리적 불안감에 대한 존중은커녕 기초적인 신체적 안전조차 무시되었으며, 조국의 근대화와 가족의 행복을 위해 피임 기구의 부작용조차 애국심으로 참아내며 지역사회개발에 앞장서야 하는 존재로 여겨졌다.

그런데, 그렇다면 왜 한국 여성들은 가족계획사업에 저항하지 않았을까? 여성들은 실제로 별다른 불만 표시 없이 가족계획사업에 따르는 것

같아 보였다. 몇몇 여성단체들은 사업에 협조하는 것을 넘어 애국심을 내세우며 적극적으로 사업의 주체로 나섰으며, 가족법 개정운동에 나섰던 평등 지향적 여성운동가들조차 가족계획사업이 제기한 의제('남아선호사상 타파')를 자기 운동의 명분으로 끌어들이는 데 주저함이 없었다. 여성 의료전문직 종사자들은 모자보건이나 의료기술 접근성 증대라는 차원에서 가족계획사업을 환영했다. 무엇보다, 여성들의 출산행위 양상 자체가 가족계획사업이 의도한 바대로 바뀌었다. 한국 여성들은 사업이 실시된 지 얼마 지나지도 않아서 저출산 추세를 나타내기 시작했다. 이것이야말로 가족계획사업에 대한 여성들의 무저항을 드러내는 증거일 것이다. 가족계획사업이 실시되던 시기 한국 여성들의 출산율은 급락이라고 해도 좋을 정도로 빠른 속도로 떨어졌다. 1960년에 평균 여섯 명이 넘는 자녀를 낳고 있던 한국 여성들이었지만, 20년이 지난 1980년대에는 두 명 이상을 낳는 사람을 거의 찾기 어려워졌다. 가족계획사업을 입안하고 수행했던 주체들은 이러한 출산율 감소를 이유로 자신들의 사업이 '성공'했다고 평가해 왔다. 정책의 목표가 인구성장 억제였고 실제로 출산율이 급락하여 인구성장이 성공적으로 감속하게 되었으니 과연 사업이 성공했다는 것이다. 그러나 정말 그럴까? 실제 여성들이 가족계획사업에 설득당하여 자신의 출산력을 감소시켰을까? 여성들은 가족계획사업의 일방적인 수용자였을까? 여기에 작용한 여성들의 행위성은 없었을까?

1) 국가의 동원인가 여성의 선택인가

한국 가족계획사업이 국가에 의해 돌진적이고 공격적으로 수행된 것은 맞지만, 여성들이 반드시 국가의 강요에 의해 또는 국가의 설득에 따라 자신의 출산력을 제한한 것은 아니다. 2장에서 살핀 바와 같이 이미 1950년대부터 한국 여성들은 자신의 출산력을 줄이고 싶어 했지만, 불안정한 가족 내 지위가 부과한 '아들' 출산의 과제와 피임 방법의 불비 때문에 자신의 출산억제 욕구를 실현할 수 없었을 뿐이었다. 이런 상황에서 가족계획사업은 명시적으로 출산조절 수단을 보급했을 뿐 아니라, 대면 접촉과 공격적 캠페인을 통해 소자녀 지향이 '조국 근대화'에 필요한 국민의 근대적 가치관이라고 설득했다. 이는 이미 출산억제 욕구를 갖고 있던 가임기 여성들에게, 여전히 다산 지향을 갖고 '며느리'들에게 아이를 많이 낳을 것을 강요하던 시부모들에게 맞서 자신의 출산력을 실제로 감소시킬 수 있는 담론적 자원을 제공했다. 이는 가족계획사업에 작동한 일상의 국가동원 방식을 밝혀내기 위해 1960~70년대 자녀를 낳은 남녀 24명을 대상으로 2005년 실시한 김명숙의 면접 조사에서도 드러난다(김명숙, 2008).[30]

> 다들 알아서 할 때였어. 가난해서 애들 낳고 먹이고, 기르는 게 힘들다고 생각했으니까. 시어른들은 더 낳으라고 했는데 나라에서 그만 낳으라고 하니까, 뭐 내가 그만 낳겠다고 하는 것보다 나라에서 애를 조금 낳으라니까 시어른이 덜 괴롭혔지(피면접자 17 - 70세 여성, 2남).

> 대한가족계획협회서 권장도 했었고, 내가 스스로 병원 가서 했다. 애 둘 낳고 나서 병원 가서 이제 안 낳게 했다. 시부모나 친정부모 모두 그 시절에 남아선호사상이 각별했다. 그래서 방해가 된 게 사실이다. 계속 더 낳으라고 하더라. … 그런데 내가 마음을 굳힌 거라 둘만 낳고 말았지. … 내가 알기로는

---

30) 여기 제시된 피면접자의 연령은 모두 김명숙의 면접 조사가 진행되던 2005년 기준이다.

정부가 주도한 걸로 아는데, 정부의 홍보에 대해 별 거부감은 없이 그냥 순수하게 받아들인 편이다. - 피면접자 2 - 54세 여성, 1남1녀.

시어머니가 자식을 10명씩이나 수두룩하니 낳아서 맏아들에게 책임지게 한 게 너무 지겨워서 나는 적게 낳으려고 했지. 먹고 살기 힘든 시집을 보고, 애를 많이 낳으면 뭐해, 부모가 교육도 신경 써야 하는데 공부도 못 시키고(피면접자 20 - 71세 여성, 3남1녀)

'나라에서 애를 조금 낳으라고 하고', 가족계획사업을 '정부가 주도' 해주었기 때문에 아이를 더 많이 낳으라고 하는 시부모나 친정 부모의 압력을 이겨낼 수 있었다는 것이다. 부모 세대의 다산 경향은 당시의 젊은 세대 여성들에게 가족의 경제적 상황을 악화시킨 요인으로 해석되고 있었고, 이는 '다산(多産)'이 국가의 경제발전을 가로막고 있다는 국가 담론을 개별 여성들이 쉽게 받아들일 수 있게 해 주었다. 그러나 국가의 역할에 대한 개별 국민들의 평가는 거기까지였다. 김명숙이 면접한 사람들 중 국가의 가족계획 시책에 호응해서 자녀를 적게 낳은 사람들은 모두 소자녀 출산이 기본적으로 자신들의 선택이었다고 말하고 있었다. 가족계획사업을 정부가 주도하기는 했지만, '가족계획의 성공 원인'은 어디까지나 자신들이 스스로 아이를 둘만 낳자고 결정한 것에 있다는 것이다.

내가 남편하고 같이 결혼 전부터 아이는 둘만 낳자고 상의했으니 가족계획의 성공 원인은 나에게 있다고 생각하지. … 박정희가 워낙에 나라를 위해서는 어떠한 정책을 제시해서라도 '발전' 시키려고 했었거든. 요원을 처음 접했을 때는 낯설었는데 … 이야기를 들어보니 … 피임기구도 소개하면서 … 얘기를 많이 했던 것 같다. 나는 그냥 듣고 있었지 뭐. - 피면접자 6 - 57세 여성, 2남.

내가 스스로 했다. 자발적으로. … 남편 보고 권장까지는 하지 않았고, … 내가 불임수술을 한 적은 있다. 우리 남편이 장남이라 … 시부모님이 남아선호 사상이 있었고, 아들이 두 명 이상이 되어야 한다고 하셨다. 정부에 내가 스스로 호응해서 성공했다고 생각한다. - 피면접자 4 - 52세 여성, 1남1녀.

처음엔 잘 몰랐지만, 인구를 조절해야 한다고 하니까 필요한 것이라고 생각했지. 가족이 너무 많으면 어렵지. 가족이 적으면 좀 더 윤택하고 잘 살거라고는 생각하지. 정부가 홍보를 하니까 알았지. 내가 참가했으니 됐지. 아무리 정부가 하라고 한다 한들 내가 따르지 않는데 되겠어. - 피면접자 24~59세 남성, 1남1녀.

그렇다면 도대체 1960~70년대 당시 여성들이 '자발적으로' 출산을 줄이고자 했던 이유는 무엇일까? 1950년대 한국 여성들이 절대빈곤과 며느리의 역할에 시달리며 아이를 적게 낳고 싶어했다면, 세계에 유례없는 고도성장이 이루어지며 빈곤 탈출을 목전에 두고 있던 1960~70년대 여성들은 왜 자신의 자녀 출산을 줄이기를 원했을까? 압축적 산업화와 그에 따른 가족의 변화가 여성들의 어머니됨과 어머니노릇을 바꾸어놓았을까? 실제 한국 여성의 출산율은 가족계획사업 국책사업화가 선언되기만 하고 아직 실시는 되지 않고 있던 1961년부터 이미 급락하기 시작했고, 쭉 감소추세를 이어가 1980년대 초가 되면 이미 인구대체수준 이하인 합계출산율 2.1명에 도달하였다. 즉 현재 나타나고 있는 한국 여성들의 저출산은 이미 1960년대 초부터 지금까지 지속적으로 이어 오고 있는 추세적 현상인 것이다. 여기에는 자녀 출산을 되도록 줄이고자 하는 여성들의 욕구가 어떤 방식으로든 반영되어 있다. 그렇다면 그 욕구는 과연 어디에서 왔을까?

2) 계층상승 및 가족지위생산 전략으로서의 '가족계획'

일반적으로 산업화는 자녀출산의 의미를 바꿔 놓는 요인으로 지적된다. 농업사회에서 농사일을 위한 노동력으로 받아들여졌던 자녀는, 예비 노동력이 받아야 될 교육기간이 늘어나고 지위 획득을 위한 경제적 부담도 증대하는 산업사회가 되면 부모의 '비용'이 된다. 그렇기 때문에 산업화는 보통 저출산을 동반한다. 한국 사회에서는 압축적 산업화가 저임금·저곡가 체제를 통해 농촌과 농민 생활을 희생시킨 댓가로 이루어졌기 때문에,[31] 이러한 자녀의 의미 변화가 더욱 급속하게 일어났다. 농업 부문의 피폐로 개별 가족에게 추가적인 농업노동력의 확보가 더 이상 의미가 없어진 상태에서, 근대적 보건의료가 보급되면서 유아사망률은 급속히 줄어들고 있었기 때문이다. 이런 상황에서는 도시의 근대적 산업부문에 고용된 사람들 뿐 아니라 농민들조차도 자녀를 많이 낳을 이유가 전혀 없다.

새마을운동 등을 통해 농촌 지역사회개발이 끊임없이 시도되고 있었지만 기본적으로 농업 부문의 경제적 이익 창출이 거의 봉쇄된 상태였기 때문에, 대다수 농민들은 농촌에서 거주하며 농업을 계속하는 데서 미래의 희망을 찾지 못하고 있었다. 급격하고도 압축적으로 진행된 산업화는 한국 사회에 사회이동의 기회를 증대시켰지만, 산업화의 흐름을 제대로 타면서 계층상승을 노리기 위해서는 학력(學歷)이 필요했다. 이에

---

[31] 저임금·저곡가 체제는 1960-70년대 한국 경제의 고도성장이 가능했던 기반으로 작용했지만, 농촌의 궁핍화를 심화시켰다. 농민들은 가족단위 이농 또는 가족원의 단신이농을 통하여 살 길을 찾으려 했지만, 광범위한 이농이 도시 산업부문의 고용 흡수 능력을 초과하여 진행된 탓에 이농인구의 상당수는 불안정한 저임금 일자리에 취업할 수밖에 없었다(조희연, 1985: 306). 이렇게 형성된 도시빈민층이 상대적 과잉인구로 존재함으로써 다시 저임금구조가 유지될 수 있었다.

대한 아무 대책 없이 무작정 이농하는 것은 그나마 존재하던 생계기반마저 잃을 우려가 있었다. 이런 상황에서 많은 농민들이 세대간 계층상승을 가족전략으로 추구하게 되었다(장경섭, 1995: 214).

여기서 열쇠가 되는 것이 자녀의 '교육'이었다. 초기 산업화과정에서 계층상승은 근대화된 산업부문에 얼마나 성공적으로 진입하느냐에 달려 있었는데, 그러기 위해서는 가능한 한 고학력을 취득하는 것이 필수 조건이었기 때문이다. 따라서 당시 상황에서 자식들을 잘 교육시키는 것은 자식들이 자기들보다 잘 살 수 있게 하기 위해 부모가 취할 수 있는 최선의 전략이 되었다. 이러한 상황이 일찍부터 한국 여성들의 저출산 욕구를 견인했다. 즉 '자녀교육'에 대한 열망이 가족계획사업에 대한 호응으로 나타나고 있었던 것이다.

> 당시 가족계획에 대한 여성들의 관심은 대단했어요. … 주로 어머니회 회원들을 회장 집에 불러놓고 교육을 했는데, 차트를 만들어서 어떻게 아이가 생기게 되는지를 그림으로 보여주고 피임의 방법을 구체적으로 설명을 해 주었어요. 처음 듣는 소리라서 그런지 그렇게 열심히 들을 수가 없었어요. 아이를 잘 키우기 위해서는 지금처럼 이렇게 많이 낳아서는 안 된다, 적당한 터울을 가지고 계획적으로 아이를 낳고 키워야 자식들도 잘 교육시킬 수 있다는 말을 했는데, 이 말에 회원들이 동의하는 것 같았어요. 당시 농촌의 경우라노 자식들을 어떻게든 교육시켜 부모보다는 잘 살게 해야 한다는 열망은 공통적이었지요. - 사례 15,[32] 신현옥, 1999: 95.

자녀를 제대로 교육시키기 위해 출산의 수를 줄였다는 이야기는 실제 당시의 농촌 여성들에게서 흔히 나오는 이야기였다. 『가정의 벗』에 실

---

[32] 1960년대에 가족계획지도원으로 일하다가 나중에 조산소 조산원이 된, 1999년 신현옥의 연구 당시 61세의 여성.

린 기사들에서 1970년대의 여성들은 자녀가 "대학 졸업해서 좋은 직장 갖고 돈 많이 벌고 사는" 것을 자신이 행한 소자녀 출산의 '성공'으로 진술하고 있으며, 현재 '가족계획', 즉 소자녀 출산을 목적으로 피임을 하고 있는 이유 역시 자녀들의 학교 교육을 위해서라고 말하고 있었다.

> 난 1남 2녀로 만족하고 단산을 했어요. 주위에서 잘못하면 대가 끊긴다고 유혹을 많이 했었지만, 대가 끊어지긴 어디가 끊겨요? 대학 졸업해서 좋은 직장 갖고 돈 많이 벌고 사는데. 그때 만약 아들을 두세명 더 낳았다면 대학도 못 보냈을 거고, 못 입혔을 거고, 못 먹였을 거 아니에요. 식생활도 제대로 해결 못하는 자식 많이 낳아서 뭘 하겠어요, 안 그래요? - 『가정의 벗』, 72/11.

> 가족계획을 시작하게 된 것은 아이들 공부시키기 위해서였어요. 가난한 가정에 아이들은 많으니 학교를 보낼 수가 있어야죠. 그래서 둘만 낳고는 교육비를 저축해서 고등학교까지는 보내려구요. - 『가정의 벗』, 74/7.

자녀를 적게 낳아 '잘 키워서 잘 살게' 하겠다는 것이 학교교육을 충분히 받게 하여 도시적이고 산업적인 분야에 종사하는 사람으로 만들겠다는 것과 동일시되었던 당시 상황에서, 국가의 가족계획사업 캠페인 역시 이러한 관념을 충분히 이용했다. 가령 1976년 대한가족계획협회가 제작하여 방영한 계몽용 TV CF는 농촌에서 자란 자녀를 고학력을 갖춘 도시적·근대적 부문에 종사하는 사람으로 만들기 위해 '가족계획'이 필요하다는 논리를 담고 있었다.

> (농촌의 하교길. 초등학생 두 자매가 걸어오면서 대화를 나눈다.)
> 동생: 언닌 커서 뭐 될래?
> 언니: 난 과학자 된다. (실험실에서 일하는 젊은 여성의 모습)

너?
동생: 난 배구선수! (여자 배구경기 모습, 열광하는 관중들)
내레이션: 가족계획으로 귀여운 자녀의 꿈을 이루어주세요
내레이션: 딸아들 구별말고 둘만 낳아 잘 기릅시다.

(출처: www.ppfk.or.kr.)

즉, 가족계획사업이 실시되던 시기에 '가족계획'이란 고도성장기 한국인들의 꿈이었던 도시 중산층 가족의 모델을 현실화하는 길로 표상되었다. 그것은 근대적이고 합리적인 생활, 애정이 넘치는 근대적 가족, 경제적 부유함과 편리함을 모두 보장하는 것으로 여겨졌다. 『가정의 벗』 74년 1월호에 실린 만화 "가정만평 : 가정부의 눈물"은 그것을 극명하게 보여준다. 텔레비전, 전화 등 당시로선 최신의 근대적 가재도구들을 갖춰놓고 두 자녀만을 기르는 도시 가정에 와서 가정부로 일하는 농촌 출신 소녀가, 자기가 고향에 두고 온 빈곤한 다자녀 가족을 떠올리며 눈물 흘리는 장면을 실은 것이다.

이 만화에 나오는 것과 같은 중산층 가족은 실제로 1970년대 후반 경 한국사회에 등장했다. 산업화가 진전되어 취업구조가 변화하고 도시로 이농한 인구 중 고학력을 취득한 남성들이 근대화된 부문에 취업하게 되면서 화이트칼라층이 빠르게 성장했다. 한국경제의 고도성장은 1960년대

[그림 14] '가정부의 눈물', 『가정의 벗』, 74/1.

말부터 한계에 봉착하기 시작하여 1973년 오일쇼크 때는 경제성장률과 실질임금 증가율이 동시에 하락하는 지경에 이르지만, 1972년 선포된 유신 체제 속에서 기층 민중에게 자본축적의 위기를 성공적으로 전가하면서 1976년경이면 다시 경제성장률의 상승을 보게 된다. 수출의 증대에 중동 특수가 겹쳐진 상황에서 실질임금 증가율 역시 급격하게 높아지면서, 화이트칼라층 가족의 남성 가구주들이 단독으로 가족 생계를 부양할 수 있는 가족임금을 취득할 수 있게 되었다. 이로써 남편이 가족임금을 벌어 생계를 책임지고 부인은 가사 및 육아를 전담하는 방식의 핵가족이 한국사회에 본격적으로 등장했다(김수영, 2004). 그리하여 이 시기부터는 이른바 '근대가족'이 한국 도시 중산층의 가족 모델로 자리잡게 되었다. 남성 1인 생계부양자와 전업주부 아내라는 근대적 성별분업에 기반한 핵가족이 가족생활의 일반적인 규범적 틀이 되면서, 여성들의 가족 내 역할 역시 상당히 변화하게 되었다.

산업화 이전에 가족 내에서 '며느리'로 규정지워지며 아동 양육보다는 부모봉양과 가사 및 농업노동에 전념해야 했던 한국 사회 결혼한 여성의 역할은, 이제 남편의 수입에 의존하는 가정주부로서 자녀양육을 전담하는 것으로 바뀌었다(윤택림, 1996: 104). 그러나 당시의 한국 '가정주부'가 남편이 벌어다 주는 돈을 단지 쓰기만 하는 존재는 아니었다. 당시의 도시 핵가족의 살림살이는 남성가구주 1인이 가계를 부양하기에 충분한 만큼의 소득을 벌었다기보다는, 오히려 남성가구주의 소득수준에 지출수준을 맞추는 지출극소화전략에 의해 지탱되었다(김수영, 2004). 기혼여성의 공적노동 참여를 제도적으로 가로막는 결혼퇴직제가 엄존했던 상황에서, 결혼한 여성들은 남편의 소득 수준에 맞춰 알뜰살뜰 살림하고 저축하여 내 집을 마련하고 자녀교육에 힘쓰는 존재로서 살아가게 되었다.33) 1970년대 후반 이후 부동산 투자가 자산증식의 수단이 되고 주택이 중요한 투기의 대상이 되면서, 발 빠른 중산층 주부들은 땅값 및 집값의 지속적 상승을 이용하여 자산을 증식하고 내 집 마련의 꿈을 이루기도 했다. 말하자면 근대가족 속의 주부가 된 이후에도 한국 여성들은 "한층 높은 생활 층을 향해 돌진해가는 가족의 중심 인물로서, 자신의 가족이 남의 가족에 뒤떨어질세라 그들이 길러온 저력을 한껏 발휘해갔던 것이다(조혜정, 1988: 103)". 결혼한 여성들의 이른바 '가족지위 생산노동(family status production work)'34)은 압축적 산업화가 일어나던 고도성장기 한국 사회에서 가장 빛을 발했다.

계층상승과 가족의 지위생산을 위한 여성들의 전략적 기획은 그녀 자신의 출산조절 실천과 밀접하게 연관되어 이루어졌다. 여성들은 구체적으로 자녀 한사람마다 들어갈 교육 비용을 계산하고, 내 집 마련과 노후생활에 대한 설계를 구상하면서 자신의 출산력을 조절했다. 농촌 여성들에게 무료로 배부되던 『가정의 벗』에 비해, 도시의 중산층 여성들이 주로 보던 여성지인 『주부생활』, 『여원』 등에 실린 사례들은 이런 측면을 더 많이 드러내고 있었다.

---

33) 한국에서의 주부 탄생 과정은 그런 의미에서 영국 등 전형적인 서구 산업사회에서의 주부 탄생 과정과는 다른 형태를 밟았다고 지적되기도 한다(세찌야마, 1996: 214). 서구 사회의 '주부'는 산업화과정의 초기에 광범위하게 노동시장에 흡수되었던 여성들이 산업화가 진전되면서 점차 노동시장으로부터 철수하게 됨으로써 탄생되었지만, 한국에서는 처음부터 결혼한 여성들의 고용노동이 많지 않은 상태에서 소득증가에 의해 현대적 생활양식이 가능해짐에 따라 주부가 탄생하였다는 것이다.

34) 이 개념은 Papaneck, H.(1985)의 "Family Status-Production Work: Women's Contribution to Class Differenciation and Social Mobility"에서 제시된 것으로, 필자는 조혜정(1988)의 논의로부터 이 개념을 빌어왔다. 조혜정은 한국 여성들의 이같은 활동을 '지위 재생산적 활동'이라고 불렀지만, 여기서는 가족지위 생산노동이라는 원래의 개념이 단순히 자기 가족의 지위를 유지하고자 하기보다는 끊임없이 상승이동을 노린 이 시기 한국 주부들의 활동에 더 부합한다고 여겨 가족 지위 생산 노동이라는 용어를 그대로 사용하였다.

아기 한 명을 낳아서 길러 대학교육까지 시키는 데 드는 돈은 15만원 짜리 월급생활자가 10년 벌어 한 푼도 쓰지 않고 투자해야 될 듯 말 듯한 세상이다. 몇 년 전 계산만 해도 이 돈의 반도 들지 않게 대학까지 시킬 수 있었는데. … 그 동안 물건 값이 몇 배로 뛰어올랐는가 생각하면 짐작이 간다. -『주부생활』, 76/11: 100.

아랫집 진숙이네도 5남매인데, 중고등 대학까지 다니는 자녀들의 학비가 없어 늘 이웃에 사정을 하고 다니니 걱정이 아닐 수 없다. 저 먹을 것을 타고 난다는 옛 관습은 뒤진 얘기다. 우리 집은 정말 너무 조용하다. 그리고 별 걱정이 없다. 두 딸애의 교육보험도 이미 예산을 세워 들어 있고, 내 수입으로 생활하고 아빠의 수입은 저금을 하니 앞으로 몇 년 후에는 집도 사고 살림도 늘 것이라는 희망에 부풀어 있다. … 아이들이 많아 전세를 얻어도 속을 썩이고 방도 두세 칸씩 얻어야 하는 불편 없이 그저 방 한 칸이면 족한 우리의 실정이다. 나의 선견지명이 꼭 맞아 들어갔다. -『주부생활』, 73/4 : 233.

1974년 〈주부클럽연합회〉가 대한가족계획협회의 후원을 얻어 "임신 안하는 해" 캠페인을 벌였을 때, 이들의 활동과 담론은 국가나 가족계획협회, 여타 사회 단체의 그것과는 상당한 차이를 보였다. 도시 주부를 조직대상으로 하는 여성단체답게, 단순히 인구문제가 심각하니 아이를 덜 낳자는 캠페인만 한 것이 아니라 살림살이를 꾸리는 여성의 입장에서 구체적인 가족전략의 문제까지 고려하여 제도적인 기반을 마련하는 활동내용을 포함시킨 것이다. 『가정의 벗』 1974년 5월호에 실린 "임신 안하는 해" 캠페인에 대한 기사에서 당시 주부클럽연합회 총무 김천주는 다음과 같이 자신들의 활동 내용을 소개하였다.

저희 연합회원 중에는 65%가 가임주부들입니다. … 식구는 식량과 직결되지 않습니까! 우리네 가난한 생활을 우선 면해야 할 일인데, 빈곤을 극복하려면 식구가 적어야 하거든요. … 아기를 낳아 기르는데 7,670,000원이나 들고, 아들을 낳아 효도를 받겠다는 생각은 그때 가봐야 알 일입니다. 요사이 젊은이들이 성장하면 독립해서 살아가고 있는데 효도를 바랄 수조차 없죠. … 그래서 가족계획을 실천해서 생기는 경제적 여유를 가족계획신탁적금에 넣어 노후보장은 스스로 마련하도록 하기 위해 「가족계획신탁」 제도를 마련했습니다. 이것은 매월 3,000원씩만 불입하면 25년 후에 7,016,079원을 찾을 수 있죠. 또한 「가족계획 적립식 목적신탁」도 마련했는데 … 이것은 주부클럽연합회 15,000회원과 가족계획어머니회 26,300개를 대상으로 신탁은행에서 만들어 주었는데, 금년말에 추계해서 통장수가 많으면 사회보장제도로 발전시켜 25년 후에는 물가수당을 국가에서 보상해 줄 것을 의논하고 있습니다. - 『가정의 벗』, 74/5: 13-14.

1977년 2자녀 불임시술자에게 민영 공공주택 입주권을 부여했을 때, 그것은 주택난에 시달리고 내 집 마련이 가장 큰 꿈이었던 도시 여성들에게 엄청난 사건이었다. 실제로 내 집을 마련하기 위해 임신된 아이를 인공유산하고 불임수술을 받은 뒤 분양신청서를 제출하여 아파트에 당첨된 사례도 있었다.

이 아파트 할라고 제가 안 낳았어요, 그 당시에. 임신을 했었는데 임신 떼고, 불임수술을 하구선 넣은 거예요. 우리 아저씨가 못하게 허는 거를, 나는 전세로 열 번을 이사를 다녔어요, 전세를. 그래갖고, 너무 집이 그냥, 집이 그리워갖고 나는, 자식보담도 이거 아파트를 해야 된다 해갖고, 그냥 이걸 했어요. 그 당시에 유산시키고, 애기 둘이어야 한다고 해서 유산시키고, 불임시술하고 이걸 넣었더니, 되드라구요 - 이ㅇㅇ의 발언, 중앙방송, 2003.

3) 낳는 어머니에서 기르는 어머니로

소수의 자녀와 부부로 구성된 애정적 핵가족, 이것이 가족계획사업이 '가정의 행복'과 더 잘 사는 미래, 근대화된 조국을 이룰 수 있는 가족의 모습으로 제시한 주된 이미지였다. [그림 15]는 대대적인 대중 홍보가 이루어지던 1970년대 가족계획사업 시기의 전형적인 포스터로, 두 자녀와 부부로 구성된 핵가족이 가장 행복한 가족생활을 영위할

[그림 15] 1970년대 가족계획 포스터

수 있는 바람직한 표준으로 제시되고 있음을 알 수 있다. 여기서는 1950년대에 가족생활에 대해 그토록 강력한 발언권을 행사하던 시부모 내지 노부모의 모습을 찾아 볼 수 없다.

그런데 이것은 단지 포스터에서만 나타나고 있는 현상은 아니었다. 1974년에 가족계획어머니회 회원들을 대상으로 실시된 한 조사에 의하면 당시 농촌에서마저 "시부모의 위치가 크게 흔들리고 있다(박형종 외, 1974: 53)"고 지적되고 있었다. 자녀 수의 결정, 자녀훈계와 교육문제, 주요가구의 구입, 부인의 의류 장만 등 종래에는 감히 주부의 의견을 밝힐 수도 없었던 사항에 대해서 아내의 발언권이 점점 더 커지고 있었던 것이다.[35] 이것은 다른 세대로부터의 자율성을 특징으로 하는 서

---

[35] 1963년 고황경 등의 『한국농촌가족의 연구』 때만 하더라도 "자녀들의 혼사나 공부시키는 일"에 대한 의사결정에 있어서 시부모가 하는 가구가 9.3%였고, 부인이 하는 것은 8.3%, 부부합의가 39.9%, 남편이 34.7%였는데, 1974년의 조사는 다음과 같이 나타났다(박형종 외, 1974: 54).

구적인 부부 중심 '근대가족'의 모습이 한국사회에서도 점점 더 나타나고 있었음을 의미한다.36)

압축적 산업화와 도시화는 한국사회에 점점 더 '가족계획'이 설파한 가족의 이미지가 현실성을 띠어가게 만들었다. 앞서 언급했듯이 근대적 핵가족이 도시 중산층 가족의 모델로 현실화되기 시작하면서, 한국 여성들의 가족 내 지위 역시 '며느리'에서 점점 더 '근대적 어머니'로 변화하고 있었다. 근대적 어머니는 과학적이고 합리적인 지식을 갖추고 모성술(mothercraft)을 발휘하여 자녀양육 및 교육에 집중할 뿐 아니라 그것을 자신의 삶의 목표로 삼는 어머니로, 서구의 역사적 경험 속에서 근대가족의 성립과 연관하여 나타났다.

1970년대의 한국사회에서도 비슷한 현상이 나타나고 있었다. 서구의 근대적 모성이 자녀에 대한 감정적 양육을 강조하는 것과는 달리 한국의 근대적 어머니는 압도적으로 '교육'에 집중했다는 점이 다르기는 하지만, '자녀 양육'을 중심으로 여성의 일상이 구성되고 이것이 여성이 행할 다른 어떤 일보다 중요하게 여겨지기 시작했다는 점에서는 유사한 측면이 나타나고 있었다. 이재경은 1960~70년대 한국사회에서 육아와

	남편	아내	부부 합의	시부모
자녀수 결정	278(27.41)	155(15.28)	545(53.74)	36(3.55)
주요가구구매	259(25.54)	86(8.48)	543(53.55)	126(12.42)
자녀훈계 및 교육	254(25.04)	158(15.58)	550(54.24)	52(5.12)
아내의류구입	101(9.96)	494(48.71)	346(34.12)	73(7.19)

36) 서구사회의 역사적 경험에서 성립된 근대가족은 부양자 남편/전업주부 아내라는 근대적 성별분업을 기초로 하는 핵가족 생활단위로, 다른 세대로부터의 자율성 뿐 아니라 낭만적 사랑을 기반으로 한 부부관계, 자애롭고 집중적인 어머니노릇(mothering), 애정과 보살핌의 대상으로서의 자녀 등을 기초로 성립된 우애적 가족(companionate family)으로, 친밀성, 사생활권(privacy), 가정중심성(domesticity) 등을 특징으로 한다(이재경, 2003 참조).

모성에 대한 담론이 아이들의 교육을 계획하고 관리하는 어머니의 역할을 강조하는 쪽으로 변화하였다고 지적한다. 1950년대 잡지들에 나타난 모성담론은 아이가 '죽지 않게' 키우기 위한 보건위생과 훈육에 초점이 맞춰져 있었지만, 1960-70년대의 모성 담론은 아이를 지적·정서적으로 잘 양육하고 학교교육에서 좋은 성과를 얻을 수 있도록 키우기 위한 방법과 정보를 제공하는 것을 강조했다는 것이다(이재경, 2003: 160-163).

물론 1950년대의 한국 여성들도 어머니는 어머니였다. 그러나 2장에서 이미 지적했듯이, 어머니의 역할이 자녀 양육에 배타적으로 집중되지는 않았다. 결혼한 여성은 어머니라기보다 일차적으로 '며느리'였으며, 어머니라는 지위는 양육자라기보다는 출산자로 여겨졌다. 양육노동은 결혼한 여성이 해야 할 수많은 역할들 중의 일부일 뿐이었다. 1960년대 초만 하더라도 출산조절에 대한 담론 역시 비슷한 태도를 보였다. 대부분의 사람들이 출산조절 문제를 좋은 아기를 '낳는' 문제로 규정하고 있었던 것이다. 이런 경향은 1950년대 말 아이를 많이 낳다보면 모체가 약해지고 약한 아이를 낳을 수 밖에 없으니 산아제한이 필요하다고 주장한 고황경 류의 우생학 담론이나, 1961년 산부인과 의사 김사달이 본인의 책 제목을 『좋은 아기를 낳는 가족계획』이라고 붙였던 점, 그리고 1966년 『가족계획교본』이 가족계획의 목적을 "기왕이면 머리 좋고 몸 튼튼한 자녀를 낳는 것(양재모·신한수, 1966: 14)"으로 규정했던 점 등에서 드러난다. 이른바 '가족계획' 즉, 의식적인 출산조절에 대한 이러한 이해방식은 어머니라는 존재를 일차적으로 아이를 낳는 생물학적 기능으로 이해하는 것을 뜻했다.

그러나 1970년대가 되면 상황이 달라진다. "딸 아들 구별 말고 둘만 낳아 잘 기르자"라는 슬로건에서 대표적으로 나타나듯이, 좋은 아기를 낳기 위해서가 아니라 적은 수의 아이를 낳아 더 잘 '기르기' 위해서 가족계획을 하자는 쪽으로 담론의 초점이 이동한 것이다. 이렇게 되면서 가족계획 담론이 표상하는 어머니의 역할 역시 변화하게 된다. 1950년대에 대를 잇는 아이를 '낳는' 것이 결혼한 여성의 가족 내 지위 확보에 중요했던 만큼이나, 이제는 아이를 얼마나 '잘 길러내는가'라는 것이 여성의 중요한 과제가 된 것이다.

> 요즘은 생명을 탄생시키는 것이 문제가 아니라 탄생된 생명을 어떻게 키우느냐가 문제인 시대다. 그러므로 누구나 할 것 없이 자녀들의 숫자에 치중하기보다는 얼마나 바람직한 인격원으로 교육시키느냐에 부모로서의 능력과 정성을 경주해야 한다. 그러니 자연히 국가적, 세계적인 넓은 안목이 아니더라도 자연히 자기 가정 중심으로 가족계획을 세우지 않을 수 없게 되었다. - 특집 "우리 집 가정계획과 피임법", 『여원』, 75/10.

이러한 현상은 실제로 여성들이 말하는 출산조절의 이유가 변화하는 데서도 나타나고 있었다. 1960년대만 하더라도 농업노동과 양육노동의 이중부담 속에서 어머니의 수고를 덜기 위해서 아이를 적게 낳고 싶다는 말이 공적 담론의 장에서 드러나기도 하였으나,37) 시간이 흐르면서 점차 자녀를 잘 기르기 위해서라는 이유가 부각되는 모습을 보인다. 이때 자녀를 잘 '기른다'는 것의 의미는 무엇보다 학교교육을 얼마나 시키느냐의 문제와 동일시되었다. 그러나 다른 한편으로는, 끊임없이 아이들에게 주의를 기울이고 보살피는 어머니, 아이들을 훌륭하게 키우는 것

---

37) 이것의 대표적인 예는 『가정의 벗』 1968년 9월호에 실린 대한가족계획협회 지도보급부장 강준상과 경기도 화성군 향남면 하길리 어머니회원 홍순선 및 백현숙의 대화에서 발견할 수 있다. "(강) 그런데 아주머니, 가족계획은 왜 합니까? (홍) 일하기 좋아서요. 아이가 많으면 일하기 힘들어요. (강) 정부나 협회가 시켜서 합니까? (백) 그런 게 어딨어요? 우리가 편리해서 하는 걸요(『가정의 벗』, 68/9)".

을 자신의 꿈이요 이상으로 삼는 어머니라는 '근대적 어머니'의 전형적인 모성상 역시 등장하고 있었다. 이런 모습은 1977년 대한가족계획협회가 제작하여 방영한 TV CF와, 당시 여성들이 쓴 가족계획 실천수기들에서 널리 나타났다.

    빠~앙 소리를 내며 기차가 지나가는데, 한편에선 아이들이 뛰어놀고 있다. 아이를 업고 빨래를 널던 어머니가 기차 소리를 듣고 불안한 눈빛으로 어디론가 뛰어간다. 계단 위에서 자기 아이가 어디 있는지 확인하는 엄마. 기차가 지나가는 옆으로 아이는 안전하게 공을 들고 뛰어 온다. 엄마가 달려가 아이를 끌어안는다. (이러한 장면 위로 다음 멘트가 흐른다)
    내레이션: 엄마의 소망은 하나. 아이들을 건강하고 훌륭하게 키우는 일입니다. 뛰노는 아이 위에 머무는 엄마의 시선. 둘만으로도 엄마는 쉴 여유가 없습니다. 둘만 낳아 잘 기릅시다. - 출처: www.ppfk.or.kr.

    영이와 향이 둘 뿐이니 나는 그 애들을 잘 가꾸는 게 꿈이요 이상이다. 두 아이에게 네 아이의 정성을 쏟는다면 곱절 아름다워지고 훌륭한 애들이 되지 않을까? 그렇다고 돈도 더 드는 게 없다. 물론 일손도 가볍다. 고향에 돌아가니 부모님들도 늙지 않는다고 칭찬을 한다. 애들과 싸우지 않고 편히 먹고 편히 자니 덜 늙을 수 밖에 없다. - 신정자, "15만원 고료 가족계획 실천수기 당선작: 미소 속에 자라는 꽃봉오리들", 『주부생활』, 73/4.

    멋있고 성실하게 그리고 열심히 나의 세계를 이루며 살리라. … 지난날의 슬픔과 가난을 잊은 우리의 작은 성엔 사랑하는 아빠와 귀여운 왕자들이 있다. … 아이들의 수가 적으니 오붓하고 간단해서 좋다. 첫째, 마음의 여유가 생기니 그들의 모든 것을 관찰할 수 있어 깊이 이해할 수 있으니 교육상으로도 유익한 일이 아닐 수 없다. … 우리의 소망, 사랑, 우리의 기쁨이 바로 두 아이임에랴! - 최미자, "15만원 고료 가족계획 실천수기 입선작: 작은 성의 왕자들", 『주부생활』, 72/5.

적은 수의 아이를 낳아 교육비 걱정 없이 학교 교육을 시킬 뿐 아니라, 어릴 때부터 어머니의 정성어린 눈과 손길로 자녀를 보살피고 교육하는 것을 여성 자신의 희망이자 꿈으로 삼는 이러한 '근대적 어머니' 현상은, 가족 내에서 며느리로 존재하며 친족집단의 유지를 위해 온갖 뒤치닥꺼리를 다 하는 존재로 여겨지던 결혼한 여성들의 정체성을 양육노동에 집중하고 핵가족을 관리하는 '주부'로 바꾸어놓는 데 기여했다. 개별 여성에게 있어 스스로 근대적 어머니가 되기 위해 자녀 수를 줄이고 피임이나 불임수술을 받는 것은, 한편으로는 자녀교육을 통한 세대간 계층상승 전략의 하나로 채택된 행위였지만 또다른 한편으로는 자신이 좀 더 독립적이고 안정적인 가족 내 지위를 얻기 위한 전략이기도 했다. 실제로 아이를 잘 공부시켜 일류 대학에 보내고 어떻게든 내 집을 마련하며 알뜰살뜰 살아온 여성은 그만큼 가족 내에서 자신의 발언권을 강화할 수 있었고,[38] 그만큼 자기 자신의 삶에 대한 재량권 역시 커질 수 있었다.

1970년대 중반 이후에는 가족계획 담론에서 어머니 자신의 입장에서 이익이 된다는 의미구성이 종종 나타나는 것을 발견하게 된다. 즉 아이를 적게 낳으면 "어머니가 자기를 돌볼 시간을 가질 수 있다"거나, 어머니 자신이 덜 늙는다거나 아름다움을 유지할 수 있다는 점을 소자녀 출산의 유익함으로 지적하는 모습이 등장하는 것이다.

---

[38] 윤택림은 1990년대 한국 도시중산층 전업주부의 어머니노릇에 대한 연구에서, 자녀교육 혹은 양육에 집중하는 근대적 어머니의 이상이 며느리의 지위를 벗어나 핵가족의 독립적 지휘자의 지위를 확보하기 위한 전략으로 여성들에 의해 사용되는 것을 발견하기도 했다. "여성의 어머니의 역할을 강화하는 한 요인이, 며느리가 자녀양육 문제를 논하는 이상은 대부분의 친족일이 면제되어진다는 것이다. 즉 자녀교육은 며느리에게 시댁과의 관계에서 취약한 입장의 며느리에게 시댁과의 관계를 조정할 수 있는 여력을 부여하는 것이다. 며느리들은 시댁에 대한 의무를 면제받기 위해서라도, 그래서 자신 핵가족의 독립성을 확보하기 위해서라도 자녀교육에 매달리게 되는 것이다(윤택림, 1996: 98)."

어느 중년부인이 '그저 애들 키우는 재미로 살지요'라고 말하면 지나쳐 듣다가도, 그 말을 곰곰 생각해 보면 어딘가 공허하고 체념해버린 듯한 느낌이 들어 허망해진다. 우리의 어머니들이 거의 그러했듯이 그 중년부인도 자기 나이보다 훨씬 늙어 보이는 것은 젊은 나이에 결혼하여 줄곧 차례차례로 낳은 자녀들 키우기에 자기를 돌볼 시간은 가져보기가 힘들었음이 분명했을 것이다. 가정계획을 실천함으로써 부모들은 좀 더 자기관리를 충실히 할 수 있다고 믿는다. 특히 어머니가 된 여성들이 가정계획으로부터 얻은 마음과 시간의 여유를 헛되이 보내지 않고 보람된 일을 찾는다면 우리 사회는 현재보다 더욱 바람직하게 되지 않을까? - 특집 "우리집 가정계획과 피임법", 『여원』, 75/10.

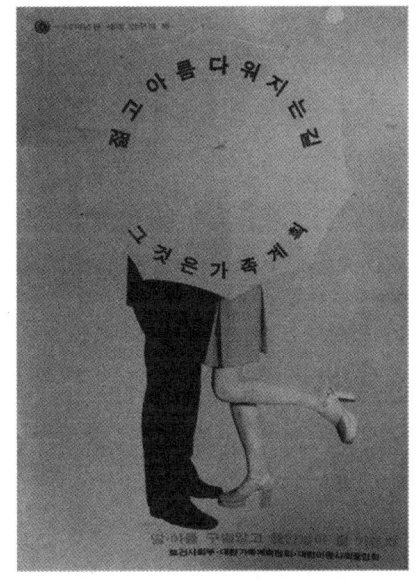

[그림 16] 1970년대 가족계획 포스터2

그러나 어머니의 자기 시간 확보를 위해 아이를 적게 낳자는 말을 하는 사람이 있었다 하더라도, 이것을 두고 당시 여성들이 실제로 자신의 개인적 자유를 증진하기 위한 목적으로 출산조절을 했다고 해석하는 것은 무리가 있다. 위 인용문에서도 어머니가 '자기를 돌본다'는 것은 결국 '나이보다 훨씬 늙어 보이지' 않기 위한 것으로 표상된다. [그림 16]의 가족계획 포스터에서도 당시에 가족계획이란 여성 개인이 '젊고 아름다워지는 길'이라는 새로운 의미구조가 등장하고 있음을 발견할 수 있다.

출산조절을 실천하고 아이를 적게 낳음으로써 젊고 아름답게 살 수 있다는 메시지를 여성을 근대적인 개인으로 대우해 주는 것으로 해석할 수 있느냐 없느냐에 대해서는 여러 가지 의견이 있을 수 있겠지만, 한 가지 분명한 사실은 '며느리'로서 확대가족 속에 끼워져 있을 때에는 별로 중요하지 않던 외모 관리가 1970년대가 되면 분명히 여성의 자기관리 항목으로 들어왔다는 점이다. 이는 기본적으로 낭만적 사랑을 근거로 하는 근대 가족 속에서 여성의 지위가 남편의 아내로서 사랑받는 것에 의존한다는 사실과 무관하지 않다.[39] 1950년대의 결혼한 여성들이 대를 이을 아들을 낳음으로써 자신의 가족 내 위치를 공고히 하려 하였다면, 근대화가 상당히 진행된 뒤인 1970년대의 여성들은 아이를 잘 키우고 아름다움을 유지함으로써 남편의 사랑을 확보하여 자신의 지위를 안정화하는 새로운 방식의 과제를 받게 되었던 것이다.

그러므로 이 시기에 운위된 여성의 '여유시간'은 여성이 가족적 부담으로부터 벗어나 개인으로서 자기 자신의 일대기를 살아간다는 의미가 결코 아니었다. 여성들은 자기 출산의 수와 시기를 조절할 수 있었지만, 양육하는 여성 자신의 입장에서가 아니라 아이의 입장에서 그렇게 해야 했다. 1970년대만 하더라도 '출산의 시기'를 조절하는 것이 아니라 형

---

[39] 낭만적 사랑이 근간이 되는 부부 중심의 근대 가족의 이미지는 1970년대 초·중반부터 불임시술 보급을 목적으로 다시 강조되기 시작한 '남성피임' 홍보를 위해서도 동원되었다. "뭐니뭐니해도 가정의 가장 기본이 되는 것은 부부이다. (…) 부부, 즉 남편과 아내는 둘 다 똑같이 중요한 것이며, 이 중 어느 한쪽이 더 중요하고, 다른 쪽은 덜 중요한 것이 아니다. (…) 더구나 다같이 애정과 욕구를 가진 부부가 잠자리를 같이 하는데 있어서도 남편은 즐기고, 아내는 이용되는 그런 부부생활을 해오면서도 단 한번이라도 좋은가를 반성해 본 흔적이 없다. 더구나 요새처럼 좋은 피임법이 얼마든지 있는데도 불구하고 그저 모든 책임을 아내에게만 부담시키고, 자신은 즐기기만 하는 남자, 말하자면 피임을 하지 않는 남자는 현대과학의 혜택을 외면하고, 사랑하기 때문에 잠자리를 같이하는 것이 아니라 그저 발정이 되어서 하는 수컷의 자격밖에 없는 것이다. 따라서 사랑이 무엇인지 아는 남편이라면 부인에게 고통을 주지 않는 남성피임으로 무장한 그런 남성이어야 한다(정경균, "낡은 관습에서의 해방", 『가정의 벗』, 74/8: 18)".

제간의 '터울'을 조정한다는 용어가 사용되었는데, 이것은 모체와 아동의 건강에 유리하고 아동의 심리발달에도 좋은 자녀의 간격을 확보한다는 의미로서, 여성 자신의 개인적 일대기 설계와는 완전히 무관한 것이었다.

> 이제 둘째 아이를 가지면 첫 아이 세돌 무렵 낳게 된다. 세살 터울, 좋은 터울이다. 잡지에 게재된 통계자료에서 본 것인데 12월, 2월에 출생한 아이들이 우수아 퍼센테이지를 가장 높게 지니고 있다는 내용이었다. 얼마나 과학적인 근거가 있는지는 모르겠으나 이왕이면 우수아 퍼센테이지가 높은 달에 낳을 것이다. 그리고 산후 몸조리하기는 역시 겨울이 좋은 것으로 생각되니 이래저래 둘째아이는 12월이나 2월에 낳아야겠다는 생각이다. 갖고 싶을 때 갖고, 갖지 않아야 할 때 갖지 않는다는 것을 얼마나 큰 정신적 안정이며 행복인가. 나는 비로소 깨닫는다. - 양인자, "먹는 피임약으로 터울조절에 성공", 『가정의 벗』, 73/4.

4) 여자가 알아서 : 가부장제 권력과 여성 자율성의 이중성

가족계획사업 시기를 거치면서 한국 여성들은 자신의 출산력을 자기 의지대로 조절하고, 그렇게 낳은 적은 수의 자녀를 양육하고 교육시키면서 자기 가족의 경제적 기획자로까지 등장하게 되었다. 이제 근대가족 내의 주부, 근대적 모성의 실천자로 자리 잡게 된 여성들의 행위성은 여러모로 지대하게 발휘되었다. 그러나 이런 방식의 주부 지위와 어머니노릇이 여성들에게 부여하는 자율성은 근본적으로 제한적인 것이었다. 모성에 대한 그 어떤 사회적 인정도 공적 제도화도 이끌어내지 못한 채, 그저 개별 여성들의 노력과 전략적 선택에 의해 만들어진 주부 지위이고 어머니노릇이었기 때문이다.

압축적 산업화 시기 한국 여성들의 인간 재생산 실천은 자기가 세운 전략적 기획에 따라 이루어졌다. 특히 1970년대 초 이후에 결혼한 여성 세대부터는 결혼을 하면서 출산에 대한 여러 가지 계획을 하고, 평생에 걸쳐 그 계획을 실현하는 모습이 두드러지게 나타난다. 1970년대 초반에 결혼한 한 여성의 다음과 같은 언급은 당시 여성들이 생각한 이상적 자녀수가 가족계획사업이나 또는 다른 어떤 외부적 권유를 막연히 받아들임으로써 결정되지 않았음을 보여준다. 그것은 오히려 자기 가족의 경제적 상황이나 가족생활의 미래에 대한 면밀한 검토에 의거하여 나름의 합리성을 갖고 결정되었다.

> 일정한 수입의 월급쟁이로서 이리저리 가계 예산을 세워본 나는 도저히 아이를 하나 이상 낳아 잘 기를 자신이 없었다. 그래서 나는 결혼 후 줄곧 우리 집 가족계획은 아들이든 딸이든 하나만 낳아 세 식구가 사는 것으로 해야 한다고 고집을 부렸고, 아빠는 아빠대로 자식이란 키우는 재미가 아니겠느냐며 하나는 너무 아이에게도 외로우니 둘을 낳자고 우겼다. 도저히 합일될 수 없는 아빠의 완강함을 안 나는 기영이를 낳고, 아빠와도 상의 없이 나 혼자서 피임을 하기로 했다.
> 처음 2년 동안은 계속 피임약을 복용하다 그 다음 1년간은 월경주기 이용법을 사용했다. 지금 생각하면 나 혼자서 아빠 눈치 보아가며 월경주기를 손꼽던 때를 생각하면 어떻게 그런 고충을 나 혼자서 치룰 수 있었던가 싶을 정도다. 결국 나는 3년 만에 실패하여 둘째아이 기철이를 낳았다. … 첫 아이를 낳은 후는 가족계획 이야기만 들어도 고개를 돌리던 아빠가 둘째 기철이를 낳은 지 3개월이 된 어느 날 나에겐 일언반구 상의도 없이 혼자서 수술을 받고 돌아왔다. 그날부터 나는 임신의 공포증에서 해방된 것이다. - 김정옥, "아들 둘을 낳고: 현대인의 미덕은 선택의 용기", 『여원』, 75/10 : 149.

그런데 이 사례에서는 여성의 기획력과 행위성 외에, 부부 사이에 출산에 대한 합의가 이루어지지 않았을 경우에 어떤 일이 벌어지는지도 잘 드러나 있다. 한국 가족계획사업은 여성이나 개인이 아닌 '부부'를 가족계획의 단위로 삼았는데, 이것은 부부는 일심동체이며 의견이 불일치하는 경우가 없다는 가부장적 상상력에 의거한 것이었다. 실제로 대부분의 경우에 당시 가족에서는 부부의 의견이 불일치할 때 남편의 뜻을 따랐다. 그렇지 않으면 그 가족은 '내주장(內主張)'이라 하여 빈정거림을 받기도 했던 것이다.

그러나 출산과 관련된 문제에 있어서는 반드시 그렇지만은 않았다는 것이 이 이야기에 드러난다. 자녀 출산과 피임에 대해 남편과 의견이 불일치하고 합의가 되지 않을 때, 여성들은 남편 '몰래' 피임을 했다. 이 사례 여성의 경우는 결국 피임실패 임신을 하고 말았지만, 실제로 계속해서 몰래 피임을 해서 더 이상 자녀를 낳지 않는 여성들의 경우도 많았다고 한다. 국가는 '부부'에게 자녀를 적게 낳을 의무를 지우고도 남성들이 피임을 실천하도록 설득하거나 수단을 보급하지 않았다. 국가가 보급한 피임 수단은 압도적으로 여성용이었으며, 가족계획사업의 대면접촉은 기본적으로 여성이 여성을 대상으로 전개하는 방식이었다. 여성들은 아이를 적게 낳고 싶었지만, 고루한 시부모나 무심한 남편의 반대에 부딪히기 일쑤였다. 한국 가족계획사업은 이런 경우에 그냥 '몰래' 피임할 것을 여성들에게 권장했다. 무엇보다 중요한 것은 굳건한 여성의 의지라는 것이 가족계획사업 주체들의 논리였다.

즉 한국 여성들은 근대적 출산조절을 할 수 있게 되었지만, '다른 사람의 의지에 반해서' 자기의 결정을 실현할 수는 없었던 것이다. 남편이나 시부모 등과 자녀출산 문제에 대한 의견이 일치하지 않을 때 여성들은 드러내 놓고 논쟁하여 자기 의지에 맞는 합의를 끌어내기보다는, 그냥 아무도 몰래 살짝 자기 혼자 피임하는 것으로 자기 의사를 관철했다. 한국 여성들은 출산조절을 행할 행위성은 확보했지만, 서구 근대적 의미에서 '자기결정의 권리'은 갖지 못한 채 로였다. 1967년에 결혼해서 1남 2녀를 낳은 다음 여성의 사례에서도, 가족 내에서 자녀출산에 대한 합의가 이루어지지 않을 때 '겉으로 드러나게 표현을 하지 않은 채로' 그냥 출산자인 여성 자신의 의지가 관철되는 모습을 발견할 수 있다.

> 시어머니가 첫아이가 아들이라고 아주 좋아했다. 아들 낳고 나니까 시어머니가 아들만 다섯을 낳게 해 달라고 빌더라. 그러나 둘째를 딸을 낳으니까 '내 복에 무슨 아들!' 하면서 섭섭해 했다. 하지만 크게 겉으로 드러나게 표현은 하지 않았다. 세째도 딸을 낳으니까 보지도 않더라. 돌아가시기 전까지도 세째는 아주 쳐다보지도 않았으며 아주 미워했어. 나보고 직접적으로 말하지는 않았지만, 딸들하고 아들을 얼마나 차별하던지. 시어머니가 아들 하나만 더 낳으라고 말했다. 하지만 키울 능력이 없는데 어떻게 자꾸 낳아. 시어머니가 대신해서 애들 키워주는 것도 아닌데, 더 낳을 수가 없지. 애들 아버지는 술에 빠져 집안이 어떻게 돌아가는지도 모르는 사람이었지. 그래서 끼니 걱정을 해야 할 판인데, 아이들만 자꾸 낳으면 어떻게 하나 싶어 더 이상 낳지 않았어 - 사례 1, 장보임, 1995: 77.

한국 가족계획사업의 담론 안에서 출산조절은 개인의 권리가 아닌 국민의 의무였다. 출산에 대한 계획을 세우는 주체 역시 출산자 여성이 아니라 부부로 규정되었다. 그러나 부부 사이에 합의가 순조롭게 도출되는 운 좋은 경우가 아닌 한, 실제로는 자기 출산에 대한 계획을 세우고 그것을 실행하는 근대적 출산조절의 실천자는 여성들이었다. 하지만 여성이 자신의 출산에 관한 의지를 관철할 수 있기 위해 부부의 권력관계를 재조정하려는 어떠한 국가적 사회적 시도도 일어나지 않았다. 결국 출산조절 실천자로서 한국 여성의 행위성은, 부부간에 합의가 되지 않으면 '몰래' 피임해버리고 피임법의 부작용은 '확고한 의지를 갖고' 참아내는 방식으로 물 밑에서 실행되었다.

가족계획사업을 통해 보편화된 한국 여성의 출산조절은, 사적 영역에서 여성에게 허용된 행위성과 이에 대한 공적 인정·지원·담론화의 부재라는 구조 속에서 이루어져 왔다. 적어도 1970년대까지, 한국 사회에서 출산조절의 실천은 여성들의 직업적 경력이나 시민적 참여를 증대하는 방향으로 이루어지지 못했다. '가족계획'이 보편화시킨 출산조절은 여성에게 개인적 일대기를 허용하는 것이 아니라, 철저하게 자신의 일대기를 가족 일대기 속에 통합시키고 그것을 위해 자기 출산력을 조절하는 실천이었기 때문이다. 가족의 지위생산을 위해 노력하는 가정관리자로서의 '주부'나(특히 학교교육을 중심으로 한) 자녀양육에 힘쓰는 '근대적 어머니'는 가부장적 성별분리를 그대로 유지한 채 급속히 산업화되는 사회 속에서 여성들이 선택할 수 있는 삶의 전략이자 정체성이었다. 한국 여성들이 하게 된 근대적 출산조절의 실천은 바로 이런 맥락 속에서 일어났던 것이다.

한국 여성들이 출산조절을 욕망하고 시도하고 실천하게 된 역사적 과정은, 현대 한국 가족에서 가부장의 권력과 여성 자율성의 이중성을 낳은 모태가 된다(김순영, 2010). '여자가 알아서' 하는 피임이란 결혼한 여성들이 외형적으로는 가부장의 권위에 따르는 시늉을 하면서 은폐된 형태로 자신의 의사를 관철하는 제한된 자율성의 전형을 보여준다. 이런 구조 속에서 한국의 가(부)장은 대를 이을 아들만 낳아준다면 여성들이 어떤 식으로, 그리고 얼마나 출산조절을 하든지, 이에 대해 알 수 없거나 또는 알아도 모른 체하면서 결혼 생활을 유지했다. 여성들은 명시적인 인정이나 합의를 요구하지 않은 채 물 밑에서의 자율성을 향유했다. 이런 방식으로, 가부장제 권력은 여성 행위성이나 자율성의 증진과 무관하게 사회 전체적으로 유지·재생산되었다.

가족계획사업을 통한 출산조절의 보급은 한국사회에 근대적 출산조절을 보편화시켰다. 한국인들은 적어도 결혼한 성인들 사이에서의 피임 실천을 정상적인 상태로 인지하게 되었고, 결혼하면서 출산에 대한 계획을 세우고 이를 실현하는 것이 당연하다고 생각하게 되었다. 여성들의 출산력은 가족의 계층상승과 '조국 근대화' 모두를 위해 계산되고 조절되고 억제되어야 했고, 자녀를 출산하고 기르는 어머니노릇은 그 자체의 가치를 위해 수행되는 것이라기보다는 가족과 국가의 목표를 달성하기 위한 수단적 의미를 띠게 되었다. 아이를 낳는 것이 아니라 낳지 않는 것이 애국하는 길이었고, 적은 수의 아이를 잘 기르는 것은 가족의 미래를 위한 것이었다. 왜곡된 모성이 국가와 가족을 위해 도구화되었던 것이다. 한국 여성들이 자기가 원하는 자녀의 수와 출산 시기에 대해 자신의 의지를 어떻게든 관철시킬 수 있게 되기까지의 과정은 모성의 왜곡과 도구화, 출산의 가족전략화가 진전된 과정이기도 했다.

급격하고도 압축적인 산업화를 거치면서 한국 사회에서 자녀의 의미와 양육의 내용도 변화하였다. 이제 더 이상 자녀를 노동력으로 보는 사람은 없어졌다. 자녀는 부모에게 비용 내지 투자의 대상이 되었고, 양육은 단지 입히고 먹이는 기초적인 부양만이 아니라 교육비와 어머니의 에너지를 최대한 투여하여 더 많은 학력자본(學歷資本)을 취득하게 하는 교육을 의미하게 되었다. 대부분의 한국인이 소자녀 지향을 가졌고, 적은 수의 아이를 더 잘 키우는 것을 어머니의 과제로 이해하게 되었다. 이 과정 속에서 중산층 여성들은 스스로를 자녀교육에 집중하는 한국적인 '근대적 어머니'로 변모시켜갔다. 당시의 여성들은 자신의 가족 내 지위를 안정화시키기 위해 이런 방식의 모성을 수용 또는 환영하였다. 근대가족 속의 주부가 되어, 자기 핵가족의 생애와 가족경제의 기획자가 됨으로써 과거의 '며느리'에서 벗어날 수 있었던 것이다. 결혼한 여성들은 시부모의 권력으로부터 독립하여 남편과 함께 근대적 성별분업 하의 경제 단위를 구성하고, 본인의 경제적 전략에 따라 가족의 살림을 일구면서 점점 더 '아내권'의 주체가 되어갔다(조혜정, 1998).

문제는 이렇게 구성된 아내권으로서의 여성 권한은 집 안에서는 막강할 수 있으나, 자기 가족의 범위를 넘어서서는 아무런 효능을 가질 수 없다는 데 있다. 여성들이 가족적 맥락을 벗어나 사회의 공적 질서 속에 평등한 권리를 가진 주체로서 등장할 수 있으려면 아내권적 모성과는 전혀 다른, 또다른 영역의 무엇인가가 필요했다. 여성을 모성으로 환원하면서 모성을 국가와 가족의 목표를 위해 도구화한 가족계획사업 시기에, '모성'은 '여성'을 위한 무엇인가가 되기 어려웠다. 이런 상황에서 모성이 여성들의 사회적 지위와 시민권 주장의 근거로 도입되는 것은 상상할 수도 없는 일이었다. 1980년대 중반 이후 한국 사회에 등장한 이른바 '진보적 여성운동'과 이후의 여성주의 운동들이 모성과 어머니노릇에 대해 가졌던 일견 비우호적인 태도는 이런 차원에서 충분히 설명될 수 있다.

5장. '저출산' 과 가족계획사업의 유산

1. 저출산의 사회문제화와 정책영역화

2. 저출산 문제의 국가주의적 전유

3. 가족계획사업의 성공 신화 벗겨내기
    1) 1960년대 초의 출산율 저하 / 2) 1960년대 중반~1970년대 초의 출산율 저하
    3) 1970년대 중반 이후의 출산율 저하

4. 1990년대 말 이후 출산율 저하는 여성들 탓인가?
    1) 아직도 여성들 대부분은 어머니가 된다.
    2) 20~30대 여성들의 현실: 만혼화와 일-가족의 이중부담

5. 가족계획사업의 유산과 저출산 담론에서 여성의 위치

6. 저출산 담론의 여성주의적 전유를 위하여
    : 모성 경험의 사회적 인정을 고민하자

1. 저출산의 사회문제화와 정책영역화

한국 여성의 출산율이 인구대체수준인 2.1명 이하로 떨어진 것은 이미 1980년대 초의 일이었으나, 저출산이 사회문제로 여겨지기 시작한 것은 그로부터 20여년이 지난 뒤인 2002년이 되어서였다. 2001년 합계출산율 1.32명이 '세계 최저 수준'이라는 통계청의 발표가 도화선이 되었다. 당시 이를 보도한 미디어의 선정적인 태도가 인구감소 혹은 인구구조의 고령화에 대한 대중적 우려를 증폭시켰고, 이전부터 몇몇 지방자치단체에서 실시하고 있던 출산장려 정책이 앞을 다투어 알려졌다.[1] 이러한 사회분위기 속에 출범한 참여정부는 마치 당연한 듯이 출산장려 정책을 운위하기 시작했다.[2]

---

[1] 지자체 수준에서 인구감소는 큰 문제인데, 중앙정부의 지원이 삭감될 뿐 아니라 지자체 자체의 규모를 줄여야 하는 사태가 올 수도 있기 때문이다. 특히 농촌 지역에서는 지속적인 인구유출이 주로 청년층에서 이루어짐으로써 출산연령 여성의 수는 적어지고 평균 연령이 지속적으로 상승함으로써 (실제 거주하는 여성들의 출산율과는 무관하게) 인구감소와 고령화 문제가 심각하였다. 2000년대 초부터 상당수 지자체가 인구 증가를 위해 (귀농자 주택 개량비 지원, 자동차 이전비 지원, 농촌 전입가구 정착금 지원, 지역거주 공무원에 대한 평점 가산 등 이입 장려 정책에 더불어) 다양한 출산장려 정책을 시행해 오고 있었는데, 이것이 초저출산 쇼크와 더불어 집중적으로 보도되었다.

[2] 대통령직 인수위원회에 출산장려정책을 적극 검토하겠다는 내용의 보건복지부 보고서가 제출되는가 하면, 국무회의에서 출산장려가 여성부의 중요 업무로 공식 언급되기도 하였다.

1960년대부터 90년대 중반까지 35년 이상 추진된 정부의 공식적인 출산 정책이 출산억제를 목표로 한 가족계획사업이었음을 생각하면, 2000년대 들어 갑자기 시작된 '저출산' 소동은 역사적 아이러니로 느껴진다. [그림 17]에서 보듯이 한국여성의 합계출산율은 이미 1983년에 2.08명까지 감소하고 있었다. 그러나 이후에도 가족계획사업은 멈추지 않았으며, 오히려 둘만 낳자는 캠페인이 더욱 강력하게 추진되었다. 1990년대 초에는 선진국 평균 이하인 1.6명 수준으로 떨어졌지만, 이때도 큰 문제로 여겨지지는 않았다. 오히려 당시 언론들은 이것을 국가 인구조절 정책의 성공을 입증하는 증거로 평가하며 자축하는 분위기였다(〈서울신문〉, 1992년 3월 27일자). 1996년 가족계획사업 종료가 공식적으로 선언된 이후로도 저출산을 문제시하는 담론은 등장하지 않았다. 2002년 미디어의 호들갑스런 보도 이후 보건복지부 주도로 저출산 대비를 위한 인구정책 수립 움직임이 시작되었지만, 당시에도 여전히 저출산 기조를 유지해야 한다는 의견과 고출산 정책으로의 전환 주장이 서로 대립하고 있었다(〈한국일보〉, 2002년 9월 23일자). 2003년까지만 해도 사회 한 켠에서는 통일 이후를 생각하면 저출산이 크게 문제될 것 없다거나, 출산이 늘면 사회적 양육 비용만 증가할 것이라는 이유로 출산 장려에 반대하는 목소리가 나오고 있었다.[3]

---

[3] 가장 대표적인 것이 당시 대한가족계획협회가 이름을 바꾼 〈대한가족보건복지협회〉 회장이었던 이시백의 주장이다. 출산수당, 세제 지원 등 경제적인 출산장려 유인책이 필요하다는 지적에 대해 그는 "출산장려 운운하는 건 지금의 저출산에 대한 과잉 우려에서 비롯한 것이다. 돈을 앞세운 출산장려책을 펴면 가장 예민하게 영향받아 출산을 늘릴 집단은 저소득층이다. 그러면 이들 자녀가 생산가능인구로 성장할 때까지 사회의 양육부담이 더욱 커진다"고 했던 것이다(〈한겨레21〉, 2003년 1월 23일자). 그러나 동 협회는 3년 후인 2006년 1월에는 〈인구보건복지협회〉로 다시 이름을 바꾸고 출산장려 캠페인을 하겠다고 발벗고 나섰으며, 올해 초에는 이른바 "불법 인공임신중절" 예방 캠페인 등에 참여하는 등 지속적으로 새로운 사업영역을 개발하고 있다.

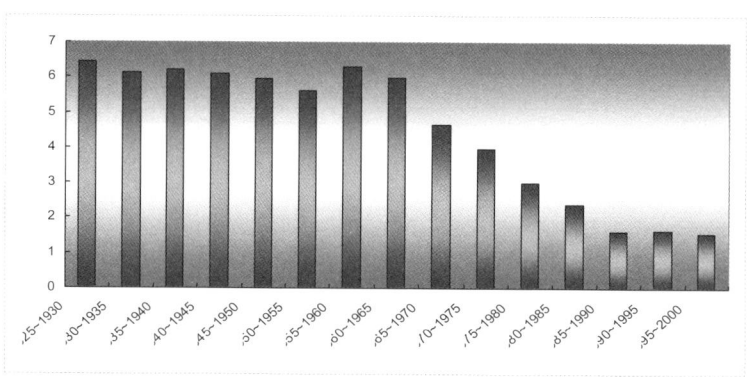

[그림 17] 합계출산율의 변화 추이 (출처: 김두섭 외, 2002: 83)

그러나 2000년대 중반으로 가면서 이러한 목소리는 자취를 감추고, 국가가 정책적으로 출산율 증가를 유도해야 한다는 주장이 대세를 이루게 되었다. 2005년에는 〈저출산·고령사회 기본법〉이 제정되고 〈대통령직속 저출산·고령사회 위원회〉가 설치되었으며, 2006년 6월에는 범정부 차원의 저출산 대응 정책 기본 플랜이 제시됨으로써 출산장려 정책이 본격 추진되기 시작하였다. 이후 참여정부의 「제1차 저출산고령사회기본계획(2006~2010)」, 이명박정부의 2008년 11월 「제1차 저출산고령사회기본계획 보완판(2006~2010)」, 2009년 11월 「제1차 저출산 대응 전략회의: 저출산 현황 및 정책 방향」(대통령직속 미래기획위원회), 2010년 10월 「제2차 저출산·고령사회 기본계획('11~'15)」 등이 발표되고 추진됨으로써 한국 사회에서 '저출산'은 이제 확고한 정책 영역을 가진 문제로 자리잡게 되었다.

가족계획사업이 실시되는 기간 동안 여성의 출산력은 경제발전의 장애물로 치부되었고, 출산은 개인 혹은 부부의 선택권이라기보다는 국가와 민족 혹은 가족 전체의 행복을 위해 계획되고 통제되어야 하는 것으로 여겨졌다. 문제는 이러한 담론 구도가 저출산의 사회문제화와 정책영역화 과정에서도 거의 변하지 않았다는 것이다. 출산억제가 아니라 출산장려로 단지 방향만 바뀌었을 뿐, 출산 혹은 출산력을 개인과 여성의 행복이나 선택권의 문제라기보다는 국가경제나 전체 사회의 이익이라는 관점에서 이해하려는 시각만큼은 가족계획사업 시절과 달라진 것이 없다. 황정미가 지적했듯이 저출산 문제에 대한 한국 사회의 인식은 여전히 "발전주의와 성장주의라는 국가주의 담론에 의해 장악"되어 있다(황정미, 2005).[4]

2. 저출산 문제의 국가주의적 전유

저출산이 사회문제화되고 많은 예산이 투여되는 정책 영역으로 부상하자 이에 대한 다양한 이론적 주장이 등장하게 되었다. 신경아는 이에 대해 저출산 대책이 "광범위한 이해당사자들과 정부 각 부처의 세력 관계가 교차하는 각축장(contested terrain)이 되어 왔다(신경아, 2010)"고 지적한 바 있다.[5] 하지만 이런 각축 속에서도 그간의 저출산 대응 정책에 출산의 1차적 당사자로서 여성의 의사와 요구가 적극적으로 반영되거나 통합되었다고 하기는 어렵다. 참여정부와 이명박정부를 거치면서 여성의 요구를 수용할 정부 부서는 '여성부'와 '여성가족부', 다시 '여성부'를 오가는 동안 제 역할을 잃어버렸고, 보건복지(가족)부는 '저출산'에서 '고령사회'로 무게중심을 이전했기 때문이다(신경아, 2010). 이명박 정부 들어 보육정책이 보건복지부 관할로 넘어가면서 그동안 보육정책을 통한 예산 확대가 여성부서의 힘을 강화시키리라는 기대 아래 보육예산 관리를 중앙과 지방 정

---
4) 이러한 담론구도는 낙태단속을 강화함으로써 출산율을 높이겠다는 올해 초 미래기획위원회, 보건복지부 등의 발표에서 더욱 극단적인 형태로 드러났다.
5) 이 후 이 절의 내용은 신경아(2010), 배은경(2006)을 토대로 재구성하였다.

부 여성부서의 핵심 업무로 삼아오던 관행(김경희, 2003)이 깨어진 것도 저출산 대응 정책에 여성의 목소리가 반영되지 못한 한 요인이 되었다고 생각된다.

저출산 대응 정책은 출산자가 곧 여성이라는 사실로 인해 그 자체가 여성정책으로 오인되기 쉽다. 실제로 한국사회에서 저출산 대책의 필요성을 가장 먼저 공론화한 것은 여성계였다(신경아, 2010). 2000년대 초반 정부 주최의 한 토론회에 참석한 여성들에 의해서 처음으로 저출산이 정책의 목표가 아닌 정책이 해결해야 될 '문제'로 규정되었던 것이다. 2001년 8월 여성부가 개최한 〈출산율 1.42 긴급토론회〉는 1990년대 중반부터 심심찮게 언론에 등장하던 '출산기피현상' 확산에도 불구하고 가족계획사업 종료 선언 이외에는 별다른 대응을 하지 않던 한국 정부가 처음으로 이 문제를 대면한 장면으로 기록된다(〈경향신문〉, 2001년 8월 20일자).[6] 그러나 실제로 저출산의 사회문제화와 정책영역화 과정을 돌이켜보면, 과연 이 문제와 이것을 둘러싸고 형성된 담론들이 여성주의적 이니셔티브에 의해 구성되었는가에 대해서는 회의적이라고 밖에 할 수 없다. 여성부의 저 토론회조차, 부처의 주된 정책대상인 여성들이 출산하는 몸을 입고 있는 당사자들이라는 점에서 개최된 것일 뿐 실제 출산을 둘러싼 여성들의 행위성과 그 맥락을 고려하고자 하는 문제의식은 없었기 때문이다.

여성 개인의 행위성과 맥락의 누락은 학계의 연구경향에서도 마찬가지로 드러난다. 우선적으로 인구학, 보건의료, 사회복지, 가정학, 경제학, 사회학 등의 전문가들이 이 정책에 관여하게 되었고, 제각기 다른 내용

---

[6] 이 토론회 이후 - 실제로 시행되지는 않았지만 - 출산율 하락을 막기 위한 방안으로 출산 및 보육수당 지급과 보육 바우처 제도 도입, 정관수술에 대한 혜택 중단 등이 검토되기도 했다고 한다.

의 연구결과들을 생산해냈다(엄동욱, 2009; 유계숙, 2009; 서지원, 2008; 오유진·박성준, 2008; 민희철 외, 2007; 이성용, 2006; 황정미, 2006; 서소정, 2005; 이인숙, 2005; 박경숙·김영혜, 2003). 가장 먼저 중심에서 움직인 주체는 인구학계와 사회복지학계였다. 저출산과 고령사회를 하나의 스펙트럼에 두고 다가올 사회에서 생산가능인구가 감소할 것에 대비해야 한다는 것이 이들의 주된 논의이다.

> 저출산은 우리가 경험하지 못한 새로운 형태의 재앙으로 다가올 수도 있다. 저출산-고령사회에서는 생산가능인구가 감소되고 노동력이 고령화되면서 노동생산성이 저하되어 경제성장이 둔화될 것이다. 연금제도나 건강보험 등 사회보장제도는 노동인구 감소로 보험료 수입이 줄어드는 데 반해 노인인구 증가로 사회보장 지출이 급격히 증가하면서 점차 지탱하기 어려워질 것이다. - 백선희, 2004:40.

저출산→고령사회→생산인구 감소→노동생산성 저하→경제성장 둔화→사회보장 지출 증가→국가 재정 파탄→젊은 세대의 부양부담 증가→세대 간 갈등 심화→사회 갈등의 격화로 이어지는 저출산 시나리오와, 복지대책 등을 통해 이 문제에 정책적으로 개입해야 한다는 주장은 학계와 정부의 문건에서 공통적으로 나타나는 문제의식이다.

저출산의 원인 분석이나 해법에서 경제학과 가정학, 사회복지학 등은 주로 가족을 단위로 한 경제적·복지적 지원을 주장하였다. 자녀양육에 따른 생활비와 교육비 증가, 여성의 경제활동참여 증대에 따른 기회비용의 증가에서 원인을 찾거나(경제학), 취업한 어머니가 갖는 자녀양육 부담 해소와 아동 발달에 초점을 두고(가정학), 아동과 부모의 권리에 정책의 우선순위를 두는(사회복지) 접근을 취했던 것이다. 따라서 가족을 단위로 한 금전적, 제도적 지원과 미혼남녀의 결혼연령을 낮추기 위한 정책들이 주로 제시되었다(한국개발연구원, 2006; 서지원, 2008).

이에 비해 여성학자들은 저출산 대책의 정당성 자체를 문제시해 왔다. 출산억제정책이 여성의 몸에 대한 국가 통제 전략인 것처럼 저출산 대책도 여성을 '출산하는 몸'으로 규정하고 도구화할 수 있다는 것이다(조은, 2008). 저출산 대책의 물질주의적 접근과 가부장적 성격에 대한 비판도 이루어졌다(손승영, 2007; 배은경, 2006; 이재경, 2004). 현재의 저출산 상황은 고용불안정 등 경제적 조건과 여성의 양육 부담 등 성 불평등 요인이 맞물린 현실에서 나타난 여성들의 적응적 행위에 가까운데, 정부의 저출산 대책은 양육수당과 같은 금전적 보상에 초점을 두고 있기 때문이다.

저출산 문제에 대한 성맹적 접근을 비판하는 여성주의적 연구들은 대개 출산을 순수히 인구학적 문제로 보는 기존 접근방식이 발전주의와 성장주의라는 국가주의적 문제틀에 갇혀 있음을 지적하고, 공적 영역에서의 여성 참여와 지위상승 속도에 비해 지연되는 가족 내 성별분업 변화로 인해 발생하는 여성의 이중부담과 '돌봄의 공백'을 저출산의 원인으로 꼽는다(손승영 외, 2004; 이재경 외, 2005; 황정미, 2005). 이러한 지적은 여성의 경험과 돌봄 노동(care work)을 반영하는 젠더 관점의 정책론과 결합하여, 일-가족 양립과 성평등 증진과 같은 새로운 의제를 저출산 대응 정책 담론 안으로 들여오는 성과를 이루어내기도 했다.

그러나 이와 같이 '저출산'이라는 잇슈를 여성주의적 정책을 시행하기 위한 담론적 자원으로 활용하려는 시도가 반드시 그 효과 면에서 여성주의적 결과를 생산했다고 보기는 어렵다. 예컨대 저출산 상황은 2000년대 초 출산휴가를 60일에서 90일로 연장하기 위한 여성계의 담론 투쟁에 적절한 레토릭을 공급해 주기도 했다고 평가되기도 한다(신경아, 2010). 실제로 여성계는 매년 심화되는 출산율 저하를 막고 미래사회의 인력공급 부족을 예방하기 위해서 선진국 수준의 모성보호가 필요하다는 주장을 기반으로 해서 산전후 휴가 90일을 확보할 수 있었다. 그러나 그 과정에서 미래 인력의 양성이라는 도구적 차원을 넘어서는, 여성의 출산권과 선택권, 자유라는 문제를 충분히 담론화하지는 못했다. 오히려 여성의 출산을 미래 인력 공급 문제로 국한함으로써 여성을 국가와 사회의 노동력 재생산을 위한 도구로 파악하는 국가주의적 관점을 강화한 측면도 없지 않아 있었던 것으로 보인다. 저출산 문제의 국가주의적 전유를 벗어나 실제 출산하는 여성들의 입장에서 이 문제를 담론화하는 방식에 대한 고민이 필요한 이유다.

3. 가족계획사업의 성공 신화 벗겨내기

한국 사회에서 저출산 문제를 국가 개입을 통해 해결하려고 하는 입장이 쉽게 힘을 얻었던 것은, 여성들의 출산율을 국가정책의 종속변수로 보는 이른바 "한국 가족계획사업의 성공 신화"가 대중적 인식으로 자리잡고 있기 때문이다. 이 신화는 1960년의 인구 상황으로부터 출발하여 1980년대 말까지 일어난 출산율의 급격한 변화를 강조한다. 가족계획사업이 실시되기 전인 1960년 6.0명이었던 합계출산율이 1970년 4.5명, 1980년 2.8명, 1985년 1.7명, 1989년 1.58명으로 급격히 감소하였고, 이에 따라 같은 시기 일어난 사망율 감소에도 불구하고 인구성장율 역시 1960년 2.84%에서 1985년 1.02%로 줄어들었다는 점을 근거로 하여, 한국 여성들의 출산율 저하가 국가정책의 성공적 효과라고 설명하는 것이다.

가족계획사업의 기점을 1961년 11월 국가재건최고회의의 국책사업화 의

결로 보고, 한국사회에 출산억제를 위한 국가적 투자에 대한 회의론이 일기 시작하고 가족계획사업의 기세가 한풀 꺾이기 시작한 것을 1989년경부터로 본다면, 이러한 출산율 급감의 시기는 가족계획사업 시행 시기와 완전히 일치한다. 그러나 과연 1960~80년대의 출산율 감소를 오롯이 가족계획사업의 정책 효과로 볼 수 있을 것인가? 실제 가족계획사업이 진행된 과정과 출산율 감소의 추세를 세밀하게 대조해 보면 조금은 다른 이야기를 읽어낼 수 있다.

1) 1960년대 초의 출산율 저하

가장 먼저 지적할 수 있는 것은 대개 출산율 저하의 기점으로 다루어지고 있는 1960년의 6.0명이라는 합계출산율이 과거로부터 내려오던 전통적인 고출산 추세를 반영한 것이라고 보기 어렵다는 점이다. 1955년~60년 시기는 한국전쟁 시기 15%정도 감소했던 출생율이 급반등한, 이른바 전후 '아기붐' 시기였다. 전쟁으로 별거하던 젊은 부부들의 재결합과 그 사이 연기되었던 결혼과 출산이 한꺼번에 몰리면서 정상적인 경우보다 출산율이 10%나 더 높아져서, 우리 근대 역사상 가장 높은 수준의 출산율을 기록하였던 것이다(권태환, 1978: 23). 그런데 최근 인구학자들의 연구에 의하면, 가족계획사업이 국책화된 1961년은 이러한 아기붐이 끝나가던 시기였다. 즉 한국의 아기붐은 1955년경부터 시작되어 1959년에 정점에 달한 후 수그러졌다는 것인데,[7] 이는 2차대전 이후 서구에서 나타났던 아기붐에 비해 상당히 짧은 기간 지속된 것이며 출산력 상승의 폭도 상대적으로 좁았

---

[7] 1959년까지는 출산율이 계속 올라갔지만, 그 후 다시 자연적인 감소를 보여 1961-62년 경에는 다시 정상적인 수준으로 돌아가고 있었다(권태환·김두섭, 2002: 262)

던 것으로 지적된다(권태환·김두섭, 2002).[8]

그렇다면 가족계획사업이 1961년 국책사업으로 도입되자마자 시작된 출산율의 저하를 가족계획사업이 '전통적 다산' 상태였던 한국 여성들의 출산행위에 개입하여 변화를 일으키기 시작한 것으로 해석하기는 어려울 것이다. [그림 18]에서도 1965년까지 출산율이 저하되었다 하나 그 수치는 일제강점기에서 전쟁 직전까지 한국사회에서 유지되었던 출산율과 거의 같다는 것을 볼 수 있는데, 이는 1961~1965년까지의 출산율 저하를 가족계획사업의 효과가 아니라 전쟁 직후의 짧은 아기붐이 끝나고 정상적인 상태로 돌아오는 과정이었던 것으로 볼 이유가 된다.

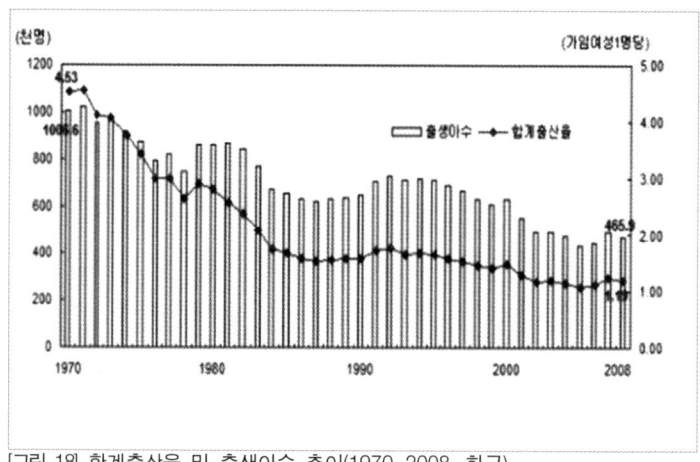

[그림 18] 합계출산율 및 출생아수 추이(1970~2008, 한국)

---

8) 원래 전후의 아기붐은 전쟁 시기에 의식적으로 출산을 연기하던 사람들이 종전 후 한꺼번에 출산을 하기 때문에 일어나는 것인데, 한국에서는 한국전쟁 이전에도 그 직후에도 출산조절 수단의 입수가 여의치 않았으므로 의식적인 출산연기가 쉽지 않아 이것이 오히려 아기붐 현상을 약화시키는 조건이 되었던 것으로 보인다.

1960년대 초의 출산율 저하를 가족계획사업의 효과로 보기 어려운 또 하나의 이유는, 가족계획사업을 국가정책으로 채택한다는 선언은 1961년 연말에 나왔지만 실제로 1964년 이전까지는 사업이 일반 국민들에게 영향을 줄 수 있을 만큼 실질적으로 시행되지 않았다는 점에 있다. 1963년까지 가족계획사업은 〈대한가족계획협회〉를 전국적으로 조직하고, 〈국제가족계획연맹(IPPF, International Planned Parenthood Federation)〉이나 〈미국인구협회(Population Concil)〉 등 국제 인구통제 기관으로부터 자문과 기술지원을 받아 사업 추진 모델을 마련하였으며,9) 의료전달체계가 없는 상황에서 사업수행을 위해 전국적인 보건소 조직망을 정비하는 등 준비 단계에 머물렀다.

한국 가족계획사업이 오늘날 우리가 알고 있는 형태, 즉 농촌 마을의 가임여성 하나하나를 직접 접촉하여 설득하고 출산조절을 전달하는 형태로 시행되기 시작한 것은 적어도 1960년대 중반 이후의 일이었다. 1964년 모든 읍·면 단위에 가족계획 계몽요원이, 그리고 각 보건소에 2명씩의 가족계획 지도원이 배치되었고, 1966년에는 가족계획사업에 '목표량 제도'가 도입됨으로써 전국적으로 2천명 이상의 가족계획요원이 각자 할당받은 목표량을 달성하기 위하여 농촌 마을을 돌아다니며 피임실천 및 시술 희망자를 모집하게 되었던 것이다(한국보건사회연구원, 1991). 마을 일선에서 가족계획사업이 추진되는 방식은 1968년 대한가족계획협회가 경구용 피임약의 보급을 원활하게 한다는 목적으로 전국 농촌 마을에 〈가족계획어머니회〉를 조직한 이후에야 실질적으로 안정화되었다. 기획과 재정배분 등 사업에 대한 중요한 의사결정이 국가에서 이뤄지고, 이것이 내무행정과 가족계획협회를 통해 내려와 일선에서 사업의 수행자 역할을 했던 가족계획 계몽원과 어머니회 회원

---

9) 보건사회부는 가족계획사업의 구체적인 추진 모델을 마련하기 어렵자 1962년 미국인구협회에 자문을 요청하였고, 동년 11월 방한한 동협회 조사팀이 3-4주간에 걸쳐 시찰 후 1963년 3월 제출한 "대한민국 가족계획사업에 대한 조사보고서"가 기반이 되어 이후 한국 가족계획사업의 추진 방향이 마련되었다(대한가족계획협회, 1975: 66-68).

들에게 전달되는 방식이 한국 가족계획사업의 사업 추진 모델이었다.[표 4]

2) 1960년대 중반~1970년대 초의 출산율 저하

필자는 1960년대 중반 이후의 출산율 감소 역시 가족계획사업의 직접적 효과라고 보기 어렵다고 생각하며, 오히려 이전부터 존재하고 있던 여성들의 출산억제 욕구의 반영으로 해석되어야 한다고 본다. 그 근거는 도시와 농촌의 출산율 저하 속도에서 나타난 현격한 차이에서 찾을 수 있다([표 4] 참조).

[표 4] 도시·농촌의 합계출산율 차이 : 1960-198

연도	1960	1966	1968	1971	1974	1976	1982	1985	1988
도시	5.4	3.7	3.5	4.0	2.9	2.8	2.4	2.0	1.5
농촌	6.7	6.5	4.8	5.2	4.3	3.6	3.3	2.3	2.0

출처: 한국보건사회연구원, 1991: 517.

[표 4]에서 나타나듯이 한국사회에서 1960년대 중반에 일어난 출산력 저하는 압도적으로 도시 지역에서의 감소에 의해 추동되었다. 그것도 사업의 실제적 시행 이후 단 2년밖에 지나지 않은 1966년부터 이미 현격한 출산율 감소가 나타나고 있었다. 농촌 지역의 합계출산율이 4명 이하로 떨어진 것은 그로부터 10년이 지난 1970년대 중반의 일이었으며, 농촌과 도시의 출산율이 비슷한 수준으로 하락한 것은 그로부터 10년이 더 지난 1980년대 중반이 되어서였다. 그러나 1960년대 내내 가족계획사업은 배타적으로 농촌 지역만을 대상으로 실시되고 있었다. 도시영세민이 가족계획사업 대상으로 포함되고 도시에 가족계획어머니회가 조직

되기 시작한 것은 1974년 이후의 일이었다(한국보건사회연구원, 1991). 1960년대에는 미디어를 이용한 홍보도 적극적으로 이루어지지 않았고 일대일 대면 설득이 주된 사업의 모델이 되고 있던 시기였으므로, 이 시기 도시지역 거주자들이 가족계획사업에 직접 접촉할 기회는 아주 적었다. 그러므로 1960년대 중반 도시지역에서 일어난 급격한 출산율 감소를 가족계획사업의 효과라고 해석할 수는 없다고 본다. 그것은 오히려, 가족계획사업이 국가정책화되기 이전 시기 피임기구의 생산수입이 금지되어 있었을 때조차 이미 대도시에서는 콘돔 등의 입수가 가능했고 인공유산 시술도 많이 이루어지고 있었다는 상황과 관련되는 현상일 것이다.

3) 1970년대 중반 이후의 출산율 저하

1970년대 말을 향해 가면서부터는 농촌과 도시를 막론하고 한국 여성의 피임실천율이 50%를 넘어서게 되었다. 실질적으로 1970년대 중반 이후부터는 농촌에서조차 출산조절 실천에 관한 한 더 이상 계몽이 필요 없을 정도가 되었던 것으로 보인다. 전북지역에서 마을 가족계획어머니회 회장으로 활동하다가 1977년 〈새마을운동부녀회〉로 통합 이후에도 계속 간부를 맡았던 한 여성의 증언은 이것을 뒷받침한다. 그녀는 자신이 1970년대 이후로는 주로 새마을운동에 주력하고 가족계획에 대해서는 생각을 덜 했다고 하면서, 그 이유를 다음과 같이 말하였다.

> 왜냐믄, 그때는 스스로 자기들이, 계몽을 안 해도 자기 스스로 하려고 하는 분위기가 생겼다는 거죠. 73년, 4년때 그럴 때는 애기를 많이 나면, 여섯 다섯 일곱 그러면 야만인이라는 둥 별 놈의 소리 다 했잖아요, 짐승이라는 둥 ⋯ 스스로 자기네들이 다 거를 수 있는 단계였어요. - 조○○, 2003년 2월, 필자와의 인터뷰.

실제로 1970년대 초중반 이후부터는 가족계획사업이 여성들에게 저출산에 대한 욕구를 끊임없이 자극해야 할 이유가 별로 없었던 것이다. 지적해야 할 것은 그럼에도 불구하고 바로 이 시기에 대대적인 물량 공세를 통해 '둘 낳기 운동' 등의 대중 캠페인이 강력하게 펼쳐지기 시작했다는 점이다.[10] 그 가장 큰 이유는 1974년부터 UNFPA가 가족계획 홍보 사업을 중점적으로 재정지원하기 시작함으로써 사업비가 풍부하게 공급되었다는 점에 있었다(배은경, 2004a). 1970년대 중반의 '둘 낳기'는 80년대 들어 '하나 낳기'로 줄어들면서 더욱 가열차게 진행되게 된다.

그렇다면 1970년대 중반 이후의 출산율 감소는 가족계획 캠페인이 효과를 나타낸 것이었을까? 그렇지 않다. 가족계획사업의 성공을 주장하는 논자는 1980년대를 "정부가 인구증가억제에 대해 유례없이 단호한 의지를 천명하고 동원할 수 있는 거의 모든 정책수단과 행정조직을 통해[11] 출산력이 대치수준 이하로 떨어지게 된 시기(홍문식, 1997: 288)"로 기록하였지만, 실제로 출산율이 인구대체수준 이하로 떨어진 것은 이 시기 가족계획사업 추진에 선행해서 일어난 일이었다. 1982년 시작된 제 5차 경제개발5개년 계획에서 정부가 내세운 인구목표는 합계출산율을 1980년의 2.7명에서 1988년까지 인구대체수준인 2.1명 수준으로 저하시킨다

---

10) 당시 주요 매스컴들이 전개한 둘낳기 운동 주제의 방송 프로그램만 하더라도 9개가 넘었고, "딸아들 구별말고 둘만 낳아 잘기르자" 슬로건은 시내버스 정류장과 버스터미널, 길거리 골목골목마다 붙여진 포스터와 선전용 수퍼칼라를 통해 일상생활의 일부가 되었으며, 심지어 당시 방영되는 모든 TV 드라마에 등장하는 부부를 두 명 이하의 자녀를 가진 것으로 묘사하게 하는 조치를 취하기까지 했다(대한가족계획협회, 1991).
11) 1970년대부터 제공되던 소자녀출산에 대한 인센티브 혜택은 1980년대에는 2자녀 이하 출산가족에게만 주어지는 것으로 변화함으로써 실질적으로 2자녀 이상 출산하는 가족에 대해 페널티를 주는 방식으로 전환되었다. 의료보험 분만급여, 공무원 자녀학비 보조수당과 가족수당 지급 등을 2자녀까지만으로 제한했고, 대신 2자녀 불임수용자에게는 생업자금 융자 시 우선융자, 중장기 복지주택자금 융자 우선권, 공공주택 입주우선권, 영농영어자금 융자우선권 등 당장 눈앞에 이익이 되는 경제적 인센티브를 제공하였다(한국보건사회연구원, 1991: 93).

는 것이었으나(한국보건사회연구원, 1991: 91), 실제로는 제 5차 경제개발5개년계획이 시작된 바로 다음해인 1983년 합계출산율이 이미 2.08명 수준으로 떨어지고 있었던 것이다. 1984년 1.76명이 된 이후 출산율은 계속해서 감소하다가, 90년대 초반에 잠깐 증가하여 84년 수준이 되지만 다시 하락하여 1996년을 기점으로 1.6명 이하의 초저출산 상태가 되고 있다.12)

   1990년대 이후의 출산율 감소를 국가정책으로서의 가족계획사업의 영향으로 보기 어렵다는 점은 기존 연구들에서도 밝혀져 있다. 인구학자들은 저출산에 영향을 미친 요인들에 대해 일반적으로 유배우 여성의 출산율 저하와 결혼연령의 상승, 피임실천 등이 미치는 영향을 구분하는데, 시기에 따라 어느 요인이 크게 영향을 미쳤느냐에 대해서는 논자에 따라 조금씩 차이가 있으나 일반적으로 1960~70년대까지는 유배우 여성의 출산율 저하와 피임실천 및 인공유산이 출산율 저하의 주된 원인이었으나, 1990년대 이후 최근으로 올수록 결혼연령의 상승이 미치는 영향력이 커지고 있다고 지적한다(전광희, 2002; Choe, 1998). 이는 1990년대 이후는 가족계획사업 자체가 약화되었을 뿐 아니라, 가족계획사업이 목표로 했던 "가임여성의 출산조절 실천을 통한 출산율 저하"의 효과 자체가 전체적인 출산율 저하에 그렇게 크게 작용하지 않았음을 의미한다. 특히 1990년대 말 초저출산이 나타나기 시작한 시기가 1997년 말 외환위기와 그 이후의 경기불황기와 정확히 일치한다는 사실은, 자녀양육의 경제적 부담이 커지고, 직업안정성이 약해지며 주택마련이 어려워지는 경제적 현실이 젊은 부부들에게 혼인과 출산의 연기를 초래하였다

---

12) 1995년 1.65명, 1996년 1.58명, 1998년 1.47명, 2001년 1.30명, 2004년 1.16명, 2005년 1.08명, 2010년 1.23명(출처: 통계청 홈페이지 www.nso.go.kr).

는 해석을 가능하게 해 준다(은기수, 2005).

여기서 중요한 점은 이미 20년 이상 인구대체수준 이하의 출산율이 유지되어오고 있었음에도 2002년 이전까지는 인구감소를 우려하거나 저출산에 대응하기 위한 국가정책의 필요성이 논의된 바 없다는 것이다. 결국 국가는 출산율 하락을 인구증가율 하락으로 단순히 인식하면서 경제성장을 위해 바람직한 현상으로 간주하여, 이미 출산을 줄이는 쪽으로 자기 출산력에 대한 조절 추세를 나타내고 있던 여성들에게 더 빨리, 더 많이 줄이라고 압박한 셈이다.

4. 1990년대 말 이후 출산율 저하는 여성들 탓인가?

1) 아직도 여성들 대부분은 어머니가 된다.

아무리 저출산이 문제라고 하지만, 실제로 오늘날 한국의 2,30대 여성들이 '어머니'로서의 삶과 무관하게 살 수 있는 것은 아니다. 30대 정도가 되면 대개 출산을 경험하고 있는 것으로 나타나기 때문이다. 인구학자들에 따르면 한국 여성들은 대개 결혼 후 1~2년 사이에 첫 출산을 경험한다고 한다. 그런데 통계청에서 집계한 2009년 여성 평균 초혼연령이 28.3세이므로(남성은 31.7세) 대개 평균적인 첫 출산이 30대 초반에 일어날 것임을 알 수 있다.

실제로 2008년 연령별 출산율을 보면, 어머니의 연령이 25~29세 집단에서 여성 1000명당 85.6명이 태어났으며, 30~35세 집단에서 여성 1000명당 101.5명, 36~39세 집단에서 여성 1000명당 26.5명이 태어남으로써 대부분의 출산이 25세~35세 연령대에서 일어났다.13) 즉 아무리 결혼이 지연되고 평생취업을 지향하는 여성이 많아졌다고 해도 여전히 한국의 2,30대, 특히 30대 초반의 여성들은 '어머니'가 되는 경험을 일반적으로 하고 있는 집단이라는 것이다.

그러나 여성들이 어머니가 되는 경험을 그리 환영하고 있는 것 같지는 않다. 통계청 〈인구동태통계연보〉에 따르면, 2009년 한국 여성의 합계출산율은 1.15명으로 여전히 세계 최저 수준이다. 이는 초고령화 사회와 맞물려 심각한 사회문제로 대두되고 있다. 1990년대 말 IMF 경제위기의 여파가 결혼지연, 출산지연으로 이어지면서 출생아 수가 눈에 띄게 감소한 것이 결정타였다. 이후 여러 정책적 개입에도 불구하고 지속적으로 줄어들던 출생아 수는 2006년경 살짝 반등 추세로 돌아서는 듯 했으나, 2008년 다시 몰아친 경제위기와 겹쳐 출산율이 다시 정체하고 있는 것이다. 즉 현재의 저출산은 전반적인 만혼 현상과도 연계되어 있지만 경제위기와 맞물린 젊은 여성들의 출산지연 혹은 출산회피와 맞물린 현상으로, 근본적으로 여성들의 삶에서 어머니노릇이 부과하는 부담을 덜어주지 않고는 해결하기 어렵다고 생각된다.

---

13) 연령별 출산율은 특정년도 15~49세까지 어머니의 연령별 당해 연도 출생아 수를 당해 연령 여성인구로 나눈 비율을 1000분비로 나타낸 지표이다. 2008년 그 외 연령대 출산율을 보면 20~24세 연령 여성 1000명당 18.2명이 태어났으며, 40~44세 연령 여성 1000명당 3.2명, 15~19세 연령에서 1.7명, 45~49세 여성에선 0.2명이 태어났다(통계청, 2008 〈인구동태통계연보〉).

[표 5] 출생아 수 및 합계출산율 (한국)

	1998	1999	2000	2001	2002	2003	2004	2005	2006	2007	2008	2009
출생아수(천명)	634.8	614.02	634.5	554.9	492.1	490.5	472.8	435.0	448.2	493.2	465.9	445.2
증감(천명)	-33.6	-20.6	20.3	-79.6	-62.8	-1.6	-17.8	-37.7	13.1	45.0	-27.3	-20.7
증감률(%)	-5.0	-3.2	3.3	-12.5	-11.3	-0.3	-3.6	-8.0	3.0	10.0	-5.5	-4.4
합계출산율 (여성 1명당 명)	1.45	1.41	1.47	1.30	1.17	1.18	1.15	1.08	1.12	1.25	1.19	1.15

출처: 통계청, 「2010 통계로 보는 여성의 삶」, http://www.kosis.kr

[그림 19] 연도별 출생아수 추이

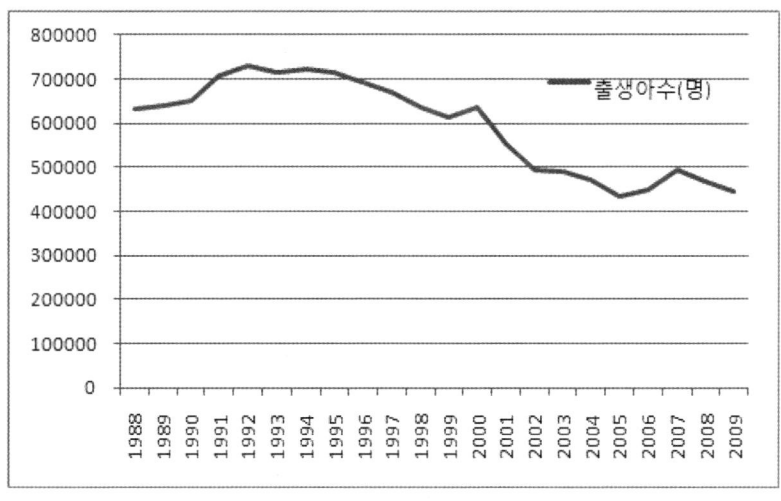

출처: 통계청, 「2010 통계로 보는 여성의 삶」, http://www.kosis.kr

2) 20~30대 여성들의 현실 : 만혼화와 일-가족의 이중부담

저출산을 낳는 근본적인 원인은 현재 한국 사회 20~30대 여성들의 현실에 있다. 인구통계학적으로 저출산의 가장 큰 원인은 전반적인 만혼화 현상에 있다. 통계청의 〈인구동태통계연보〉에 따르면 2008년 현재 한국 여성의 평균 초혼연령은 28.3세(남성은 31.4세)이다. 이 평균치가 상대적으로 결혼을 이른 나이에 했던 고연령 여성들까지 포함해서 나온 수치임을 고려할 때, 최근에 결혼한 여성들은 대개 30대 이후 연령대에 가서 결혼을 했음을 알 수 있다. 통계청 〈인구주택총조사보고서〉를 기반으로 20대 후반 이후 연령대 여성들의 미혼율 변화를 살펴보면 이러한 상황이 더욱 잘 드러난다(표 6 참조).

[표 6] 연령별 미혼율 (1975~2005)

연도	여자		남자	
	25-29	30-34	25-29	30-34
1975	11.8	2.1	47.0	7.0
1980	14.1	2.7	45.2	7.3
1985	18.4	4.2	50.7	9.4
1990	22.1	5.3	57.3	13.9
1995	29.6	6.7	64.4	19.4
2000	40.1	10.7	71.0	28.1
2005	59.1	19.0	81.8	41.3

2005년에 이미 20대 후반 여성의 미혼율은 60%에 가깝고, 30대 초반에도 20%에 가까운 여성들이 미혼인 상태를 유지하고 있는 것을 알 수 있다. 이

는 2,30대 연령의 여성들을 일반적으로 '기혼여성' 혹은 '어머니'로 가정하는 것은 거의 불가능해진 상황임을 의미한다. 그러나 역으로 이 수치는 한국 여성들은 대략 30대 중반의 연령대가 되면 80% 정도는 결혼을 하고 있는 것으로 볼 수 있기 때문에, 2,30대가 한국 여성들에게 결혼과 출산을 둘러싸고 다양한 선택과 경험이 중첩되는 시기라는 점에는 변화가 없다.

그렇다면 과거의 여성들이 결혼하고 어머니가 되었던 이 연령 시기에 오늘날의 여성들은 무엇을 하고 있는가. [표 7]에서 나타나는 여성의 높은 대학진학률은 최근의 한국 여성들이 20대 초반까지는 미래를 위하여 학교를 다니고 있을 가능성이 높다는 것을 알려준다. 자연스럽게 20대의 후반기는 신규취업을 위해 노력하고 있거나 노동시장 경력의 초기를 보내는 시기로 굳어지고 있다. 그리고 취업시장에서 어느 정도의 시기를 보내고 난 뒤 결혼을 해서 일과 가족을 양립하는 생애시기에 진입하는 모습이다.

[표 7] 성별 학교급별 진학률 추이(1985~2009)

연도	초등→중		중→고등		고등→대학		대학→대학원	
	여자	남자	여자	남자	여자	남자	여자	남자
1985	99.1	99.4	88.2	93.1	34.1	38.3	6.7	12.1
1990	99.8	99.8	95.0	96.3	32.4	33.9	6.4	8.8
1995	99.9	99.9	98.4	98.6	49.8	52.9	6.2	9.2
2000	100.0	100.0	99.6	99.5	65.4	70.4	6.9	11.1
2005	100.0	100.0	99.8	99.7	80.4	82.7	7.5	9.0
2006	99.9	99.9	99.8	99.7	81.1	82.9	6.6	8.0
2007	100.0	100.0	99.7	99.6	88.0	86.3	5.6	7.6
2008	99.9	99.9	99.0	99.9	88.6	87.2	5.5	7.3
2009	100.0	100.0	99.7	99.6	82.4	81.6	6.1	7.9

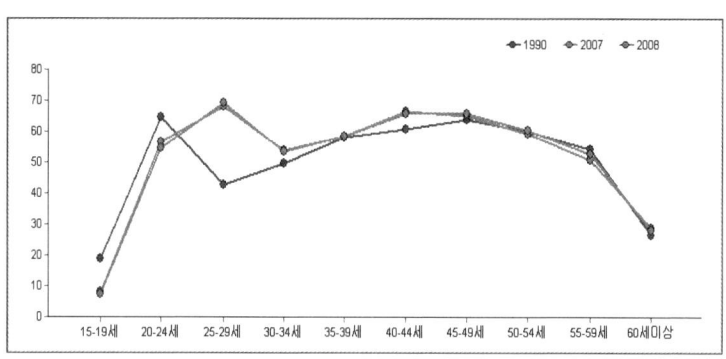

[그림 20] 연령별 여성 경제활동참가율 (출처: www.kwdi.re.kr)

이러한 생애경험 패턴은 [그림 20]에서 나타나는 연령별 여성 경제활동참가율에서도 드러난다. 1990년만 하더라도 20~24세 연령대의 여성 경제활동참가율이 가장 높았으나, 최근에는 25~29세 연령대에서 최정점을 찍고 있으며, 30~34세 구간에서 낮아졌다가 완만하나마 다시 증가함으로써 M자 곡선의 골이(비록 여전히 존재하지만) 얕아지고 있음을 볼 수 있다. 여성 경제활동참가의 최정점 연령대가 20대 중반으로 옮겨갔다는 사실은 여성들이 20대 초반까지는 노동시장 진출을 위한 준비를 하다가 20대 중반부터 본격적으로 경제활동에 뛰어들고 있음을 의미한다. M자 곡선의 골이 얕아지고 있다는 것은 출산과 양육을 위해 경력단절을 경험하는 여성의 수가 적어지고 있다는 것이며, 이는 그만큼 여성들의 노동시장참여가(역U자 곡선을 나타내는 남성들과 마찬가지로) 생애취업 형태로 바뀌어가고 있음을 뜻하는 것으로 볼 수 있다. 즉 이제 한국의 2,30대 여성들은 전반적으로 가족 내의 어머니로서만 살기보다는, 경제활동을 통해 공적인 사회생활에 적극적으로 참여하면서 어머니노릇을 준비 혹은 병행하는 방식으로 삶을 꾸려가는 것이 일반적인 모습인 것이다.

 오늘날 2,30대 여성들의 삶의 모습이 이렇게 바뀐 것에는 1990년대 말 IMF 위기 이후에 일어난 이른바 '구조조정'의 영향이 컸다. 노동시장의 신자유주의적 재편과 유연성의 증대로 '평생직장' 개념이 깨지면서, 남성 가장 1인의 소득에 나머지 가족구성원이 모두 의존하는 방식보다는 2인 이상의 가족이 소득노동에 종사하면서 서로 경제적 안전판 역할을 하는 형식의 가족경제 운용이 선호되기 시작한 것이다. 이후 십여 년간 이러한 사회변화가 추세로 굳어지면서 여성의 공적 노동참여가 꾸준히 증대하였고, 결혼한 여성들의 노동자 정체성 역시 정상적인 것으로 받아들여져 왔다.

 그러나 여성들이 경제활동에 많이 참여하게 되었다는 것 자체가 여성들의 삶을 개선했다고 보기는 어렵다. 1990년대 말 이후 최근 10여 년간의 여성노동시장에 관해서는 여성의 주변부 노동자화와 양극화라는 두 가지 주장이 있다(장지연, 2001; 김현미·손승영, 2003; 은수미, 2007; 배은경, 2009). 전반적으로 일자리가 줄어들고 일자리의 질이 악화되면서 악화된 일자리가 주로 여성으로 채워지는 등 여성 일반의 노동시장 조건이 악화되는 가운데, 다른 한편에서는 고소득 전문·행정직 일자리를 중심으로 새로운 기회들이 여성들에게 열리고 있는 상황으로 파악된다. 이러한 상황에서 젊은 한국 여성들이 공적 노동시장에서 찾을 수 있는 생애전망은 비정규직화와 전문직 진입이라는 두 가지 노선으로 갈라지고 있으며, 젊은 여성들은 각각의 전망에 따라 노동시장과 결혼시장에서의 지위 획득을 위해 여러 가지 모색을 하고 있다고 하겠다(배은경, 2009: 67~68).

 문제는 여성들의 평생취업이 일반적인 것으로 받아들여지면서도 여성들이 일과 가족을 양립하기 위한 조건들이 거의 갖추어져 있지 않다는 점에 있다. 연령별 경제활동참가율의 M자 곡선의 골은 얕아지고 있지만, 결혼과 출산을 경험하고 어머니노릇을 하기 시작한 여성들이 노동시장에서 차지하는 위치는 여전히 불리하다. 비록 경력단절까지 가지는 않더라도, 독신 여성들만큼 안정적인 일자리에서 지속적으로 일하기에는 어려움이 많은 것이다.

이는 [그림 21]에서 단적으로 드러난다. 여성 경제활동인구 중 정규직으로 일하는 여성의 비중이 20대 후반까지는 84%를 넘지만, 30대가 되면 55%대로 급격하게 감소하는 것을 볼 수 있다. 30대에는 비정규직 비율이 늘어나기 시작하는데, 특히 (미혼율이 20% 이하로 감소하고 경제활동 참가율도 가장 낮은) 30대 후반에 더욱 늘어난다. 이러한 여성들의 연령별 근로형태는 시장에서 경력이 쌓일수록 정규직 비중이 늘어나서 중심 노동연령인 30대 후반에 최고로 많아지는 남성의 연령별 근로형태([그림 22])와는 극도로 대비되는 것이다.

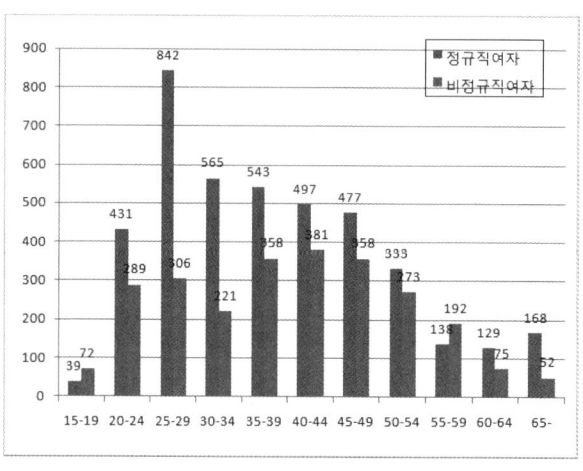

[그림 21] 여성근로자 연령별 근무형태 현황

출처: 통계청 「경제활동인구조사 근로형태별 부가조사」 (2008. 8)

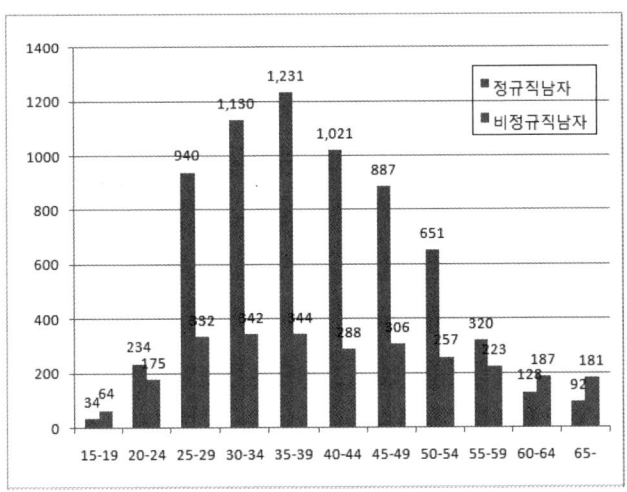

[그림 22] 남성근로자 연령별 근무형태 현황

출처: 통계청 「경제활동인구조사 근로형태별 부가조사」 (2008. 8)

    자기 직업에서 어느 정도 경력을 쌓고 노동시장에서의 지위를 발전시킬 도약의 시기인 30대에 여성들은 경력단절이나 나쁜 일자리로의 유입을 겪는다. 이로 인해 여성들은 단지 현재의 소득을 상실할 뿐 아니라 향후 소득 증대나 노동시장 지위 상승과 같은 미래의 전망도 함께 잃는다. 이것이 한국 사회의 전반적 남녀 격차(gender gap)를 발생시키는 주요한 원인일 뿐 아니라, 20~30대 여성들 개인의 삶에 있어서도 불안과 불만을 누적적으로 증대시키는 요인이다.

    이런 상황에서 "어머니노릇"에 대한 사회적 요구나 수행 표준은 이전보다 낮아지기는커녕 점점 더 높아지고 복합적으로 바뀌고 있다. 말하자면 여성들이 어머니가 되고자 할 때 넘어야 할 장벽이 점점 더 높아지고 있는 것이다. 한국 여성들은 건강한 자녀를 출산하는 것만으로는 결코 훌륭한 어머니가 될 수 없으며, 자녀교육을 잘 관리하여 학업성취도를 높이고 또 그것을 위하여 교육비용을 마련할 수 있는 수입도 벌어야 한다는 압박도 받고 있다. 이러한 부담 하에서 성공한 어머니가 되기 위해서는 모성과 유급노동을 조절하거나 선택하는 전략과 협상이 요구되며, 결국은 자녀를 적게 낳는 것이 최선의 선택이 될 수밖에 없는 것이다. 이런 상황에서 저출산과 결혼지연, 회피는 한국사회에서 결혼한 여성, '어머니'에게 요구되는 이러한 모순적 역할에 대해 여성들이 택할 수 있는 강요된 합리적 선택이라 할 수 있다.

5. 가족계획사업의 유산과 저출산 담론에서 여성의 위치

이런 상황에서 필자는 출산율을 국가정책의 종속변수로 보는 시각 자체를 다시 생각해 볼 필요가 있음을 제기하며, 특히 '모성 경험'이라는 것이 사회적으로 어떻게 재현되고 있는지를 고려할 필요를 제안하고 싶다. 이는 다음 세 가지의 가족계획사업 시기의 유산과 관련된다.

첫째, 가족계획사업 시기 한국 여성들의 출산행위 변화 과정은 한국인들에게 자녀의 가치를 가족의 생활수준, 계층상승과 연관지어 생각하는 사고의 습관을 발생시켰다. 경제주의적이고 물질주의적인 자녀관이 당연시된 것이다. 가족계획사업은 계획하고 실천하는 합리적 생활태도로서의 근대적 생활태도를 여성들에게는 일차적으로 자기 가족의 경제적 상황의 현재와 미래를 고려하여 자신의 출산을 조절하는 일로 제시하였다. 이런 상황에서 출산은 자기 가족의 경제적 상황과 불가분의 관계가 있는 것으로 생각되었으며, 자녀 양육은 비용이거나 혹은 가족생활의 미래를 위한 투자처럼 여겨졌다.

이러한 사고의 습관은 현재까지도 남아 있어 자녀출산을 생각할 때 일단 양육을 위해 들어가는 경제적 비용을 가장 먼저 고려하게 만들고, 노후대비나 가족 경제의 향상과 같은 도구적 관점에서 자녀출산을 회피 또는 지연하는 선택을 정당화하고 있다. 국가의 정책적 대응 담론 역시 경제주의적이고 물질주의적인 문제틀 안에 갇혀 있는 것은 이러한 상황을 극복하기보다는 악화시킬 가능성이 있다. 이같은 상황은 전반적으로 '도구적 가족주의' 그 자체가 바뀌지 않는 한 개선되기 어려울 것인데, 이것은 사회 자체의 조직 원리를 경쟁과 계층상승으로부터 벗어나 대안적으로 바꾸지 않고는 어려울 것이다.

둘째, 가족계획사업 시기에 사회적으로 재현된 바람직한 모성이 '피임으로 애국하는 모성'이었다는 것은 한국사회에 어머니노릇에 대해 근본적으로 모순적인 의미를 발생시켰다. 여성들은 '어머니'로 불리고 '어머니'로서 사회발전에 기여할 것을 요구받았지만, 그 내용을 보면 아이들을 낳고 기르는 어머니노릇을 통해서가 아니라 자녀출산을 줄임으로써 어머니노릇에 투여하는 시간과 에너지를 다른 곳(새마을운동 등 지역개발활동이나 가계에 보탬이 되는 노동, 또는 '알뜰살뜰 살림하기')에 투여할 것을 요구하는 것이었다. 여성들을 '어머니'로 부르면서 가족계획사업과 더 크게는 국가의 경제발전 프로젝트 전반에 동원하였지만, 실제 그녀들이 자녀를 낳고 기르는 어머니노릇 그 자체에 대해서는 국가도 여성들 스스로도 그 어떤 인정도 하지 않았던 상황은 현재까지 그대로 이어져서 모성과 어머니노릇, 돌봄 노동 그 자체의 내재적 가치에 대한 불인정으로 이어지고 있다.

셋째, 가족계획사업 시기에 형성된 모성에 대한 관념은 한국 여성들로 하여금 어머니노릇의 경험을 적극적으로 의미구성하지 못하게 가로

막는 역할을 했다. 가족계획사업 담론이 권장한 '피임으로 애국하는 모성'과 그렇게 적게 낳은 자녀들에게 교육적 투자를 아낌없이 함으로써 가족의 계층상승과 지위생산에 봉사하는 '한국적 근대 가정주부'의 결합은, 한국 여성들에게 자신이 낳고 기르는 자녀들과의 관계 속에서 누릴 수 있는 혜택에 대해 적극적으로 사고할 수 있는 기회를 봉쇄하였다.

가족계획사업에서 강조한 '교육하는 어머니'는 꼼꼼하게 교육비를 따져서 근대적 학교교육을 충분히 받을 수 있도록 경제적으로 지원하는 어머니였지, 어머니 자신이 자녀와 관계맺고 공감함으로써 자녀의 지적 정서적 발전을 돕는 그런 종류의 모성은 아니었기 때문이다. 가족계획사업 시기의 담론 속에서 자녀를 '잘 기르는 어머니'는 가족경제를 일으켜세우는 어머니이고 교육비를 충분히 대며 자녀의 학교 성적을 올릴 수 있는 어머니이며, 이를 통해 자녀의 계층상승을 노리는 그런 전략적 어머니였다. 그런 의미에서 가족계획사업은 한국 여성들에게 (자녀들의 가치 뿐 아니라) 그녀들의 모성 경험 자체를 도구적인 것으로 인지하게 만드는 효과를 불러일으켰다고 할 수 있다.

마찬가지로 1980년대 중반까지 한국 여성운동은 가족과 사회와 국가의 근대적 경제발전을 위한 여성들의 기여라는 관점에서 여성지위 향상과 평등을 요구하는 담론을 구사하였고,[14] 아이를 낳고 기르는 모성 경

---

14) 1960-70년대 당시 여성 지식인 및 운동가들은 "역사의 무대에서 여성이 늘 조역의 자리만을 차지했다(박용옥, 1976: 30)"는 점을 반성하고 여성들도 조국의 근대화에 일익을 담당하는 참여자가 됨으로써 여성의 지위 향상이 이루어지리라고 생각했다. 그러나 이것이 어머니라는 가족 역할을 떠나 노동자로서, 혹은 시민적 주체로서 공적 영역에 참여하는 것을 의미하는 것은 아니었다. 그것은 어디까지나 어머니로서의 여성들이 '조국 근대화'라는 국가적 목표의 달성을 위한 집합적 실천에 참여하는 것을 의미했고, 지역사회개발이나 '가정의 합리화'를 통하여 이루어질 수 있는 것으로 재현되었다(신현옥, 1999: 이재경, 2003). 이러한 과제를 달성하기 위하여 무엇보다 필요한 것은 여성들 자신의 자각과 스스로의 인적자원 개발을 위해 노력하는 태도라고 주장되었다.

험의 가치나 자녀와 관계맺고 성장시키는 보살핌 노동(care work)이라는 관점에서 자신들의 지위를 요구하지 않았다. 여성들은 어머니라는 이름으로 사회에 참여하고 지위를 요구했지만, 어머니노릇 그 자체의 가치를 인정받거나 그것을 요구하지는 않았던 것이다.

출산을 둘러싸고 구조화된 이러한 여성들의 행위성은 한국사회의 고도성장과 압축적 근대화를 이끈 숨은 동력이었다. 계획 없이 낳아서 과잉인구가 될 아이들을 부양할 책임은 가족 이외의 그 누구도 대신 져주지 않을 것이며, 그런 식으로 무계획하게 출산한 가족이 빈곤하고 불행한 것은 가족계획을 하지 않은 가족 그 자신의 책임이므로 알아서 하라는 것이 국민 계몽담론으로서의 가족계획사업이 내포한 논리였다. '재생산의 사사화(privatization of reproduction)' 논리를 통해 자녀의 부양부담을 전적으로 개별 가족에게 지우면서, 역설적으로 그러한 어려움을 개별 가족이 극복하기 위해서는 여성들 스스로가 '자기 가족을 위해' 근대적인 생활태도를 가져야 한다고 주장한 것이 가족계획사업의 담론이었다. 이러한 과정을 통해 국가는 고도성장기 압축적 근대화가 가져올 수 있었던 여러 가지 사회적 위험들을 제도적으로 제거하기 위한 그 어떤 복지정책도 제대로 도입하지 않은 채, 그 위험들을 모두 개별가족과 가족 속의 여성들에게로 효과적으로 전가할 수 있었고, 그 결과 눈부신 경제성장을 이룰 수 있었다(장경섭, 2009). 가족계획사업은 당시 한국인들이 발전시키고 있었던 '도구적 가족주의'에 기반하여 성공할 수 있었지만 (여성들이 계층상승을 위한 가족전략의 하나로서 자기 출산력을 감소시켰으므로), 역으로 계속해서 한국인들이 도구적 가족주의에 의지해서 살아야만 하는 사회적 조건을 구성하기도 했던 것이다.

1990년대 말 이후 이러한 사회적 조건이 조금씩 바뀌기 시작했지만,15) 여전히 한국의 사회복지는 취약하다. 한국의 사회복지는 여전히 저소득층을 위한 시혜이거나 아주 기초적인 사회안전망을 마련하기 시작한 수준에 머물러 있고, 국가정책에서 여성들은 주체라기보다는 대상으로 위치 지워져 있다. 도구적 가족주의는 이미 한계에 봉착했음에도 불구하고 신자유주의 물결이 강요하는 시장적 무한경쟁을 위해 자녀교육을 더욱 철저하게 투자화, 도구화하는 방식으로 진화하고 있다(박혜경, 2008). 이런 상황에서 고용불안까지 겹치면서, 이제 결혼한 여성들은 한편으로 도구적 가족주의의 가족전략의 수행자 역할을 지속하는 동시에 노동시장에서 화폐소득을 벌어들이는 역할까지 요구받고 있다.

이런 상황에서 한국의 저출산 담론 내 여성의 위치는 애매하다. 현재까지 한국사회의 저출산 대응 정책은 여성을 출산자로 보고, 이들에게 직간접적으로 영향을 미칠 수 있는 경제적 지원과 의료적 서비스를 제공하는 방식으로 국가개입을 제도화해 왔다(신경아, 2010). 이것이 문제인 까닭은, 출산이라는 행위가 여성 개인의 책임이거나 결정이 아니라 부부를 포함한 가족 전체의 사안이며 나아가 사회 전체의 노동력과 활력을 좌우하는 인간 재생산의 문제임에도 불구하고 저출산 대책의 영역에서 남성이 철저히 배제되기 때문이다. 사회 전반적으로 출산 양육 등 인간 재생산 과정 전체를 탈가족화, 탈젠더화하는 것이 필요할 뿐 아니라, 특히 가족 내에서 출산과 양육의 파트너가 되어야 할 남성의 실천을 이끌어내기 위한 다양한 제도화 방식을 고민해 보아야 할 시점이다.

그러나 그럼에도 불구하고 현재까지는 저출산 잇슈 그 자체가 여성주

---

15) 김대중 정부 이후 시민운동과 국가의 파트너쉽이 모색되기 시작하면서 여성운동계의 목소리가 국가정책에 반영되기 시작했고, 여성부가 설치되고 활동하기 시작하면서 그간 가족에게 맡겨져 왔던 돌봄 노동이 거의 배타적으로 여성들에게 전가되어 왔음이 지적되기 시작했다. 이후 〈기초생활보장법〉 등 초보적인 복지가 제공되기 시작하고 보육정책, 노인수발정책 등이 시행되면서 한국사회의 돌봄 정책은 탈가족화의 방향으로 나아가게 된다.

의적 담론구성을 위한 이론적 경합 장을 제공해 온 것이 사실이다. 이러한 경합의 장은 모성과 여성의 행위성에 대한 새로운 성찰이 자라날 수 있는 토양이 되고 있다. 최근 2~3년 사이 특히 흥미로운 현상은 현재의 저출산을 여성들이 현실에 항의해서 벌이는 일종의 집단적 파업으로 해석하는 이른바 출산파업론 의 등장이다. 출산파업론은 개별 여성들의 출산 회피 또는 출산 지연을 그들의 정치적 의사표현으로 간주한다. 도탄에 빠진 경제적 상황, 여성의 이중부담을 강화시키는 쪽으로 발전한 노동시장 유연화 및 근대적 성별분업의 재구성, 격화된 신자유주의적 경쟁과 불안의 일상화 등에 대한 항의가 저출산으로 나타난다는 것이다. 이같은 논리구성은 저출산 문제라는 이미 공유된 사회적 이슈를, 여전한 혹은 좀더 악화되고 있는 한국사회의 비대칭적 젠더관계에 대한 비판에 연루시키는 여성주의적 담론 전략에 기초한 것이다. 또한 출산 '파업'이라는 정치적 용어를 사용함으로써 현재의 저출산을 여성의 의도적 저항으로 의미화하고 이를 통해 여성의 행위성을 강조하는 효과도 가질 수 있다.

그러나 다른 한편, 필자는 출산파업론이 갖는 위험 역시 성찰되어야 한다고 생각한다. 출산파업론의 논리구성이 (저)출산 문제를 온전히 '여성' 만의 문제로 환원하는 기왕의 담론구도를 강화하게 될 우려 때문이다. 출산과 관련된 책임 및 부담만 여성에게 지우고 여성의 선택권/행위성에 대한 담론은 완전히 공백 상태인 현재의 한국사회를 고려할 때, 마치 여성들이 자신의 출산에 대해 완전히 적극적인 선택권을 행사하고 있는 것처럼 생각하게 만드는 '출산파업'이라는 단어는 자칫 미래를 현재완료로 잘못 표상하는 우를 범할 수 있다. 여성을 자기 출산권의 주체로 호명하는 주체구성의 효과와, 이미 여성들이 출산에 대해 모든 결정권을 갖고 있는 것처럼 표상하는 지배 이데올로기의 은밀한 재생산 사이에서 현재의 저출산 담론이 어떤 방식으로 발전해 나갈지 예의 고민할 필요가 있다.

6. 저출산 담론의 여성주의적 전유를 위하여 : 모성 경험의 사회적 인정을 고민하자

어머니는 자기 몸으로 생명을 잉태하여 그 육체를 기르고, 출산한 후에도 한동안 젖을 먹이며, 이후로도 신체와 정신의 모든 면을 보살피고 돌봄으로써 자녀를 성장시킨다. 어머니는 자녀와 심오하게 연결되어 있으며, 그 관계 속에서 자신과 자녀 양자를 모두 성숙시킬 수 있다는 것이 아드리엔느 리치 등 페미니스트들이 해석하는 적극적이고 여성해방적인 '모성 경험'의 의미이다(Rich, 1976). 리치는 기존의 '제도화된 모성'이 모성 경험을 여성들에게 억압적인 것으로 만든다고 보고 이것을 혁파함으로써 여성들에게 잠재력으로 내재되어 있는 적극적인 모성의 경험을 살려내고자 하였으며, 사라 러딕은 어머니노릇을 함으로써 사람들은 독특하게 윤리적인 모성적 사유(maternal thinking)를 발달시키게 된다고 지적하면서 이것을 새로운 사회의 대안적 윤리로서 제시하기도 하였다(Ruddick, 1980).

여성주의에서 모성은 생물학적인 것도 아니고 단순한 의무이거나 희생도 아니며 외적으로 강제되거나 대가와 교환될 수 있는 종류의 노동도 아니다. 모성은 본질적으로 관계이고 실천이다. 여성은 뱃속에서 생명을 길러 세상에 낳고, 낳은 아이와 평생 관계 맺으면서 어머니노릇을 한다. 아이와 어머니의 직접적인 육체적 연결은 출산과 젖떼기를 기점으로 점차 약화되지만, 어머니가 아이를 길러내는 과정은 어머니의 육체와 정신과 에너지와 시간을 강도 높게 사용하여 매우 적극적으로 아이와 지속적으로 관계 맺는 행위를 통하지 않고서는 가능하지 않다. 실제 어머니노릇에서 어머니인 여성의 행위성은 매우 높게 나타난다. 어머니는 끊임없이 아이를 관찰하고 해석하며 아이와 소통해야 한다. 그러한 과정을 거쳐야 아이에게 필요한 것이 무엇인지 결정하고, 그것을 아이에게 주기 위하여 자기가 갖고 있는 자원을 조직할 수 있기 때문이다. 어머니가 반드시 아이에게 필요한 모든 돌봄을 제공하는 사람일 필요는 없다. 특정한 날 특정한 시간에 아이에게 필요한 특정한 돌봄 노동을 어머니가 직접 할 수도 있지만, 도우미아줌마나 친척이나 친구에게 맡길 수도 있고, 상품화된 서비스를 구입하여 아이에게 연결시켜 줄 수도 있다. 중요한 것은 어머니가 직접 아이와 대면적 접촉 하에 보살핌을 제공하지 않더라도, 기본적으로 아이가 제공받게 되는 모든 보살핌의 총량을 기획하고 조직하고 최종적으로 책임을 지는 것은 오늘날에도 어머니라는 것이다. 어머니는 이것을 하기 위해, 언제나 늘 아이와 관계 맺고 아이와의 관계를 생각하며 아이와의 관계를 행위한다. 모성은 단순한 희생이나 본능이 아니라, 어머니인 여성의 모든 에너지를 활용하는 노동이자 행위의 연속인 것이다.

그러나 우리에게 지배적 모성 이데올로기는 이런 부분을 인정하지 않는다. 그것은 어머니노릇의 가치를 강조하고 어머니의 희생을 예찬하지만, 어머니가 몸과 시간과 에너지와 정신력을 들여서 늘 하고 있는 어머니노릇의 활동, 실천, 노력을 보려고 하지 않는다. 어머니들이, 즉 아이를 낳고 기르는 여성 들이 늘 하고 있는 일은 모성예찬론자들이 아무리 가족가치를 강조하고 모성에 대한 인정을 부르짖어도 여전히 비가시화되어 있다. 어머니가 하는 일은 '아이에게' 좋은 일이며, 그 일의 성과도 효과도 '아이'에게서만 나타난다고 생각된다. 우리가 볼 수 있는 것은 대부분 어머니노릇 그 자체가 아니라, 어머니노릇의 연속된 행위들이 축적된 결과인 '아이' 그 자체이기 때문이다.

그러므로 모성에 대한 여성주의적 사유는 좋은 아이를 길러내어 국가와 사회에 바치는 어머니노릇을 단지 예찬하는 이데올로기를 넘어서야 한다. 아드리엔느 리치가 이미 지적했듯이, 어머니는 아이를 기르면서 실제로 자기 자신을 기른다. 모성적 실천은 어머니와 아이의 관계 속에서 양자를 모두 성장시킨다. 여성의 행위성과 관계맺음 속에서 어머니와 아이 양자의 상호성장이라는 관점에서만 모성 경험은 여성해방적인 잠재력을 가질 수 있는 것이다.

그런데 가족계획사업시기 이후 현재까지 한국 사회에서 어머니노릇에 대한 이해는 모성에 대한 이러한 여성주의적 이해와 정 반대되는 쪽으로 발전되어 왔다. 현재 한국 사회의 지배담론에서 어머니노릇은 어머니 자신의 몸과 출산력을 스스로 통제하고 억압하는 자기희생인데, 그것도 자녀 자신을 위한 순수한 교육적 희생이 아니라 가족경제의 향상과 계층상승을 위한 도구적 희생이다. 한국의 어머니노릇은 국가의 경제발전과 가족의 계층상승을 위해 어머니 자신과 자녀 양쪽을 모두 도구화하는 것으로 발전되어 왔고, 어머니-자녀 사이의 관계맺음과 보살핌의 교류를 통한 양쪽 모두의 인간적 성숙이라는 것은 생각하기 어려운 것이 되고 말았다.

다시 한 번, 모성에 대한 여성주의적 사유에서 가장 중요한 요소는 어머니노릇이 어머니 자신을 성숙시키는 계기가 될 수 있다는 점에 있다. 어머니노릇의 가치를 그 생산물인 자녀의 관점에서 평가하는 것이 아니라, 어머니 자신의 관점에서 발견할 수 있을 때에야 비로소 여성들의 모성 경험은 여성해방적인 것이 될 수 있다. 개별 여성들이 자신의 어머니됨을 그런 관점에서 경험할 수 있는 사회적 조건이 마련될 수 있을 때 여성들은 더 이상 자신의 출산을 회피하거나 지연하지 않을 것이다. 어머니노릇이 여성들의 자기희생이 아니라 자기발전으로서 적극적으로 구성될 수 있을 때, 출산과 모성이 여성의 자아실현과 대립되는 것이 아니라 연결되는 것으로 인식될 수 있을 때, 여성들은 오히려 적극적으로 자신의 출산력을 증가시키려고 할 것이다. 그러므로 1960년대 이래 지속적으로 진행된 한국 여성의 저출산 추세를 지금 이 시점에서 반등시키는 것이 꼭 필요하다면, 국가가 우선적으로 해야 할 일은 가족 가치와 모성예찬의 선전이 아니라 개별 여성의 모성 경험이 소외되지 않을 수 있는 새로운 사회생활의 방식을 제도화해 내는 작업일 것이다.

출산을 줄이고 자녀 수를 줄이고, 이에 따라 얻어진 소수의 자녀에게 가족의 자원과 자신의 노동력을 선택과 집중 원칙에 따라 투자하는 것을 가족의 계층 상승과 여성의 자아 실현에 꼭 필요한 행위양식으로 만들었던 가족계획사업의 유산은 한국 사회에서 아직 제대로 극복되지 않았다. 아이를 낳고 기르며 그 관계 속에서 아이와 자신을 함께 성장시켜가는 어머니노릇의 가치 역시 단 한번도 사회적 인정을 얻어 본 적이 없다. 어머니노릇의 가치는 어머니들이 느끼는 소소한 행복, 미시적이고 개별적인 주관성 속에 추상화된 형태로 매복해 있을 뿐이다. 그런 가운데 최근 10여 년간의 노골적인 신자유주의화는 공적 노동시장 참여를 여성들의 생애구성에 필수불가결한 요소로 만들어 새로운 부담을 지우면서도, 남성이 자녀 양육의 책임을 공유하도록 강제할 수 있는 그 어떤 제도적 변화도 수반하지 않는 방식으로 진행되었다. 현재의 젊은 한국인들은 어머니노릇을 인정하지도 지원하지도 않는 사회, 아이의 성장이 어머니와 부모와 가족과 공동체를 함께 성장시키는 과정이 되기는커녕 부모가 번 돈과 어머니의 노동을 일방적으로 뽑아가는 과정이 되고 마는 그러한 사회에 살고 있다. 이런 상황에서 누가 아이를 많이 낳고 싶겠는가!

한국의 압축적 근대화와 경제발전, 그리고 이후 민주화 과정에서조차 여성의 모성 경험은 늘 국가의 목표를 위해 동원되거나 희생되어야 했다. 여성이 모성으로 환원되지 않고 여성 자신의 자아와 삶을 오롯이 살아가되, 그 삶이 아이와 성인의 공동체적 관계 속에서 모두를 성숙시켜가는 모성의 경험을 포함할 수 있을 때 우리는 진정으로 해방적인 미래를 꿈꿀 수 있을 것이다. 한국의 인간 재생산에 관한 사회적 성찰이 가족계획사업의 역사에 대한 진지한 반성으로부터 출발해야만 하는 이유가 바로 여기에 있다.

참고문헌

1. 1차 자료

〈단행본〉

가족계획연구원(1973a), "가족계획실시자와 비실시자의 모자보건에 관한 실태조사보고", 가족계획연구원.
가족계획연구원(1973b), 『가족계획: 요원 훈련용 교재』.
가족계획연구원(1977a), 『가족계획과 행정관리』.
가족계획연구원(1978), 『인구 및 가족계획 통계자료집』 제 1집.
가족계획협회 인구 및 가족계획연구소(1977), 『가족계획사업 촉진을 위한 효율적인 단체 교류사업 운영방안 연구』.
강희두·김정태·홍문식·정영일·조애저(1979), 『도시보건소 가족계획요원 기초훈련을 위한 교육과정개발』, 가족계획연구원.
고려대학교 인구교육위원회 편(1976), 『인구문제』, 고려대학교 출판부.
공세권·박인화·권희완 편(1981), 『한국가족계획사업: 1961-1980』, 가족계획연구원.
공세권·이한기(1979), 『피임보급체계가 피임수용에 미치는 영향에 관한 연구: 피임수용상 편의성을 중심으로』, 가족계획연구원.
김사달(1961), 『좋은 아기를 낳는 가족계획』, 신태양사출판국.
김지자 외(1977), 『인구 및 가족계획 홍보계몽 메시지의 내용분석』, 가족계획연구원.
김지자·이덕성·임종권(1979), 『통반장을 통한 도시 저소득층 주민의 모자보건 및 가족계획 보급 방안: 시범사업 최종보고서』, 가족계획연구원.
김태룡 외(1971), 『우리나라 군인의 인구 및 가족계획 교육에 관한 조사보고』, 가족계획연구원.
김태룡·조경식(1970), 『인구 및 가족계획교육에 관한 실태연구보고서: 중고등학교 교사를 중심으로』, 국립 가족계획연구소.
내무부(1973), 『제1기 새마을부녀지도자교육』.
대한가족계획협회 개발사업소(1976), 『피임 가정보급 촉진 교본』.
대한가족계획협회(1975), 『한국가족계획십년사』.
대한가족계획협회(1976), 『피임가정보급사업 보급원 의견조사』.

대한가족계획협회(1978), 『가족계획의 사회적 제측면』.
대한가족계획협회(1980), 『산업장 가족계획사업 조사연구』.
대한가족계획협회(1991), 『가협30년사』.
대한어머니회(1998), 『대한어머니회 40년사』.
대한주부클럽연합회(1989), 『이십년사』.
박형종·정경균·한달선·이시백(1974), 『어머니회연구』, 을문출판사.
보건사회부 부녀복지과(1981), 『여성과 새마을 운동』, 보건사회부.
보건사회부(1970), 『1970년도 가족계획사업지침』.
새마을지도자연수원(1977), 『새마을교재(새마을부녀지도자과정)』.
서석태(1959a), 『산아제한?』, 가톨릭의사협회.
서석태(1959b), 『한국의 산아제한론: 우생법의 찬부』, 가톨릭의사협회.
송건용·김명희(1974), 『미혼여성의 자녀관, 가족계획 지식 및 태도 조사보고』, 가족계획연구원.
신극범(1975), 『인구교육』, 교육출판사.
양재모(1964), 『한국농촌에서의 출산력과 가족계획에 관한 연구』, 시범사업 보고서.
양재모·신한수 공편(1966), 『가족계획교본』.
양재모·최지훈·김영기·권호연·신민웅(1975), 『교회활동을 통한 도시 영세민의 가족계획사업에 관한 연구』, 연세대학교 인구및가족계획연구소.
연세대 인구 및 가족계획연구소(1972a), 『(간호학생을 위한) 인구문제와 가족계획』.
연세대 인구 및 가족계획연구소(1972b), 『어머니회 운영을 위한 가족계획요원 교재』.
연세대학교 사회과학연구소(1977), 『효율적인 가족계획사업을 위한 새마을 부녀회 활용방안 연구』, 대한가족계획협회.
오천혜(1961), 『기독교와 인구문제』, 조문사.
오천혜·도병일(1972), 『인구폭발과 인류의 장래: 사람을 사랑하는 길』, 한국기독교교회협의회 가정생활위원회.
유기섭·황의찬·김헌수(1975), 『인구문제에 대한 초등학교 교사들의 지식 및 태도에 관한 조사연구』, 중대부설한국교육문제연구소·문교부인구교육중앙본부.
유영도(1961), 『산아제한과 가족계획』, 가톨릭출판사.
유영도(1963), 『가족계획의 진상』, 가톨릭출판사.
유영도(1983), 『가족계획』, 가톨릭출판사.
윤석천(1980), "새마을부녀회 및 가정건강기록부 운영개선방안", 『가족계획연구 : 1980년도 가족계획사업 평가 세미나 보고서』.
이경식(1973), 『간호전문직과 가족계획』, 서울대학교 보건대학원.

이태영(1992), 『가족법개정운동37년사』, 한국가정법률상담소 출판부.
이학송·이희영(1962), 『가족계획』, 동명사.
이효재(1968), 『가족과 사회』, 민조사.
인구문제연구소 편역(1968), 『인구정책과 출산력조절』.
임종권·최부옥(1979), 『인공임신중절 실태에 관한 연구: 중도시지역의 실시기관을 중심으로』, 가족계획연구원.
정경균(1973), 『가족계획계몽교육원리』, 가족계획연구원.
정경균(1987), 『가족계획어머니회 연구: 부녀조직구성 및 관리지침서』, 대한가족계획협회.
정무장관(제2)실(1995), 『한국여성발전 50년』, 한국여성개발원.
정비석(1958), 『유혹의 강(上)』, 신홍출판사.
최지훈·정경균·한달선(1975), 『가족계획홍보사업전략을 위한 조사연구』, 대한가족계획협회.
한국보건사회연구원(1990), 『정부가족계획사업평가』.
한국보건사회연구원(1991), 『인구정책30년』.
한국부인회총본부(1985), 『한국여성운동약사: 1945-1963 인물중심』.
한국사회학회(1972), "한국가족계획 연구활동에 관한 사회학적 평가", 『세미나 논문집』.
한국여성단체협의회(1993), 『한국여성단체협의회 30년사』.
한국여자의사회(1986), 『한국여자의사 90년』.
한국인구보건연구원(1986), 『예비군 가족계획 실태조사 보고』.
홍문식·서문희(1986), 『예비군 가족계획실태 보고』, 한국인구보건연구원.
홍성봉(1972), 『전국 인공유산의 실태』, 최신의학사.
홍성열·홍문식·최정은(1979), 『피임약제기구의 상업적 보급촉진을 위한 방안연구』, 가족계획연구원.

〈논문〉

고황경(1960), "산아제한의 국가적 의의", 《사상계》, 4월호.
김옥경(1971), "역사로 본 한국가족계획의 발달요인", 연세대학교 보건학과 석사학위논문.
김찬국(1972), "가족계획에 대한 성서적 고찰", 『기독교사상』 164.
박민향·고갑석(1983), "최근 농촌의 인공유산 추이: 서산지역을 중심으로", 『인구보건논집』 제 3권 1호, 한국인구보건연구원.
박용옥(1976), "한국여성사연구의 동향", 『이화사학연구』, 이화사학연구소.

방숙(1986), "한국의 가족계획 정책과 프로그램: 과거, 현재, 미래", 『구원색류(究源索流): 보건사업연구 30년』, 순천향대학 의학부 예방의학교실, 순천향대학교 출판부.
서문교(1969), "한의학적으로 본 가족계획", 『대한한의학회지』 3권, 대한한의학회.
송두용(1931), "생육번성과 산아제한", 『성서조선』.
양재모(1975), "우리나라 고등교육에 있어서의 인구교육현황", 『최신의학』 제 18권 7호.
양재모(1976), "제 8장: 인구와 가족계획", 고려대학교 출판부 편, 『인구문제』, 고려대학교 출판부.
양재모(1986), "우리나라 인구정책의 종합분석", 『한국인구학』 제 9권 1호, 한국인구학회.
오재경(1961), "혁명공약과 혁명구호를 논함", 『최고회의보』 제1호, 국가재건최고회의.
이광옥(1971), "경기도 가족계획요원의 가족계획사업수행에 필요한 지식이해에 관한 조사연구", 연세대학교 보건학과 석사학위논문.
이만갑(1961), "가족관념과 산아제한", 『사상계』 1961년 8월호.
이만갑(1964), "한국에서의 가족계획: 인구문제의 합리적 해결은 무엇?", 『사상계』 1964년 8월호.
이해영·권태환 편(1978), 『한국사회: 인구와 발전』, 서울대 인구 및 발전문제연구소.
이효재(1960), "서울시 가족의 사회학적 고찰", 『한국문화연구원논총』 제 1집, 이화여자대학교 한국문화연구소.
이효재(1972), "한국인의 아들에 대한 태도와 가족계획", 『한국문화연구원논총』, 제 12집, 이화여자대학교 한국문화연구소.
임종권(1982), "1982년 전국가족보건실태조사: 인공임신중절현황", 『인구보건논집』 제 2권 1호, 한국인구보건연구원.
정영일·고갑석(1982), "1982년 전국가족보건실태조사: 불임시술의 실천현황", 『인구보건논집』 제 2권 1호, 한국인구보건연구원.
조남훈·이임전(1985), "최근의 가족계획 실태와 전망", 『한국인구학』 제 8권 1호, 한국인구학회.
조남훈·장영식(1982), "1982년 전국가족보건실태조사: 피임실천현황", 『인구보건논집』 제 2권 1호, 한국인구보건연구원.
최인현, Donaldson, P.J. & Nichols. D.J(1982), "Abortion and Contraception in the Korean Fertility Transition", 『인구보건논집』 제 2권 2호, 한국인구보건연구원.
홍승직(1976), "제 1장: 세계의 인구동향", 고려대학교 출판부 편, 『인구문제』, 고려대학교 출판부.
홍승직(1980), "가족계획과 사회개발: 가족계획사업의 단계적 추진", 『한국사회개발연구』.

〈잡지〉

『가정의 벗』, 『경향잡지』, 『기독교사상』, 『기독교세계』, 『사상계』, 『새가정』, 『서울 YWCA』, 『성서조선』, 『여원』, 『주부생활』,

〈영상 및 인터넷 자료〉

중앙방송(2003), 『다시 읽는 역사, 호외(40): GNP 1000달러를 위한 선택! : 경제개발과 가족계획』, 2003년 10월 16일 제작, 히스토리채널.
인구보건복지협회 홈페이지(www.ppfk.or.kr).
통계청, 각년도 출산통계(www.nso.go.kr).

2. 국내문헌

강남식(2003), "여성노동정책과 담론분석", 이영환 편, 『통합과 배제의 사회정책과 담론』, 함께 읽는 책.
강이수(2011), 『한국 근현대 여성노동: 변화와 정체성』, 문화과학사.
강인순(2004), "제 1장. 산업화, 개발국가와 여성(1960~70년대)", 정진성·안진 공편(2004), 『한국현대여성사』, 한울아카데미.
강인철(1996), 『한국기독교교회와 국가·시민사회: 1945-1960』, 한국기독교역사연구소.
강인철(1999), "한국전쟁과 사회의식 및 문화의 변화", 한국정신문화연구원 편, 『한국전쟁과 사회구조의 변화』, 백산서당.
강준만(2002a), 『한국 현대사 산책 1970년대편 1권』, 인물과사상사.
강준만(2002b), 『한국 현대사 산책 1970년대편 2권』, 인물과사상사.
강준만(2002c), 『한국 현대사 산책 1970년대편 3권』, 인물과사상사.
강준만(2009), 『어머니 수난사』, 인물과사상사.
강혜경(1996), "유교문화에서 여성재혼의 의미와 행위전략", 서강대 사회학과 석사학위논문.
고원(2008), "새마을운동의 농민동원과 '국민 만들기'", 공제욱 편, 『국가와 일상』, 한울아카데미.
공제욱(2008), "서론: 박정희 시대 일상생활 연구의 의미", 공제욱 편, 『국가와 일상』, 한울아카데미.

구로역사연구소 편(1990), 『바로 보는 우리역사 2』, 거름.
구해근(2002), 신광영 역(2002), 『한국 노동계급의 형성』, 창작과 비평사.
국사편찬위원회 편(2005), 『구술사료선집 2: 가족계획에 헌신하다-1960년대 이후 가족계획 협회 계몽원의 활동』, 천세.
권태환(1997a), "출산력 변천의 과정과 의미", 권태환 외(1997), 『한국 출산력 변천의 이해』, 일신사.
권태환(1997b), "The National Family Planning Program and Fertility Transition in Korea", Population and the Asian Economic Miracle, Population Series No. 88-20(August 1997), East-West Center.
권태환·김두섭(2002), 『인구의 이해(개정판)』, 서울대학교 출판부.
김경희(2003), "성인지적 예산 도입을 위한 시론적 연구", 『한국여성학』, 제19권 1호, 한국여성학회.
김광웅·박용치(1978), "인구문제의 정치, 행정적 의미", 『한국사회: 인구와 발전』 제 4권, 서울대학교 인구및발전문제연구소.
김귀옥(2004), 『이산가족, '반공전사'도 '빨갱이'도 아닌: 이산가족 문제를 보는 새로운 시각』, 역사비평사.
김동노(1997), "국가의 정당성 결여와 생활세계의 왜곡", 『현상과 인식』 봄호.
김명숙(2008), "국가동원과 '가족계획'", 공제욱 편, 『국가와 일상』, 한울아카데미.
김수영(2004), "제 4장. 근대화와 가족의 변화", 정진성·안진 외, 『한국현대여성사』, 한울.
김수진(1996), 『가정의 40년 길을 따라서』, 한국기독교가정생활사.
김승경(1997), "Productivity, Militancy, and Femininity: Gendered Images of South Korean Women Factory Workers", Asian Journal of Women's Studies, vol.3. no.3.
김영옥(2001), "70년대 근대화의 전개와 여성의 몸", 『여성학논집』 18, 한국여성연구소.
김옥란(1998), "자유부인과 육체의 담론", 민족문학사연구소 희곡분과, 『1950년대 희곡연구』, 새미.
김원(2005), 『여공 1970, 그녀들의 反역사』, 이매진.
김은경(2011), "1950년대 모성 담론과 현실", 『여성학연구』 제21권 1호, 부산대학교 여성연구소.
김은실(1991a), "발전논리와 여성의 출산력", 『또 하나의 문화 8호: 새로쓰는 성 이야기』, 또하나의 문화.
김은실(1991b), "낙태에 관한 사회적 논의와 여성의 삶", 『형사정책연구』 제 2권 2호, 형사정책연구원.
김은실(1996), "출산문화와 여성", 『한국여성학』 제 12권 2호, 한국여성학회.
김은실(2002), "한국 근대화 프로젝트의 문화 논리와 성별정치학", 한국여성연구원 편,

『동아시아의 근대성과 성의 정치학』, 푸른사상사.

김일영(1999), "1960년대 한국 발전국가의 형성과정: 수출지향형 지배연합과 발전국가의 물적 기초의 형성을 중심으로", 『한국정치학회보』 제 33권 4호, 한국정치학회.

김창훈(1990), "가톨릭 교회의 산아조절 교리", 한국가톨릭사회과학연구회 편(1990), 『가톨릭사회과학연구』 제 7집.

김초강·정혜경(1999), 『모아보건·인구·가족계획』, 수문사.

김태헌(1993), "저출산수준과 강한 남아선호관이 사회에 미치는 영향", 『한국인구학』 제 16권 2호, 한국인구학회.

김한곤(1991), "한국 여성의 지위와 출산력: 1966-1985", 『한국사회학』 제 25집(1991년 겨울호), 한국사회학회.

김한곤(1993), 『한국 출산력 변화의 원인과 전망』, 영남대학교 출판부.

김한곤(1994), "한국의 여성지위와 출산력에 관한 질적연구", 『한국인구학』 제 17권 2호, 한국인구학회.

김한곤·Poston, Jr. D.(1991), "한국여성의 지위와 출산력: 1966-1985", 『한국사회학』 제 25집 겨울호, 한국사회학회.

김현미(2000), "한국의 근대성과 여성의 노동권", 『한국여성학』 제 16권 1호, 한국여성학회.

김현미·손승영(2003), "성별화된 시공간적 노동개념과 한국 여성노동의 '유연화'", 『한국여성학』, 제19권 2호, 한국여성학회,.

김혜경(1997), "일제하 '어린이기'의 형성과 가족변화에 관한 연구", 이화여자대학교 사회학과 박사학위논문.

김혜경(2000), "식민지 시기 가족에 대한 계보학적 연구: 어린이, 모성의 형성을 중심으로", 『사회와 역사』 제 58권, 한국사회사학회.

김홍주(2002), "한국 사회의 근대화 기획과 가족정치: 가족계획사업을 중심으로", 『한국인구학』 제 25권 1호, 한국인구학회.

문소정(1992), "가족과 여성", 사회문화연구소편(1992), 『오늘의 사회학』, 사회문화연구소.

문소정(1995), "가족생활의 변화와 여성의 성장", 신용하·박명규·김필동 편(1995), 『한국사회사의 이해』, 문학과지성사.

민경자(1999), "한국 매춘여성운동사: '성 사고 팔기'의 정치사, 1970-98", 한국여성의전화연합 편, 『한국여성인권운동사』, 한울아카데미.

박길성(1999), "1960년대 인구사회학적 변화와 도시화: 사회발전론적 의미", 한국정신문화연구원 편, 『1960년 사회변화연구: 1963-1970』, 백산서당.

박상태(1999), "인구쟁점에 대한 가치관의 변화", 『한국인구학』 제 22권 2호, 한국인구학회.

박선숙(2001), The Political Economy of Global Population Control: A Feminist Critique of the Fertitlity Reduction Policies in the Republic of Korea and The Republic of China(1961-1992), Ph.D. dissertation, Brandeis University.

박용옥 외(1996), "한국의 전통여성", 국제문화재단 편, 『한국인과 한국문화』, 김포전문대학 출판부.

박진도·한도현(1999), "새마을운동과 유신체제: 박정희 정권의 농촌 새마을운동을 중심으로", 역사문제연구소, 『역사비평』 제47호, 역사비평사.

박태순(1997), "민주·민족 이념을 추구하다 쓰러진 『사상계』", 역사문제연구소, 『역사비평』 1997년 여름호, 역사비평사.

배은경(1999a), "여성의 몸과 정체성", 한국여성연구소 편, 『새여성학강의』, 동녘.

배은경(1999b), "출산통제와 페미니스트 정치", 심영희 외 편, 『모성의 담론과 현실』, 나남.

배은경(2004a), "한국사회 출산조절의 역사적 과정과 젠더", 서울대학교 사회학과 박사학위논문.

배은경(2004b), "사회 분석 범주로서의 '젠더' 개념과 페미니스트 문화 연구: 개념사적 접근", 『페미니즘연구』, 제4권 1호, 한국여성연구소.

배은경(2004c), "1950년대 한국 여성의 삶과 출산조절", 『한국학보』 제 116집, 일지사.

배은경(2005), "가족계획 사업과 여성의 몸 : 1960-70년대 출산조절 보급 과정을 통해 본 여성과 '근대'", 『사회와 역사』, 통권67권, 한국사회사학회.

배은경(2006), "가족계획 사업과 여성의 행위성 : 김귀옥·김순옥·배은경 공편, 『젠더 연구의 방법과 사회분석』, 다해.

배은경(2009), " '경제 위기' 와 한국 여성-여성의 생애전망과 젠더/계급의 교차", 『페미니즘연구』 제9권 2호, 한국여성연구소,.

배은경(2010), "현재의 '저출산' 이 여성들 때문일까? : 저출산 담론의 여성주의적 전유를 위하여", 『젠더와 문화』 제 3권 2호, 계명대학교 여성학연구소.

변재란(2000), "한국영화사에서 여성관객의 영화관람경험연구: 1950년대 중반에서 1960년대 초반을 중심으로", 중앙대학교 영화학과 박사학위논문.

변화순(1991), "국가정책과 여성", 『여성연구』 1991년 가을호, 한국여성개발원.

서연주(2008), "주변부 여성계층에 대한 소외담론 형성 양상 연구", 한국여성문학학회『여원』 연구모임 편, 『여원 연구: 여성, 교양, 매체』, 국학자료원.

서중석(2005), 『사진과 그림으로 보는 한국 현대사』, 웅진지식하우스.

서지원(2008), "노년기 경제적 복지를 위한 사회투자정책의 방향 : 인적자본 및 사회자본 활용을 중심으로", 『한국가족자원경영학회지』, 제12권 2호, 한국가족자원경영학회.

소현숙(2000), "일제시기 출산통제담론 연구", 『역사와 현실』 38권, 한국역사연구회.

소현숙(2001a), "호주제, 식민주의와 가부장제의 공모: 가족법 개정운동", 여성사연구모임 길밖세상, 『20세기 여성 사건사』, 여성신문사.

소현숙(2001b), "너무 많이 낳아 창피합니다: 가족계획", 여성사연구모임 길밖세상, 『20세기 여성 사건사』, 여성신문사.

손승영 외(2004), 『성과 사랑의 시대: 성, 사랑, 섹슈얼리티』, 서울: 학지사.

손승영(2007), "한국사회 저출산의 단계별 분석과 젠더논의", 『담론 201』, 제10권 1호, 한국사회역사학회.

신경아(1999), "1990년대 모성의 변화: 희생의 화신에서 욕구를 가진 인간으로", 심영희 외 편, 『모성의 담론과 현실』, 나남.

신경아(2010), "저출산 대책의 쟁점과 딜레마", 『페미니즘연구』, 제10권 1호, 한국여성연구소.

신영숙(2000), "해방 이후 1950년대의 여성단체와 여성운동", 『여성연구논총 제15집, 서울여자대학교 여성연구소.

신현옥(1999), "국가개발정책과 농촌지역 여성조직에 관한 연구: 1960-70년대 마을부녀조직의 역할과 활동을 중심으로", 연세대학교 사회학과 박사학위논문.

심영희·박선미·김혜선·백월순(1991), 『낙태의 실태 및 의식에 관한 연구』, 한국형사정책연구원.

안태윤(2001), "일제하 모성에 관한 연구 - 전시체제와 모성의 식민화를 중심으로", 성신여대 사회학과 박사학위논문.

역사학연구소(2004), 『함께 보는 한국근현대사』, 서해문집.

오유석(1998), "서울의 과잉도시화과정: 성격과 특징", 역사문제연구소 편, 『1950년대 남북한의 선택과 굴절』, 역사비평사.

오재환(2001), "한국의 '근대화' 의례 연구: 박정희 시대를 중심으로", 부산대학교 사회학과 박사학위논문.

윤정란(2008), "국가·여성·종교: 1960년대-1970년대 가족계획사업과 기독교 여성", 『여성과 역사』 제8집, 한국여성사학회.

윤택림(1996), "생활문화 속의 일상성의 의미: 도시중산층 전업주부의 일상생활과 모성 이데올로기", 『한국여성학』 제 12권 2호, 한국여성학회.

윤택림(2001), "한국 근현대사 속의 농촌 여성의 삶과 역사 이해: 충남 서산 대동리의 여성 구술생애사를 중심으로", 『사회와역사』 제 59집, 한국사회사학회.

은수미(2007), "여성과 비정규직의 조우-한국노동시장 및 노사관계 현황", 한국사회학회 사회학대회 논문집.

이명선(1990), "국회속기록에 나타난 여성정책 시각: B. 가족계획에 대하여", 『여성학논집』 제

7집, 한국여성학회.

이미경(1989a), "한국 농촌여성의 피임결정요인에 관한 사례연구", 이화여자대학교 여성학과 석사학위논문.

이미경(1989b), "국가의 출산정책 : 가족계획 정책을 중심으로", 『여성학논집』 제 6집, 한국여성학회.

이상화(1988), "생물학적 재생산 과정의 변증법: 재생산 노동에 관한 시론적 일고찰", 『한국여성학』 제 4집, 한국여성학회.

이선옥(2008), " '여류현상문예'와 주부담론의 균열", 한국여성문학학회 『여원』 연구모임 편, 『여원 연구: 여성, 교양, 매체』, 국학자료원.

이수자(1997), "한국의 산업화와 유교적 가부장주의", 한독사회과학회, 『한독사회과학논총』 제 7집, 한국사회과학회.

이승희(1994), 『한국현대여성운동사』, 백산서당.

이임하(2002), "1950년대 여성의 삶과 사회적 담론", 성균관대학교 박사학위논문.

이임하(2004), 『여성, 전쟁을 넘어 일어서다』, 서해문집.

이임하(2010), 『전쟁미망인, 한국현대사의 침묵을 깨다 : 구술로 풀어 쓴 한국전쟁과 전후 사회』, 책과함께.

이재경 외(2005), "유럽의 저출산 관련 정책에 대한 여성주의적 분석", 『한국여성학』, 제 21권 3호, 한국여성학회.

이재경(1993), "국가와 성통제: 성관련 법과 정책을 중심으로", 『한국여성학』 제 9집, 한국여성학회.

이재경(1999), "여성의 경험을 통해 본 한국 가족의 근대적 변형", 『한국여성학』 제 15권 2호, 한국여성학회.

이재경(2003), 『가족의 이름으로: 한국 근대가족과 페미니즘』, 또하나의문화.

이재경(2004), "공사 영역의 변화와 '가족'을 넘어서는 가족정책", 김영옥 편, 『한국여성정책의 뉴 패러다임 정립』, 서울: 여성부 정책총괄부.

이정옥(1999), "페미니즘과 모성: 거부와 찬양의 변증법", 심영희 외 편, 『모성의 담론과 현실』, 나남.

이정주(1999), "제주 호미마을 여성들의 생애사에 대한 여성학적 고찰 : 4.3경험을 중심으로", 이화여대 석사학위논문.

이종구 외(2006), 『1960-70년대 노동자의 작업장 문화와 정체성』, 한울아카데미.

이종구 외(2010), 『1950년대 한국 노동자의 생활세계』, 한울아카데미.

이철승(1997), "근대화 담론에 관한 사회학적 연구: 한국의 1960년대를 중심으로", 연세대학교 사회학과 석사학위논문.
이효재(1985), "한국사회구조의 성격: 가부장적 권위주의 사회론", 한국기독교사회문제연구원 편,『한국사회변동연구2』, 민중사.
이효재(1996),『한국의 여성운동: 어제와 오늘』, 정우사.
임순영(1990), "기혼여성의 인공유산 경험에 대한 사례연구", 이화여자대학교 여성학과 석사학위논문.
임영철(1988),『고황경박사, 그의 생애와 교육』, 삼형출판사.
임현경(1994), "일부 기혼부인의 가족계획 실천에 관한 연구: 현존자녀의 성과 수를 중심으로", 이화여자대학교 건강교육과 석사학위논문.
장경섭(1992), "핵가족 이데올로기와 복지국가: 가족부양의 정치경제학",『경제와 사회』15호. 한국산업사회학회.
장경섭(1995), "가족농 체제의 위기와 농촌개혁의 전망: 70년대 농촌현실의 사회학적 평가",『농촌사회』제 5집, 한국농촌사회학회.
장경섭(1996), "가족과 사회구조", 한완상·권태환 공편,『한국사회학: 한국사회에 대한 이해와 전망』, 민음사.
장경섭(2001), "가족이념의 우발적 다원성: 압축적 근대성과 한국가족",『정신문화연구』24권 2호, 한국정신문화연구원.
장경섭(2009),『가족·생애·정치경제』, 창비.
장보임(1995), "국가와 여성의 관계에 관한 연구: 출산정책과 여성의 결정과정을 중심으로", 계명대 여성학대학원 석사학위논문.
장지연(2001), "비정규직 노동의 실태와 쟁점-성별 차이를 중심으로",『경제와 사회』, 제 51권, 한국산업사회학회.
장필화(1985), "성역할의 변화와 문제", 계간경향『사상과 정책』제 2권 제4호.
장필화(1992), "몸에 대한 여성학적 접근",『한국여성학』제 8집, 한국여성학회.
전경옥·박선애·정기은(2005),『한국여성인물사 2: 한국여성근현대사 2, 1945-1980』, 숙명여자대학교 아시아여성연구소.
전경옥·유숙란·김은실·신희선(2011),『한국 근현대 여성사: 정치·사회 2, 1945년-1980년』, 모티브북.
전광희(1997), "출산력 변화의 메커니즘", 권태환 외(1997),『한국 출산력 변천의 이해』, 일신사.
전재호(2000),『반동적 근대주의자 박정희』, 책세상.
정경자(1990), "피임광고를 통해서 본 성문화 일고찰: 푸꼬의 담론분석을 중심으로", 이화여자대학교 여성학과 석사학위논문.

정경희·한성현·방숙(1988), "우리나라 농촌지역의 출산조절행태 및 출산조절행위의 결정 요인분석", 『한국인구학』 제 11권 2호, 한국인구학회.

정성호(1990), "한국에 있어서 출산조절에 관한 요인분석", 한국사회학 제 24집 여름호, 한국사회학회.

정성호(1999), "한국전쟁과 인구사회학적 변화", 한국정신문화연구원 편, 『한국전쟁과 사회구조의 변화』, 백산서당.

정윤재(1995), "제 3,4공화국의 성격과 리더쉽 : 박정희 대통령의 근대화 리더쉽에 관한 연구", 『동북아연구』, 경남대학교 극동문제연구소.

정일준(2000), "미국의 대한정책 변화와 한국 발전국가의 형성, 1953-1968", 서울대학교 사회학과 박사학위논문.

정진성·안진 외(2004), 『한국현대여성사』, 한울.

조남훈·홍문식·김일현(1994), "한국의 인공임신중절과 남아선호관이 출생시 성비의 불균형에 미치는 영향", 『한국인구학』 제 17권 2호, 한국인구학회.

조순경(1989), "여성노동과 성적 통제", 『한국여성학』 제 5권, 한국여성학회.

조영미(1994), "출산테크놀로지에 대한 여성학적 접근 : 시험관 아기 시술을 중심으로", 이화여자대학교 여성학과 석사학위논문.

조은(1983), "여성의 적응과 갈등", 한국사회학회 편, 『한국 사회 어디로 가고 있나』, 현대사회연구소.

조은(1984), "한국의 산업화와 여성인력의 활용", 『여성연구』, 한국여성정책연구원.

조은(2008), "신자유주의 세계화와 가족정치의 지형-계급과 젠더의 경합", 『한국여성학』, 제24권 2호, 한국여성학회.

조은·이정옥·조주현(1997), 『근대가족의 변모와 여성문제』, 서울대학교 출판부.

조이현(1998), "한옥에서 아파트로", 한국역사연구회, 『우리는 지난 100년동안 어떻게 살았을까 1: 삶과 문화』, 역사비평사.

조형(1979), "Women's Role and the Family Planning Programme in Korea", *Korean Women's Institute Research Paper Series* no. 1.

조형(1997), "Fertility Control, Reproductive Rights, and Women's Empowerment in Korea", *Asian Journal of Women's Studies* Vol. 3 No.1, 이화여자대학교출판부.

조혜정(1988), 『한국의 여성과 남성』, 문학과지성사.

조혜정(1998), 『성찰적 근대성과 페미니즘』, 또하나의문화.

조희연(1985), "종속적 산업화와 비공식 부문", 박현채·김형기 외, 『한국자본주의와 노동문제』, 돌베개.

조희연(2007), 『박정희와 개발독재시대: 5.16에서 10.26까지』, 역사비평사.
주태선(1998), 『경제 못 살리면 감방 간대이: 한국의 경제부총리, 그 인물과 정책』, 중앙 M&B.
최유정(2010), 『가족 정책을 통해 본 한국의 가족과 근대성: 1948년~2005년까지』, 박문사.
하정옥(2000), "한국의 생명공학기술과 젠더", 『여성과 사회』 제 11호, (사)한국여성연구소.
하정옥(2001), "과학연구의 대표와 재현: 여성의 배제와 누락/집중", 『과학연구윤리』, 유네스코한국위원회.
한국여성문학학회 『여원』 연구모임 편(2008), 『여원 연구: 여성, 교양, 매체』, 국학자료원.
한국여성연구소(1999), 『새여성학강의』, 동녘.
한성현·Feeney, G.(1993), "1980년대 한국 출산력의 변동추이 분석", 『한국인구학』 제 16권 1호, 한국인구학회.
한성현·최민자(1994), "한국부인의 출산조절형태의 변천과 그 관련요인 분석", 『한국인구학』 제 17권 1호, 한국인구학회.
한인숙·김홍숙(1983), "한국여성의 경제활동참여와 출산력에 관한 연구", 『인구종합분석시리즈』, 한국인구보건연구원.
허동현(1999), 『장면』, 분도출판사.
허은(2003), "재건국민운동: 반동적 근대주의자들의 접합과 갈등", 2003년 역사문제연구소 정기학술대회 자료집 『박정희시대의 역사성』, (사)역사문제연구소.
홍두승 편(1997), 『한국사회 50년: 사회변동과 재구조화』, 서울대학교 출판부.
홍문식(1997), "인구정책의 방향", 한국인구학회 편(1997), 『인구변화와 삶의 질』, 일신사.
홍문식(1998), "출산력 억제정책의 영향과 변천에 관한 고찰", 『한국인구학』 제 21권 2호, 한국인구학회.
홍석률(2002a), "1960년대 한국민족주의의 두 흐름", 『사회와 역사』 통권 제 62집, 한국사회사학회.
홍석률(2002b), "5.16쿠데타의 발발 배경과 원인", 한국정신문화연구원 편(2002), 『박정희시대연구』, 백산서당.
황병주(2000), "민중, 희생자인가 공범자인가: 박정희 시대의 국가와 '민중'", 『당대비평』 제12호.
황인정(1973), "발전계획의 성공적 수행요인: 가족계획사업을 중심으로", 『행정논총』 제 11집 1호, 서울대학교 행정대학원 한국행정연구소.
황정미(1999), "발전국가와 모성: 1960-70년대 '부녀정책'을 중심으로", 심영희 외 편, 『모성의 담론과 현실』, 나남.

황정미(2001), "개발국가의 여성정책에 관한 연구: 1960-70년대의 한국 부녀행정을 중심으로", 서울대학교 사회학과 박사학위논문.

황정미(2005), " '저출산' 과 한국 모성의 젠더정치",『한국여성학』, 제21권 3호, 한국여성학회.

4. 외국 문헌

Barrett, D. & Amy Ong Tsui(1999), "Policy as Symbolic Statement: International Response to National Population Policies", *Social Forces* vol.78 no.1 (Sep., 1999).

Barrett, D.(1995), "Reproducing Persons as a Global Concern: The Making of an Institution", Ph.D Dissertation, Stanford University.

Chesler, E.(1992), *Woman of Valor: Magaret Sanger and the Birth Control Movement in America*, NY: Simon and Schuster.

Cisler, L.(1970), "Unfinished Business: Birth Control and Women's Liberation",

Coigny, V(1969), *Magaret Sanger: Rebel with a Cause*, 안정숙 역(1990),『마가렛 생거의 이유있는 반항』, 형성사.

Crane, B. & Finkle, J(1989), "The United States, China, and the United Nations Population Fund: Dynamics of US Policymaking", *Population and Development Review* vol.15 no.1.

Crane, B.(1993), "International Popualtion Institutions: Adaptation to changing world order", in Peter M. Hass et al(eds.), *Instisutions for the earth: Sources of Effective International Enviorenment Protection*, Cambridge: MIT press.

Dixon-Mueller, R.(1993), *Population Policy and Women's Rights: Transforming Reproductive Choice*, Westport, CT. Praeger.

Donaldson, P. J.(1990a), *Nature against Us: The United States and the World Population Crisis(1965-1980)*, University of North Carolina.

Donaldson, P. J.(1990b), "On the Origins of United States Government's International Population Policy", *Population Studies*, vol.44 no.3(Nov., 1990).

Evans S. M.(1989), *Born for Liberty: A History of Women in America*, 조지형 역(1998),『자유를 위한 탄생: 미국여성의 역사』, 이화여자대학교 출판부.

Gordon, L.(1979), "왜 19세기 페미니스트들은 '출산통제'에 반대하고 20세기 페미니스트들은 찬성하는가", 배리 쏘온 외 엮음, 권오주 외 역(1991), 『페미니즘의 시각에서 본 가족』, 한울.

Green, S.(1971), *The Curious History of Contraception*, 이덕주역(1993), 『피임의 풍속사』, 내일을 여는 책.

Hodgson, D.(1983), "Demography as Social Science and Policy Science", *Population and Development Review* vol.9 no.1.

Hodgson, D. & Watkins, S. C.(1997), "Feminists and Neo-Malthusians: Past and Present Alliance", *Population and Development Review* vol.23 no.3(Sep., 1997).

Jackson, C. & Pearson, R. eds.(1998), *Feminist Visions of Development: Gender, Analysis and Policy*, NY: Routledge.

Kaplan, L. J. & Tong, R. eds. (1994), *Controlling Our Reproductive Destiny: A Technological and Philosophical Perspective*, Cambridge: MIT Press.

Kirk, D.(1944), "Population changes and the Postwar world", *American Sociological Review* vol.9.

McLaren, A(1990), *A History of Contraception*, 정기도 역(1998), 『피임의 역사』, 책세상.

McLaren, A.(1994), "낯선 사람이 아니라 의사였어요: 19세기 후반 의사와 성문제", Porter, R & Teich, M., *Sexual Knowledge, Sexual Science: The History of Attitudes to Sexuality*, 이현정·우종민 역(2001), 『섹슈얼리티와 과학의 대화: 성지식·성과학의 역사』, 한울.

Petchesky, R. P.(1985), *Abortion and Women's Choice*, London: Verso.

Rich, A(1976), *Of Woman Born: Motherhood as Experience and Instituion*, 김인성 역(1995), 『더 이상 어머니는 없다』, 평민사.

Savara, M.(1983), "Report of a Workshop on Women, Health and Reproduction", *Third World Second Sex*, London: Zed Book.

Sen, G.·Germain, A·Chen, C. eds.(1994), *Population Policies Reconsidered: Health, Empowerment, and Rights*, Havard University Press.

Shapiro, T.(1985), *Population Control Politics: Women, Sterilization and Reproductive Choice*, Philadelphia: Temple University Press.

Tompson, L.(1999), *The Wandering Womb*, 백영미 역(2001), 『자궁의 역사』, 아침이슬.

Ruddick, Sara(1995), *Maternal thinking : toward a politics of peace*, Boston : Beacon Press.